Editorial

Aspekte des „kulturellen Selbst“

1. Das „Selbst“, die „Kultur“ und der psychologische Individuozentrismus

Das Verhältnis zwischen „Selbst“ und „Kultur“ auf angemessene Weise zu bestimmen, gehört noch immer zu den herausfordernden Aufgaben der Psychologie und ihrer Nachbardisziplinen. Was die Psychologie betrifft, geht es dabei zunächst einmal um die Überwindung einer „Blickverengung“, die psychologische Begriffe des Selbst und überhaupt jede Auffassung des Gegenstandes psychologischer Forschung gemeinhin präformiert. Diese Disziplin verortet psychische Strukturen, Prozesse und Funktionen in aller Regel „im“ einzelnen Individuum. Auf diese Weise artikuliert sie ihr genuines Erkenntnisinteresse und ihre fachwissenschaftliche Perspektive. Psychologische Forschungen befassen sich traditionell mit dem einzelnen Menschen. Dieser interessiert dabei allerdings nicht – jedenfalls kaum einmal – in seiner Einzigartigkeit oder unverwechselbaren Individualität, sondern als Exemplar der menschlichen Gattung. Die allenthalben unterstellte „psychic unity of mankind“ legt diese Sichtweise nahe. Auch das „Selbst“ galt und gilt vielen Fachvertretern als eine universale psychische Struktur und Funktion, wobei die theoretische Vorstellung einer zeitlich überdauernden Entität längst der Auffassung eines dynamisch prozessierenden und sich lebenslang wandelnden Konstrukts gewichen ist (s. z. B. Greve 2000; Greve, Rothermund u. Wentura 2005).

Von der „prinzipiellen“ sozialen und kulturellen Verfasstheit menschlicher Lebensformen sah und sieht die Psychologie meistens ab. Jedenfalls berücksichtigt sie die – z. B. von George H. Mead postulierte – primäre Sozialität oder Kulturalität unseres Lebens und Handelns nicht systematisch. Sogar der Sozialpsychologie wird dies bescheinigt, bisweilen in Gestalt eines Vorwurfs. So hält man dieser Teildisziplin heutzutage vor, sie untersuche, jedenfalls in ihrer aktuell dominierenden Ausrichtung, soziale Kognitionen allein als *intra*personale Sachverhalte (Graumann 1988, Edwards u. Potter 1992). Sie betrachte Sozialität und Kulturalität also allenfalls als nachgeordnete, subordinierte Aspekte. Die damit verbundene Individualisierung des Sozialen und Kulturellen und die komplementäre Psychologisierung soziokultureller Phänomene sind evident. Sie pflastern den historischen Entwicklungsweg der gesamten

J. f. Psych., 14, 1 (2006), 1–11, ISSN 0942-2285

modernen Psychologie. Zu Recht wurden deren Solipsismus und *Individuozentrismus* immer wieder kritisiert.

In jüngerer Zeit findet diese Kritik auch innerhalb der Disziplin zunehmend Gehör. Zahlreiche Fachvertreter fahnden nach Alternativen und knüpfen in der Theoriebildung und methodischen Forschungspraxis an Diskurse in den sozial- und kulturwissenschaftlichen Nachbardisziplinen an. Dabei kommt dem Begriff der *Kultur* eine Leitfunktion zu, nicht zuletzt im hier interessierenden Feld: Wer vom *kulturellen Selbst* spricht, bricht mit dem „traditionellen" Individuozentrimus. „Kultur" wird in diesem und in vergleichbaren Ausdrücken zum Grundbegriff einer Psychologie, die die Person und die „Psyche", ihre Entwicklung und aktuelle Existenz, in einer kollektiven symbolischen Praxis *konstituiert* sieht.

Eines der theoretischen Probleme, das man sich mit dieser Hinwendung zur Kultur einhandelt, wurde in zahllosen Anläufen erörtert – in allen Disziplinen, die den Wandel ihres wissenschaftlichen Selbstverständnisses, wieder einmal, dadurch artikulieren, dass sie eine grundlegende „Wende" diagnostizierten, dieses Mal eben einen *cultural turn* (Lackner u. Werner 1999, Reckwitz 2000; diese Wende folgte auf die *cognitive revolution* und den *linguistic turn* in den sechziger Jahren; sie war und ist von zahlreichen anderen Kehren flankiert, so etwa dem *emotional turn*, dem *narrative turn*, dem *spatial turn*, etc.). Denn was heißt denn, so lautet also die alte und neue Frage, „Kultur"? Darauf muss man eine Antwort parat haben, wenn man vom kulturellen Selbst spricht. Auch in der Psychologie kursieren verschiedene, konkurrierende Vorschläge, wie dieser Grundbegriff in zeitgemäßer Weise zu bestimmen sei. Einig ist man sich allein darin, dass es nicht damit getan ist, einen der überlieferten Vorschläge – etwa aus der Reihe der von Kroeber und Kluckhohn (1963) systematisierten – kurzerhand zu übernehmen. Der höchst polyvalente Begriff muss den „spät-" oder „postmodernen" Lebensverhältnissen unserer Tage angepasst werden. Was wir seit Jahren beobachten können, sind exakt solche semantischen Verschiebungen, die dem von Samuel von Puffendorf erstmals als selbständiges Substantiv eingeführten Kollektivsingular und von Johann Gottlieb Herder maßgeblich geprägten Begriff ein neues Gesicht verleihen (vgl. Reckwitz 2000, Straub 2004, Welsch 1999). Man ist sich heute weitgehend darin einig, dass Kulturen nicht mehr in klar eingrenzbaren Räumen verortet und „essentialistisch" als statische Einheiten bestimmt werden können. Kulturen werden vielmehr als offene und dynamische, die Praxis variabler Kollektive konstituierende oder regulierende Zeichen-, Wissens- und Orientierungssysteme betrachtet, die sich im permanenten kulturellen Austausch (Burke 2000) bilden, reproduzieren und transformieren.

Ein derartig abstrakter Kulturbegriff mag zwar als Fortschritt gelten, befriedigt die Vertreter einer empirischen Psychologie des Selbst aber noch nicht unbedingt. Viele rufen nach einer „operationalen", handlicheren Definition, die in einer bedingungsanalytisch angelegten Forschung Verwendung finden kann. Was „Kultur" in der wissenschaftlichen Psychologie bedeutet, erkennt man am

Journal für Psychologie

Theorie • Forschung • Praxis

Geschäftsadresse: Redaktion „Journal für Psychologie", PD Dr. Ralph Sichler, Technische Universität Wien, Institut für Gestaltungs- und Wirkungsforschung, Argentinierstraße 8/187, A-1040 Wien

E-mail: journal@igw.tuwien.ac.at

Homepage: www.ngfp.de

V&R Vandenhoeck & Ruprecht in Göttingen

Journal für Psychologie

Das *Journal für Psychologie* ist die Zeitschrift der Neuen Gesellschaft für Psychologie (NGfP) und zugleich Forum der ihr nahestehenden Wissenschaftler(innen) und Praktiker(innen). Ziel ist es, ein kritisches und reflexives Wissenschaftsverständnis der Psychologie weiterzuentwicklen, eine gegenstandsangemessene und gesellschaftlich verantwortliche Forschung und Praxis zu unterstützen und eine Erneuerung der geistes-, kultur- und sozialwissenschaftlichen Orientierung der Psychologie zu ermöglichen. Die Zeitschrift wendet sich an Psychologinnen und Psychologen, die in der Praxis sowie in Lehre und Forschung tätig sind; gleichermaßen will sie auch lehrende, lernende und praktisch tätige Sozial- und Geisteswissenschaftler(innen) ansprechen.

Manuskriptsendungen werden auf Diskette zusammen mit dem Papierausdruck erbeten an *PD Dr. Ralph Sichler, Technische Universität Wien, Institut für Gestaltungs- und Wirkungsforschung, Argentinierstraße 8/187, A-1040 Wien.*
Hinweise zur Manuskriptgestaltung können dort angefordert werden.
Für die Rücksendung unverlangter Rezensionsexemplare keine Gewähr.

Bezugsbedingungen: Vier Hefte im Jahr mit jeweils ca. 100 Seiten Umfang. Die Zeitschrift kann beim Verlag oder bei einer Buchhandlung bestellt werden.
Der Bezugspreis beträgt jährlich € 76,– / 78,20 (A) / sFr 124,–; Vorzugspreis für Studenten bzw. Abonnenten, die sich in der Ausbildung befinden (Nachweis erforderlich) € 51,– / 52,50 (A) / sFr 86,–; Einzelheft € 23,90 / 24,60 (A) / sFr 42,80; jeweils zzgl. Versandkosten. Preisänderungen vorbehalten. Die Bezugsdauer verlängert sich um ein Jahr, wenn keine *Abbestellung zum 1.12. erfolgt.*

Die Zeitschrift wird regelmäßig von der Literaturdatenbank PsycINFO und dem Referatedienst „Psychologischer Index" ausgewertet.

Verlag: Vandenhoeck & Ruprecht GmbH & Co.KG, Theaterstr. 13, D-37073 Göttingen, Tel. 0551-5084-40 (Verlagsleitung), Fax: 5084-422; 0551-5084-456/475 (Auslieferung/ Werbung), Fax: 5084-454. Internet: www.v-r.de. Anzeigenverkauf: Gisela Herre-Pawelz. Email: info@v-r.de (für Bestellungen/Abonnementverwaltung).
Satz: Bild & Schrift J. Barthel, Laakeweg 3, D-37176 Parensen.
Druck- und Bindearbeiten: Hubert & Co., Robert-Bosch-Breite 6, D-37079 Göttingen.

ISSN 0942-2285

besten, wenn man sich die unterschiedlichen Gebrauchsweisen in konkreten Forschungsprogrammen und -projekten ansieht (anstatt der mehr oder weniger abstrakten Definitionen). Diesbezüglich scheiden sich die Geister (Berry, Poortinga u. Pandey 1997; Trommsdorff u. Kornadt 2006; Straub, Weidemann, Kölbl u. Zielke 2006). Etwas vereinfacht lassen sich zweierlei Auffassungen ausmachen.

Während die einen „Kultur" als ein Set voneinander isolierbarer, eindeutig identifizierbarer und sogar messbarer Bedingungen oder Einflussfaktoren konzeptualisieren, sehen die anderen die Kultur „holistisch" als eine symbolische Praxis mitsamt ihren Objektivationen und Objektivierungen (Boesch 1991, Bruner 1990, Straub 1999, 2006), *ohne* darauf zu bestehen, diese Praxis in diskrete, empirisch-kontingente Bedingungen menschlichen Denkens, Fühlens, Wollens und Handelns zergliedern und in dieser Form in experimentelle bzw. quasi-experimentelle Untersuchungsdesigns „einbauen" zu können.

Diese Differenz bildet den Kern der (missverständlichen, dennoch gebräuchlichen) Unterscheidung zwischen einer nomologischen *kulturvergleichenden Psychologie* (cross-cultural psychology) und einer interpretativen *Kulturpsychologie* (cultural psychology) (vgl. Straub 2001 sowie Straub u. Thomas 2003, wo auch Gemeinsamkeiten zwischen diesen Ansätzen beschrieben werden). Diese Unterscheidung zieht sich nicht zuletzt durch die im vorliegenden Heft in „Auszügen" präsentierte, variantenreiche Theorie des kulturellen Selbst. Dabei teilen die hier zu Wort kommenden Autorinnen und Autoren – die nicht alle der Psychologie zugehören, sondern auch soziologische und philosophische Perspektiven einbringen – die grundlegenden Auffassungen interpretativer Ansätze. Sie konzipieren die Beziehung zwischen Kultur und Selbst demgemäß als ein reziprokes Konstitutionsverhältnis: Kultur und Selbst werden als sinn- und bedeutungsstrukturierte Wirklichkeiten betrachtet, die sich wechselseitig bestimmen und eigentlich nur zu analytische Zwecken auseinander dividiert werden können (Miller 1997, Boesch u. Straub 2006). Demnach ist das Selbst, in jeder seiner tatsächlichen und möglichen Gestalten, unweigerlich ein kulturelles Selbst.

2. Das Selbst als kulturelles, „westliches" Konstrukt

In den vergangenen zwei Jahrzehnten ging die Erforschung des kulturellen Selbst ein immer enger werdendes Arbeitsbündnis mit der vielstimmigen Kritik an der individuozentrischen und zugleich universalistischen Ausrichtung der Psychologie ein. Vertreter der Kulturpsychologie, des sozialen Konstruktionismus, der diskursiven und verschiedener Varianten der kritischen Psychologie zogen, ungeachtet zahlreicher sonstiger Differenzen und Kontroversen an einem Strang (Bruner 1990, Hermans u. Kempen 1993, Gergen

1994, Shotter 1994, Edwards u. Potter 1992, Walkerdine 2002, vgl. Zielke 2004, 2006). Speziell das psychologische Konstrukt des Selbst wurde und wird als eine kulturspezifische, sehr grob als „westlich“ etikettierte Errungenschaft identifiziert. Das psychologische Selbst (der akademischen, institutionalisierten Psychologie) war und ist kein universelles Phänomen. Darauf insistieren nicht zuletzt Vertreter sog. indigener Psychologien (Chakkarath 2005, 2006).

Für die meisten dieser „alternativen“ Strömungen und ihre Vertreter ist es typisch, dass sie disziplinäre Grenzen überschreiten und der wissenschaftlichen Psychologie einen Weg aus der langjährigen Isolation gegenüber den sozial- und kulturwissenschaftlichen Nachbardisziplinen weisen (Potter 2000, Bathia u. Stam 2005). Die These, dass sprach- und vernunftbegabten, rationalen, handlungsfähigen und (partiell) autonomen Subjekten ein Selbst zugeschrieben werden könne, das just diese anthropologischen Attribute „verkörpere“ und symbolisiere, mithin ein Selbst, das als (synchron) kohärente und (diachron) kontinuierliche Einheit bestimmt werden könne, gehört zu den (meistens nicht hinterfragten) Grundannahmen zahlreicher psychologischer Theorien und Forschungsprogramme. In anderen Disziplinen wird diese Auffassung des Selbst längst als historische und kulturelle Besonderheit entziffert und bisweilen als fragwürdiges Ergebnis einer von weit her kommenden, im Kern „typisch modernen“ Selbsttäuschung und Illusion attackiert. Das „westliche“ kulturelle Selbst sei, so heißt es, eine zunächst eurozentrische, sodann einfach „okzidentozentrische“ Konstruktion. Mit solchen Diagnosen und Verwerfungen ziehen kritische Ansätze aus der Soziologie, Ethnologie und Kulturanthropologie, aus den *postcolonial studies* oder *cultural studies* die traditionelle, „westliche“ Psychologie des Selbst radikal in Zweifel (Said 1999, Hall 1995; Bathia 2002; Bathia u. Ram 2004; Skinner, Valsiner u. Holland 2001; zur Diskussion s. Straub u. Zielke 2005). Sie erweitern damit nicht zuletzt eine Perspektive, die bereits die feministische Kritik eingenommen hat und noch einnimmt, wenn sie geschlechtsspezifische Konzeptualisierungen des Selbst und seiner „Kompetenzen“ – wie etwa der moralischen Urteilsfähigkeit vernunftorientierter und argumentationsfähiger Subjekte – *als solche* identifiziert und dadurch deren Universalitätsansprüche zurückweist (Butler 1991, Benhabib 1995). Theorien, die von einer – mittlerweile selbst als zu schlicht kritisierten – Gegenüberstellung eines „westlichen“ und „nicht-westlichen“ Selbst ausgehen, wurden in der zeitgenössischen Psychologie zuhauf formuliert. Zahlreiche empirische Forschungen kreisen – seit Markus und Kitayama (1991) – etwa um die korrespondierende, verwandte Unterscheidung zwischen einem „independenten“ und „interdependenten“ Selbst (und beziehen diese auf die bereits betagte Abgrenzung „individualistischer“ von „kollektivistischen“ Kulturen; vgl. z. B. Hermans u. Kempen 1998, Matsumoto 1999, Oysermann et al. 2002, Miller 2002).

3. Das kulturelle, „diasporische" Selbst als Repräsentant einer globalisierten „Postmoderne"

Viele zeitgenössische Autorinnen und Autoren versuchen sich an einer empirischen Rekonstruktion und theoretischen Modellierung eines „diasporischen Selbst" (Appadurai 1996). Damit geht es nicht mehr (allein) um eine Überwindung der allzu schlichten Kontrastierung „westlicher" und „nicht-westlicher" Weisen der Selbstinterpretation sowie der empirisch verfehlten und normativ prekären Universalisierung des okzidentalen Selbst. Die neuen Leitmetaphern, die das Selbst als „diasporisch", „nomadisch" und bei all seiner Beweglichkeit als „fragmentarisch" entwerfen, sollen es erlauben, die psychischen Folgen intensivierter und dauerhafter Differenz-, Alteritäts- und Alienitätserfahrungen, wie sie *weltweit* zunehmen, zu bilanzieren und zu bedenken. Gewachsene Mobilität, medial vermittelte kulturelle Austauschprozesse und andere Formen der Entgrenzung menschlicher Kommunikation bringen einen neuen Typus des Selbst hervor, der sich so gut wie überall beobachten lässt. Auch dies ist ein Kulturphänomen, allerdings ein globalisiertes, für die „Weltgesellschaft" typisches Merkmal, das in konkreten Kulturen allenfalls eine spezifische Ausprägung erhält. Das kulturelle Selbst wird in dieser Perspektive zu einem Symbol einer Lebensform, die zahllose Menschen überall auf der Welt teilen. Die unabgeschlossene Expansion dieser Lebensform ist keine lediglich „äußerliche" Angelegenheit. Sie verändert Personen mitsamt der Art und Weise, in der diese sich selbst und die anderen sehen und fortan behandeln: nämlich als nicht nur über die Welt verstreute, sondern auch im „nomadischen" und „fragmentarischen" Modus einer „inneren" Diaspora und Zerstreuung existierende „Dividuen" oder „Multividuen".

Gewiss, solche (metaphorischen) Konzepte sind umstritten und in keinem Fall alternativlos. (Der auch auf das Selbst angewandte Begriff der Hybridität etwa ist etwas in Verruf geraten, seit man sich seiner heiklen biologischen Wurzeln erinnert.) Eine ganze Reihe von theoretischen Begriffen konkurriert miteinander, wobei sich ihre Bedeutungen häufig auch überlappen und ergänzen. Man denke etwa an die im poststrukturalistischen, dekonstruktivistischen Zeichen stehende postmoderne Subjektkritik, wie sie mit den Begriffen eines „relationalen" oder „dialogischen" Selbst verknüpft ist, oder an die Theorie einer „transitorischen" Identität, die ohne den Gestus eines „Abschieds von der Moderne" und die Verwerfung jeder denkbaren Idee autonomer Personalität und Identität auskommt (Renn u. Straub 2002). Hier wie dort geht es um den Anspruch, diejenigen kommunikativen Selbstverhältnisse, in denen sich die Auswirkungen multikultureller Gesellschaften und diasporischer Lebensformen zeigen, empirisch triftig zu beschreiben und theoretisch überzeugend zu fassen (Hermans 2002; Gergen 1991; Straub 1991, 2000; Straub u. Renn 2002; Straub u. Zielke 2005, Valsiner 2004, Welsch 1999).

4. Das narrative Selbst

Auf unterschiedliche Weise kommt das in symbolische Praxen eingebundene, sich im dialogischen Sprechen performativ inszenierende, reflexiv vergegenwärtigende und imaginativ entwerfende Selbst in allen genannten Theorien mit dem Thema „Narrativität“ in Berührung. Das kulturelle Selbst ist ein erzähltes und im Horizont von Erzählungen existierendes Selbst. Diese Einsicht erscheint insbesondere im Hinblick auf die *Zeitlichkeit* des Selbst, seine temporale Extension, Dynamik und Entwicklung, eine schlichte Notwendigkeit. Dem notwendigen, intrinsischen Zusammenhang zwischen Zeit und Erzählung ist, auch bezüglich Zeitlichkeit des erzählten Selbst, Ricœur (1988, 1996) auf besonders subtile Weise nachgegangen. Menschen sind, wenn sie handeln oder Widerfahrnissen ausgesetzt sind, in Geschichten verstrickt. Diese Geschichten fallen jedoch nicht mit dem „nackten Geschehen“ selbst in eins: Sie liefern die Interpretationsrahmen für solche Geschehnisse oder Ereignisse und sind selbst schon „Interpretamente“, kulturelle Schöpfungen einer Praxis, zu der sie fortan gehören und die sie zu verstehen helfen. Geschichten machen aus einem Geschehen sinn- und bedeutungsstrukturierte Wirklichkeiten. Sie verleihen unseren Erlebnissen Intelligibilität – selbst dann, wenn wir mit Ereignissen konfrontiert sind, die als Zeichen purer Kontingenz erscheinen, die Grenzen menschlicher Handlungspotenziale und Einsicht markieren. Bekanntlich sind Geschichten, die von den Grenzen des Sinns sprechen, alles andere als sinnlos. Was das kulturelle Selbst angeht, ist dieses permanent in ein komplexes Bezugsgewebe aus Geschichten verstrickt. Es sind nicht zuletzt die kulturell verfügbaren Plots, die einem Selbst ein Gesicht verleihen. Die performative und symbolische Einheit einer temporal komplexen Kultur und des in sie eingeschossenen Selbst verdankt sich nicht zuletzt der Praxis des Geschichtenerzählens (Brockmeyer 1999, 2003; Bruner 1990; McAdams 1993; Straub 1998, 2004). Diese theoretische Annahme ist nicht nur in zahllosen empirischen Studien bestätigt und differenziert, sondern auch hinterfragt worden. Viele kritische Fragen sind nach wie vor aktuell und stimulierend. So wird etwa die Einheit stiftende Funktion der Erzählung – die sog. narrative Synthesis des Heterogenen – kritisch beäugt und als kultureller Zwang einer „normalisierenden“ Identitätsbildung dechiffriert, die unter dem trügerischen Deckmantel der Autonomieentwicklung „Unterworfene“, stromlinienförmige Subjekte eben, gebiert. Die These vom narrativen Selbst wirft zudem die vergleichsweise bescheidene und „einfache“ Frage auf, wie es denn um kulturelle Differenzierungen des erzählten Selbst bestellt sei. Welche kulturspezifischen Selbst-Narrative lassen sich – anhand welcher inhaltlicher oder formaler Kriterien – empirisch unterscheiden, und was bedeuten solche Unterschiede psychologisch? Verzichten womöglich manche Kulturen auf das „erzählte Selbst“ und die normative Idee einer nicht zuletzt narrativ konstituierten Einheit einer um ihre Autonomie ringenden Person? Und liegt dieser Verzicht nicht auch für alle Zeitgenossen einer globalisierten Spät- oder Postmoderne in der Luft? Auch solchen Fragen und Vermutungen, Verheißungen oder Befürchtungen müsse, so heißt es vielfach, eine zeitgemäße Theorie des kulturellen Selbst nachgehen, möglichst auf der Grundlage empirischer Forschungsprogramme. Dabei sollten dann freilich jene Unterschiede nicht untergehen, die auch in diesem Feld aus Prozessen einer vermeintlich homogenisierenden Globalisierung womöglich dialektische, „glokalisierende" Vorgänge machen (Robertson 1998). Für diese sind bekanntlich Angleichungen *und* Differenzierungen, Aneignungen *und* Verfremdungen, Assimilationen *und* Verfremdungen gleichermaßen charakteristisch.

5. Zu den Beiträgen im vorliegenden Heft

Die Frage, wie sich Kultur als psychologische Kategorie fassen lässt, knüpft *Jens Brockmeier* an Überlegungen zur Sprachlichkeit und Diskursivität der kulturellen Existenz des Menschen. Insbesondere die Sprachform des Erzählens verbindet Formen individueller Kognition und (Selbst-) Kommunikation mit einer überaus wichtigen kulturellen Organisationsform des gesellschaftlichen Lebens. Erzählungen sind „Doppelwesen", die eine private *und* öffentliche Existenz führen. Unter Berücksichtigung der besonderen Eigenheiten schriftlicher Erzählungen geht der Autor der Frage nach, wie sich kulturelle Sinnbildung und Verstehen im Erzählen vollziehen. Brockmeiers Blick schweift in verschiedene autobiographisch orientierte Romane, insbesondere G.W. Sebalds *Austerlitz*. Fiktionale Literatur gehört ins Reich schöpferischer Imagination – und steht zugleich auf dem Boden kultureller Tatsachen, die auch für den „gemeinen" Homo narrator, ob er das nun „weiß" oder nicht, keineswegs einerlei und irrelevant sind. Das erzählte Selbst ist noch als individuelles Ich ein kulturelles Selbst.

Thomas Göller rückt die Bedeutung kultureller Medien in den Mittelpunkt. Nach einer Skizze der „ideengeschichtlichen" Entwicklung des Begriffs eines kulturellen Selbst, die ihren Ausgangspunkt bei Hegel nimmt, verteidigt Göller mit systematischem Anspruch die These, dass ein tragfähiger Begriff des kulturellen Selbst nicht allein im Zusammenhang von Sozialität beziehungsweise dem Verhältnis des Individuums zur Gemeinschaft, sondern zwingend auch über das Moment der Medialität zu bestimmen sei. Er erörtert ausführlich, was man sich in der Perspektive der Medialität unter dem kulturellen Selbst vorstellen kann. Zentral wird dabei schließlich die Frage nach den – medial vermittelten – Gestaltungsmöglichkeiten des kulturellen Akteurs und deren Bedeutung für die eigene Identitätsbildung.

Rezente Konzeptionen eines „dialogischen Selbst" erheben häufig den Anspruch, eine paradigmatische Alternative zu „traditionellen", d. h. modernen, subjektivistisch und kognitivistisch gedachten psychologischen Theorien des Selbst zu bieten *und zugleich* mit einer adäquaten begrifflichen Fassung eines „diasporischen Selbst" aufzuwarten. Eben dieser doppelte Anspruch wird in *Barbara Zielkes* Beitrag geprüft und kritisch diskutiert. Dabei werden auch empirische Beispiele aus der kulturanthropologischen Forschung bzw. der Akkulturationsforschung erörtert. Dabei zeigt sich, dass die „neue" theoretische Fassung des kommunikativen Selbstverhältnisses von Personen gar nicht so sehr von den als „traditionell" konstruierten Mustern etwa narrativer Identität abweicht, wie es der dekonstruktivistische Anspruch suggeriert, der heute oft an das Modell des dialogischen Selbst geknüpft wird.

Die an unterschiedliche Konzeptualisierungen des Selbst gekoppelten, scheinbar unüberbrückbaren Differenzen zwischen verschiedenen Kulturen bringt *Shingo Shimada* mit den (fragwürdigen, aber wirksamen) Dominanzansprüchen der „westlichen Modernisierung" in Zusammenhang. Shimada präsentiert zu diesem Zweck ein empirisches Fallbeispiel. Seine exemplarische Analyse eines narrativen Interviews mit einem „japanischen Mann" macht zwar deutlich, dass bestimmte Erzählmuster und bestimmte Weisen der Entscheidungsfindung kulturspezifisch sind. Es zeigt aber auch, dass diese Erzählmuster bereits ein Ergebnis der kulturellen und semantischen Transformationen sind, in denen sich westlich-moderne mit anderen Biographie- und Erzählmustern treffen und vermengen. Quod erat demonstrandum: Es gibt keine Kultur ohne kulturellen Austausch, und demzufolge ist jedes angemessene Kulturverstehen im Sinne einer relationalen Hermeneutik strukturiert.

Pradeep Chakkarath richtet seine Aufmerksamkeit darauf, wie sich die (westliche) kultur- und wissenschaftshistorische Bedeutung der Konzepte „Individuum" und „Individualismus" sowie der spezifische, damit verbundene kognitive Stil auf wissenschaftliche Theorien zur Kulturabhängigkeit von Persönlichkeits- und Selbstkonzepten auswirken. Die zunächst skizzierte westliche Konstruktion des „Ostens" wird sodann einigen psychologischen Aspekten des Selbst im so genannten östlichen Denken gegenüber gestellt. Dabei geht der Autor auf die Rolle indigener Psychologien im Allgemeinen sowie auf die aus der hinduistischen Philosophie ableitbare Konzeption des Selbst im Besonderen ein und identifiziert dabei Aspekte eines stabilen, selbstverantwortlich handelnden Selbst, die nicht so recht in die westlichen Konstruktionen eines „asiatischen" Selbst passen wollen. Auch diese Ausführungen zeigen, dass das Unterscheiden kulturspezifischer Konzeptionen des kulturellen Selbst in Zukunft wird differenzierter angelegt werden müssen, als es in der Vergangenheit geschah und noch heute der Fall ist. Diese Aufforderung geht weit über die Kritik an universalistischen Homogenisierungen des Selbst hinaus. Sie richtet sich auch, vielleicht zuvorderst, an komparative, differentielle (psychologische) Theorien des kulturellen Selbst.

Literatur

Appadurai, Ajun (1996): Modernity at large. Cultural Dimensions of Globalization. Minneapolis, London: University of Minnesota Press.

Bathia, Sunil (2002): Acculturation, dialogical voices and the construction of the diasporic self. Theory & Psychology, 12, 55–77.

Bathia, Sunil u. A. Ram (2004): Culture, hybridity and the dialogical self: Cases from the South-Asian diaspora. Mind, Culture and Activity, 11, 225–241.

Bathia, Sunil u. Hank Stam (2005): Critical Engagements with Culture an Self. Introduction. Theory & Psychology, 15 (4), 419–430.

Berry, John W., Ype H. Poortinga u. Janak Pandey (Hg.) (1997): Handbook of cross-cultural psychology. Vol. 1: Theory and method. Boston, London, Toronto, Sydney, Tokyo, Singapore: Allyn and Bacon (2nd Edition).

Benhabib, Sheila (1995): Feminismus und Postmoderne. In dies.: Selbst im Kontext. Ethik im Spannungsfeld von Feminismus, Kommunitarismus und Postmoderne (221–257). Frankfurt/Main: Suhrkamp.

Butler, Judith (1991): Das Unbehagen der Geschlechter. Frankfurt/Main: Suhrkamp.

Boesch, Ernst E. (1991): Symbolic action theory and cultural psychology. Berlin, Heidelberg, New York, Tokyo: Springer.

Boesch, Ernst E. u. Jürgen Straub (2006): Kulturpsychologie. Prinzipien, Orientierungen, Konzeptionen. In Gisela Trommsdorff u. Hans-Joachim Kornadt (Hg.), Kulturvergleichende Psychologie. Enzyklopädie der Psychologie. Serie VII. Themenbereich C „Theorie und Forschung“. Göttingen: Hogrefe (im Druck).

Brockmeier, Jens (1999): Erinnerung, Identität und autobiographischer Prozess. Journal für Psychologie, 7 (1), 22–42.

Brockmeier, Jens (2003): Die Zeit meines Lebens. Journal für Psychologie, 11, 4–32.

Bruner, Jerome S. (1990): Acts of Meaning, Cambridge: Harvard University Press.

Burke, Peter (2000): Kultureller Austausch. Frankfurt/Main: Suhrkamp.

Chakkarath, Pradeep (2005): What Can Western Psychology Learn From Indigenous Psychologies? – Lessons from Hindu Psychology. In Wolfgang Friedlmeier, Pradeep Chakkarath u. Beate Schwarz (Hg), Culture and Human Development. The importance of cross-cultural research for the social sciences.

Chakkarath, Pradeep (2006): Indigene Psychologie. Göttingen: Vandenhoeck & Ruprecht (in Vorbereitung).

Edwards, Derek u. Jonathan Potter (1992): Discursive Psychology, London, Thousand Oaks, New Delhi: Sage.

Gergen, Kenneth J. (1994): Realities and Relationships. Soundings in social construction. London, Thousand Oaks, New Delhi: Sage.

Graumann, Carl F. (1988): Der Kognitivismus in der Sozialpsychologie – die Kehrseite der „Wende“. Psychologische Rundschau, 39, 83–90.

Greve, Werner (2000) (Hg.): Psychologie des Selbst. Weinheim: Psychologie Verlags Union.

Greve, Werner, Klaus Rothermund u. Dirk Wentura (2005): The Adaptive Self. Personal Continuity and Intentional Self-Development. Göttingen: Hogrefe.

Hall, Stuart (1995): New Cultures for old. In Doreen Massey u. P. M. Jess (Hg.), A Place in the World. Places, Cultures and Globalization (175–213). Oxford: University Press.

Hermans, Hubert J. M. u. Harry J. G. Kempen (1993): The dialogical self. Meaning as movement. San Diego: Academic Press.

Kroeber, Alfred L. u. Clyde Kluckhohn (1963): Culture. A critical review of concepts and definitions. New York: Vintage.

Lackner, Michael u. Michael Werner (Hg.) (1999): Schriftenreihe Suchprozesse für innovative Fragestellungen in der Wissenschaft: Heft 2. Der cultural turn in den Humanwissenschaften. Area studies im Auf- oder Abwind des Kulturalismus? Bad Homburg: Werner Reimers Stifung.

Matsumoto, David (1999): Culture and Self. An empirical assessment of Markus and Kityama's theory of independent and interdependent self-construals. Asian Journal of Social Psychlogie, 2, 289–310.

Matthes, Joachim (1992) (Hg.): Zwischen den Kulturen. Die Sozialwissenschaften vor dem Kulturvergleich, Soziale Welt, Sonderband 8. Göttingen: Otto Schwartz & Co.

McAdams, Dan P. (1993): Stories we live by. Personal myths and the making of the self. New York: William Morrow and Company.

Mead, George Herbert (1995): Geist, Identität und Gesellschaft, Frankfurt/Main: Suhrkamp (Orig. 1934).

Miller, Joan G. (2002): Bringing Culture to Basic Psychological Theory – Beyond Individualism and Collectivism: Comment on Oyserman et al (2002), Psychological Bulletin, 128 (1), 97–109.

Miller, Joan G. (1997): Theoretical issues in cultural psychology. In John W. Berry, Ype H. Poortinga u. Janak Pandey (Hg.), Handbook of cross-cultural psychology. Bd. 1. Theory and Method (85–128). Boston: Allyn and Bacon.

Oysermann, D., M. Kemmelmeimer u. H. Coon (2002): Individualism and collectivism. Psychological Bulletin, 128, 110–117.

Potter, Jonathan (1996): Representing Reality. Discourse, rhetoric and social construction. London, Thousand Oaks, New Delhi: Sage.

Potter, Jonathan (2000): Post-cognitive psychology. Theory & Psychology, 10, 31–37.

Reckwitz, Andreas (2000): Die Transformation der Kulturtheorien. Zur Entwicklung eines Theorieprogramms. Weilerswist: Velbrück.

Ricœur, Paul (1988): Zeit und Erzählung. Drei Bände. München: Fink.

Ricœur, Paul (1996): Das Selbst als ein Anderer. München: Fink.

Robertson, Roland (1998): Glokalisierung. Homogenität und Heterogenität in Raum und Zeit. In Ulrich Beck (Hg.), Perspektiven der Weltgesellschaft (192–200). Frankfurt/Main: Suhrkamp.

Said, Edward W. (1999): Am falschen Ort. Berlin Taschenbuch Verlag.

Shotter, John (1994): Conversational Realities. London et al: Sage.

Skinner, Debra, Jann Valsiner u. Dorothy Holland (2001): Discerning the Dialogical Self: A Theoretical and Methodological Examination of a Nepali Adolescent's Narrative [34 paragraphs]. Forum Qualitative Sozialforschung / Forum: Qualitative Social Research [On-line Journal], 2(3).

Straub, Jürgen (Hg.) (1998): Erzählung, Identität und historisches Bewußtsein. Die psychologische Konstruktion von Zeit und Geschichte. Frankfurt/Main: Suhrkamp.

Straub, Jürgen (1999): Handlung, Interpretation, Kritik. Grundzüge einer textwissenschaftlichen Handlungs- und Kulturpsychologie, Berlin, New York: de Gruyter.

Straub, Jürgen (2001): Psychologie und Kultur, Psychologie als Kulturwissenschaft. In Heide Appelsmeyer u. Efriede Billmann-Mahecha (Hg.), Kulturwissenschaften. Felder einer prozessorientierten wissenschaftlichen Praxis (125–167). Weilerswist: Velbrück.

Straub, Jürgen (2004): Identität. In Friedrich Jäger u. Burkhard Liebsch (Hg.), Kulturwissenschaften. Ein Handbuch. Band 1: Kontexte und Grundbegriffe (277–303). Stuttgart: Metzler.

Straub, Jürgen (2004): Kulturwissenschaftliche Psychologie. In Friedrich Jäger u. Jürgen Straub (Hg.): Handbuch der Kulturwissenschaften. Band 2: Paradigmen und Disziplinen (568–591). Stuttgart: Metzler.

Straub, Jürgen (2006): Understanding Cultural Differences: Relational Hermeneutics and Comparative Analyses in Cultural Psychology. In Jürgen Straub, Doris Weidemann, Carlos Kölbl u. Barbara Zielke (Hg.), Pursuit of Meaning. Advances in Cultural and Cross-Cultural Psychology (163–213). Bielefeld: transcript.

Straub, Jürgen u. Alexander Thomas (2003): Positionen, Ziele und Entwicklungslinien der kulturvergleichenden Psychologie. In Alexander Thomas (Hg.), Kulturpsychologie (29–80). Göttingen: Hogrefe.

Straub, Jürgen, Doris Weidemann, Carlos Koelbl u. Barbara Zielke (Hg.) (2006): Pursuit of Meaning. Advances in Cultural and Cross-Cultural Psychology. Bielefeld: transcript.

Straub, Jürgen u. Barbara Zielke (2005): Autonomie, narrative Identität und die postmoderne Kritik des sozialen Konstruktionismus. „Relationales“ und „dialogisches“ Selbst als zeitgemäße Alternativen? In Friedrich Jäger u. Jürgen Straub (Hg.), Was ist der Mensch, was Geschichte? (165–210) Bielefeld: transcript.

Trommsdorff, Gisela u. Hans-Joachim Kornadt (Hg.) (2006): Kulturvergleichende Psychologie. Enzyklopädie der Psychologie. Serie VII. Themenbereich C „Theorie und Forschung“. Göttingen: Hogrefe (im Druck).

Valsiner, Jaan (2004): Three Years Later: Culture in Psychology – Between Social Positioning and Producing New Knowledge. Culture & Psychology, 10 (1), 5–27.

Walkerdine, Valerie (Hg.) (2002): Challenging subjects: Critical psychology for a new millenium. Balsingstoke: Palgrave.

Welsch, Wolfgang (1999): Transkulturalität. In: Interkulturalität – Grundprobleme der Kulturbegegnung. Mainzer Universitätsgespräche Sommersemester 1998 (45–72). Trier: Paulinus-Druckerei.

Zielke, Barbara (2004): Kognition und soziale Praxis. Der soziale Konstruktionismus und die Perspektiven einer postkognitivistischen Psychologie. Bielefeld: transcript.

Zielke, Barbara (2006): From Cognition to Culture. Social Constructionism and Cultural Psychology as post-cognitivist movements. In Jürgen Straub, Doris Weidemann, Carlos Kölbl u. Barbara Zielke (Hg.), Pursuit of Meaning. Advances in Cultural and Cross-Cultural Psychology (21–43). Bielefeld: transcript.

Jürgen Straub
Barbara Zielke

Ralph Sichler
Redaktion

Erzählung und kulturelles Verstehen

Jens Brockmeier

Zusammenfassung

In Abgrenzung von einem substantialistischen und essentialistischen Konzept von Kultur wird in diesem Artikel ein Verständnis von Kultur skizziert, das erkenntnistheoretisch und hermeneutisch motiviert ist. „Kultur“ erscheint dabei als eine Sichtweise oder Perspektive, die es erlaubt, menschliches Handeln, Bewusstsein und andere psychologische Phänomene in einem Zusammenhang zu sehen, ohne den sie unverständlich bleiben würden. Dieser Zusammenhang erschließt sich nur, indem man ihn interpretiert, und das heißt, indem man ihn zu verstehen versucht wie einen vielschichtigen Text, eine Erzählung, einen Roman mit zahllosen Handlungssträngen, Perspektiven, Zeitebenen und Gefühlssphären. Es ist eine solche narrative Interpretation, die sich im kulturellen Verstehen vollzieht, so die hier vertretene und anhand der Untersuchung verschiedener Formen autobiographischer Identität näher erläuterte These.

Schlagwörter

Kultur, Erzählung, Hermeneutik, autobiographische Perspektive.

Summary

Narrative and cultural understanding

Rejecting substantializing and essentializing concepts of culture, this paper outlines an understanding of culture that is epistemologically and hermeneutically motivated. In this view, „culture“ is a perspective or orientation that allows for viewing human action, mind and other psychological phenomena in a context without which they would be ununderstandable. This context only becomes intelligible if it is subject to interpretation, that is, if it is understood as a multilayered text, a narrative, a novel with countless plots, perspectives, levels of time and spheres of emotion.

J. f. Psych., 14, 1 (2006), 12–34, ISSN 0942-2285

Such narrative interpretation, it is argued, is what happens in cultural understanding. This argument is fleshed out by examining several forms of autobiographical identity.

Keywords

Culture, narrative, hermeneutics, autobiographical perspective.

Kultur ist einer jener Begriffe, deren Bedeutung sich immer mehr aufsplittert und sich schließlich aufzulösen scheint, je erfolgreicher er wird, je mehr er zum sprachlichen Repertoire nicht nur von Subkulturen, Kulturveranstaltungen und Medienkulturen gehört, sondern zum Markenzeichen ganzer Freizeit- und Wissenschaftskulturen, ja der ganzen Kulturnation wird. Ein *travelling concept*, wie es in den Kulturwissenschaften genannt wird. Doch welche Bedeutung ist hier auf Reisen? Lässt sich angesichts der so beliebigen Anlässe, in denen von Kultur die Rede ist, die flirrende Eigendynamik des Wortgebrauchs überhaupt noch semantisch erklären?

In der Hoffnung auf Klärung wenden wir uns an die Wissenschaft. Doch bei diesem Chamäleonbegriff ist uns damit wenig geholfen. Im Gegenteil, wir werden noch verwirrter. In Sachen Kultur hat jede Disziplin ihre eigene Begriffsdiffusion, und zwar nicht erst seit dem *cultural turn* in den Geisteswissenschaften und dem Aufstieg der Kulturwissenschaften. In der Ethnologie oder Kulturanthropologie, die schon immer den Kulturbegriff auf ihre Fahnen geschrieben hat, gibt es eine starke Tendenz, auf den Begriff überhaupt zu verzichten. Genau genommen macht sich das Unbehagen, das viele Anthropologen bei dem Begriff der Kultur empfinden, jedoch weniger an der Vielfalt seiner Varianten fest, sondern vielmehr an dem, was als sein simplifizierender Charakter angesehen wird. Nicht wenigen ist der Begriff der Kultur schlichtweg zu flach, ja sogar verfälschend.

Die Differenzierungen und Nuancierungen, die erforderlich sind, um die heterogenen und oft inkohärenten Zusammenhänge, in denen Menschen leben, zu verstehen, werden – so die Kritik – in dem homogenisierenden Konzept der Kultur ausgeblendet, nicht selten gar verneint. Sind es nicht letztlich artifizielle und abstrakte Einheiten, die durch die gegenseitige Abgrenzung und komparative Gegenüberstellung von verschiedenen „Kulturen“ entstehen (wie wir sie auch aus der *Cross-cultural Psychology* kennen)? Sind die Unterschiede zwischen diesen blutarmen Kategoriekollektiven, die oft so vage und allgemein sind, dass sie die sozialen und historischen Komplexitäten ganzer Länder, Völker und Erdteile zu subsumieren beanspruchen, wirklich größer, und wichtiger als die Unterschiede innerhalb dieser Länder, Völker und Erdteile? Werden nicht die so unterschiedlichen und widersprüchlichen Formen von Sinn und Bedeutung, die Individuen und Gemeinschaften erzeugen, durch den Begriff der Kultur bis zur Unkenntlichkeit nivelliert?

Muss man sich angesichts dieser Kritik die Kulturanthropologie also bald ohne Kultur vorstellen? Vielleicht. Zumindest für undifferenzierte und unterbestimmte, also totalisierende Kulturbegriffe scheint die Zeit abgelaufen. Viele Anthropologen und Kulturtheoretiker sind heute jedenfalls der Meinung, dass der Terminus Kultur einschließlich der damit einhergehenden anthropologischen *master narratives* eher dazu dient, eine vermeintliche soziale Einheitlichkeit, Kohärenz und Geschlossenheit menschlichen Zusammenlebens zu postulieren oder zumindest zu suggerieren, während innere Differenzen, Inkonsistenzen und Widersprüche dabei auf der Strecke bleiben. Genau die aber treten in der gegenwärtigen historischen Situation immer mehr in den Vordergrund.

Dabei wird deutlich, dass die mit dem Kulturbegriff unterstellte Homogeneität allemal eine begriffliche Setzung ist, eine projektive Abstraktion, die allerdings häufig für die empirisch konkrete Wirklichkeit genommen wird. „Die Rede von einer Kultur als einem transindividuellen Zeichen-, Wissens- und Regelsystem, das spezifische Möglichkeiten des Denkens, Fühlens, Wollens und Handelns eröffnet und begrenzt, stellt prinzipiell eine Abstraktion dar, die ihren Gegenstand unter gewissen Gesichtspunkten erst als Einheit konstituiert", bemerken Straub und Shimada (1999, 450). Hinzu kommt, dass der Kulturbegriff nicht selten dazu gedient hat, das fremde und exotische Objekt der Anthropologie zu lokalisieren, also „die Anderen" zu fixieren, die der vermeintlich neutrale und objektive anthropologische Wissenschaftler angetreten war, professionell zu untersuchen und eben als Kultur zu definieren.[1] Im bewussten Bruch mit dieser Tradition wird in den Cultural Studies daher Kultur auch kaum noch als Begriff für Verhaltensweisen, Eigenschaften und Vorstellungen eines vermeintlichen Kollektivs benutzt, sondern zumeist als Bezeichnung für den Austragungsort von Kämpfen um begrifflich-ideologische Macht, um kulturelle Hegemonie.

Allemal hat das Bemühen, die lange unterschätzte Vielfalt, Heterogenität und Dynamik der materiellen und symbolischen Kontexte menschlichen Lebens und Handelns zu begreifen, in der Anthropologie und den Cultural Studies zu Diskussionen um neue und schärfere Begriffe geführt – diesseits und jenseits des Kulturbegriffs. Solche Begriffe, so fordert beispielsweise der Ethnologe und Kulturtheoretiker Appadurai (1996), müssen nicht zuletzt sensibel sein für die neuartigen kulturellen Konfigurationen, die in der Welt von heute in

[1] Vgl. dazu ausführlicher Abu-Lughod (1991). Für eine systematische Darstellung dieser Kritik des Kulturbegriffs vgl. Brightman (1995) sowie das Sonderheft „Culture. A second chance?" von *Current Anthropology* (1999).

Permanenz entstehen. Längst sind solche kulturellen Formen nicht mehr als feste Entitäten mit Euklidischen Grenzen, Strukturen oder Regelmäßigkeiten zu fassen, wenn sie es denn je waren. Für Appadurai ähneln sie vielmehr den fraktalen und fragmentarischen Gestalten nichtlinearer Prozesse, die sich überlagern und gegenseitig durchdringen, um dann wieder in verschiedene Richtungen auseinander zu streben.

Kultur als psychologische Kategorie

Eine völlig andere Lage begegnet uns hingegen in der Pychologie. In seinem Buch *Cultural Psychology* sucht Michael Cole (1996) nachzuvollziehen, warum sich die akademische Psychologie seit Wilhelm Wundt und William James mit der Vorstellung von menschlichen Individuen als historischen und kulturellen Wesen so schwer getan hat. Gestützt auf einen Gedanken Theodor W. Adornos äußert Cole die Vermutung, dass Kultur für jenen Aspekt der menschlichen Wirklichkeit steht, der sich dem messenden und vermessenden Denken, dem die Psychologie als wissenschaftliche Disziplin so unbedingt vertraut hat, gerade entzieht: Kultur ist bedingungs- und variablenanalytisch nicht erfassbar. Im Sinne des traditionellen Selbstverständnisses, und das heißt nomologischen Methodenverständnisses der akademischen Psychologie ist Kultur damit eine wissenschaftlich nur marginale Größe. Der homo psychologicus mag sozial sein, er mag ökologisch und evolutionär betrachtet werden, kulturell und damit historisch ist er nicht.

Doch bekanntlich gibt es auch in der Psychologie eine Reihe von Versuchen, diese Grenzziehung zu überwinden und den Menschen (oder die Person, das Individuum, Subjekt oder Selbst) in seiner kulturellen und historischen Dimension zu begreifen. Lässt sich ein gemeinsames Kennzeichen der zahlreichen kulturpsychologischen Ansätze erkennen? Unabhängig von den jeweiligen theoretischen Ansprüchen und Absichten scheint zumindest eine Gemeinsamkeit feststellbar, die allerdings auf den ersten Blick nicht besonders spektakulär anmutet. Fast allen kulturpsychologischen Bemühungen geht es zunächst einmal darum, in der einen oder anderen Form den – ökologischen, sozialen oder gesellschaftlichen – Kontext des realen Lebens in die Untersuchung des Individuums und seiner Psyche mit einzubeziehen. Einen Kontext, den man in der traditionellen Psychologie (insbesondere in der allgemeinen, kognitions- und neurowissenschaftlichen Psychologie) und ihrem Tunnelblick auf ein vereinzeltes Individuum vermisst. Auch kulturpsychologisch erscheint Kultur daher nicht primär wie in den klassischen ethnologischen Definitionen als eine Kollektivkategorie („die" Tobriander), die im Unterschied oder Gegensatz zu einer anderen normativ gesetzten Kollektiveinheit (in der Regel „die" abendländische oder westliche Zivilisation oder die „wissenschaftliche Kultur" der Anthropologie) gesehen wird. Kultur als Kontext fungiert vielmehr als Gegenorientierung, als Alternative zu einer Sichtweise, die sich auf ein isoliertes Einzelwesen und seine allein biologisch-genetische Ausstattung richtet.

In vielen soziologisch, sozialisationstheoretisch, soziokulturell oder sozialkonstruktivistisch orientierten Ansätzen steht Kontext dabei für das, was das Individuum und seine Psyche beeinflusst oder bestimmt, sei es in Gestalt der Gesellschaft, Moral, Erziehung, Macht oder eben allgemein der Kultur. Demgegenüber sind es in vielen psychologischen und psychoanalytischen Theorien das Individuum und seine Handlungen, Bedürfnisse und Entwicklungserfordernisse, die den Kontext beeinflussen oder bestimmen. In einer dritten Theorienfamilie geht es vor allem um die Wechselbeziehungen zwischen Individuum (oder Psyche) und Kontext. Hier stehen, wie etwa in der kulturpsychologischen Konzeption von Boesch und Straub (im Druck), die „Handlungspotenziale in einem bestimmten Umweltbereich" im Vordergrund. Dabei erscheint Kultur als ein subjektiv erlebtes und gedeutetes objektives Handlungsfeld, umfasst also gleichermaßen objektive und subjektive Aspekte.

Doch damit ist noch nichts darüber ausgesagt, was nun genau „Kontext" zu einem kulturpsychologischen Begriff werden lässt. Valsiner (2001) unterscheidet in einem Überblick über die Bedeutungen von Kultur in allen Beiträgen, die in der Zeitschrift *Culture & Psychology* in den ersten sechs Jahren ihres Bestehens veröffentlicht wurden, drei verschiedene Lesarten des Zusammenhangs von Kultur und Kontext. Wenn man unterstellt, so Valsiner, dass die Vorstellung, ein Individuum (oder eine Person oder ein Selbst) existiert nur innerhalb eines bestimmten Kontexts, ein allgemeines Kennzeichen jener psychologischen und sozialwissenschaftlichen Ansätze ist, die dem Begriff der Kultur eine zentrale Rolle zumessen, dann lassen sich in diesen Ansätzen drei verschiedene Sichtweisen dieses Zusammenhangs feststellen. In der ersten Sichtweise erscheint, was immer unter Kultur verstanden wird, als zum Kontext gehörig und kann (aber muss nicht) innerhalb einer Person in Erscheinung treten. Für die zweite Auffassung gehört, was immer unter Kultur verstanden wird, zur Person und kann (aber muss nicht) im Kontext in Erscheinung treten. Die dritte Position unterstellt, dass, was immer unter Kultur verstanden wird, gleichzeitig und gleichermaßen zum Kontext und zur Person gehört.

Ich möchte diesem Spektrum noch eine weitere Sichtweise hinzufügen. Sie bringt ein Verständnis von Kultur zum Ausdruck, das sich mir in meinen Arbeiten als sinnvoll und hilfreich erwiesen hat. Ich beschäftige mich mit dem kulturellen Zusammenhang von Sprache, Bewusstsein und Identität. Die für diesen Zusammenhang einzig relevante ontologische Bestimmung von Kultur ist, dass es dabei nicht um Natur geht, zumindest nicht in erster Linie. Margret

Mead hat von *Culture* im Unterschied zu *cultures* gesprochen.[2] Als generischer Begriff ist Kultur vergleichbar dem Begriff der menschlichen Lebensformen, und zwar in dem Sinne, in dem ihn Wittgenstein benutzt, um zu sagen, dass es dabei nicht um die Lebensformen der Marsbewohner geht. Was der Mars für die Erde, ist die Natur für die menschliche Kultur. Allerdings dürfen die hier lauernden Gefahren einer unhistorischen ontologischen Abgrenzung des Menschlichen vom Nichtmenschlichen – der Wissenschaftshistoriker Bruno Latour (1993) und der Philosoph Giorgio Agamben (2004) haben sie uns drastisch vor Augen geführt – nicht übersehen werden.

Gleichwohl, abgesehen von dieser im Einzelnen wie im Grundsätzlichen zu präzisierenden Gegenstandsabgrenzung ist das Verständnis von Kultur, um das es mir geht, weder ontologisch, noch ist es substantialistisch abhängig von Gattungs- oder Kollektivbegriffen. Das heißt, es geht nicht um Kultur in der klassischen Tylorschen Tradition der Anthropologie (wie sie auch in Meads Definition durchscheint) als einem „komplexen Ganzen, welches Wissen, Glauben, Kunst, Moral, Gesetz, Sitten sowie andere Fähigkeiten und Gewohnheiten einschließt, die der Mensch als Mitglied einer Gesellschaft erwirbt" (Tylor 1903). Es geht um keine Qualitäten, Zustände, Prozesse oder sozialen Tatsachen des gesellschaftlichen Lebens oder eines sonstigen „komplexen Ganzen". Mein Verständnis ist erkenntnistheoretisch und hermeneutisch motiviert. Ich versuche, das Gewebe von Sprache, Bewusstsein und Lebensformen zu verstehen – und das schließt die inneren Spannungen, Risse und Leerstellen in diesem Gewebe ein –, indem ich „Kultur" als eine Sichtweise oder Perspektive benutze, die es mir erlaubt, menschliches Handeln (und dazu rechne ich im Wittgensteinschen Sinne die Sprache), Bewusstsein und andere materielle und symbolische Praktiken in einem Zusammenhang zu sehen, ohne den sie unverständlich bleiben würden.

Dieser Zusammenhang ist symbolischer Art, und das heißt, er ist nicht ontologischer Art. Er ist semiotischer Art, und das heißt, er ist nicht ökologischer, sozioökonomischer, ethischer oder politischer Art, obgleich all diese Zusammenhänge und viele mehr hier relevant sind. Die Individuen, deren Sprache, Bewusstsein und Identitätskonstruktionen mich interessieren, bewegen sich in einem symbolischen Raum. Zu diesem Raum gibt es nur Zugänge, indem man ihn gemeinsam mit diesen Individuen zu erschließen versucht;

---

[2] „*Culture* means the whole complex of traditional behavior which has been developed by the human race and is successively learned by each generation. A *culture* is less precise. It can mean the forms of traditional behavior which are characteristic of a given society, or a group of societies, or of a certain race, or of a certain area, or of a certain period of time." (Mead, 1937, S. 17; nach Kroeber u. Kluckhohn 1952, S. 90). Was Mead mit *Culture* meint, so reformuliert es Brumann (1999, S. 6) im Vokabular der heutigen Anthropologie, ist „the generic potential of human individuals to share certain not genetically inherited routines of thinking, feeling, and acting with other individuals with whom they are in social social contact, and/or ... the products of that potential."

indem man ihn zu interpretieren oder zu lesen versucht wie einen vielschichtigen Text, eine Erzählung, einen Roman mit zahllosen unterschiedlichen, aber ineinander verschränkten Handlungssträngen, Perspektiven, Stimmen, Zeitebenen und Gefühlssphären. Es ist eine solche narrative Interpretation, so meine These, die sich im kulturellen Verstehen vollzieht.

Im Unterschied zum literarischen Genre des Romans gibt es hier allerdings weder einen allwissenden Erzähler, noch gibt es überhaupt einen Autor. Es gibt auch keinen übergreifenden Plot, keinen Schluss der Handlung und kein Ende des Erzählgeschehens. Da jeder Abschluss vorläufig ist, erweist sich jede Deutung stets als provisorisch und Ausgangspunkt einer neuen Deutung. Der Prozess, in dem dieses Erzählwerk geschrieben, interpretiert und kontinuierlich reinterpretiert wird, ist mithin unendlich und unabschließbar. Er ist so unendlich und unabschließbar wie alles intersubjektive Verstehen – gerade darin erweist es sich als endlich, um es mit einem Gedanken zu verbinden, der einen zentralen Stellenwert sowohl in der philosophischen Hermeneutik Gadamers wie der Derridas besitzt.[3]

Literatur und Kunst vergegenwärtigen uns unsere existentielle Lage in einem symbolischen Raum, einem Erfahrungsraum, in dem, so könnte man im Anschluss an Derrida sagen, keine der üblichen Evidenzen und Erkenntnissicherheiten, kein Sinn begründendes Zentrum erwartet werden dürfen, und in dem wir sie auch nicht erwarten. Einem Raum, dessen Grenzen uns unzugänglich sind, was wir bereitwillig akzeptieren, und in dem vieles unentscheidbar ist und bleibt, was hinzunehmen uns allerdings nicht immer leicht fällt. Die „Erfahrung des Kunstwerks“, wie sie Gadamer beschreibt, eröffnet einen Raum, der „jeden subjektiven Horizont der Auslegung, den des Künstlers wie den des Aufnehmenden, grundsätzlich immer übersteigt“.[4]

---

[3] Nicht dass Gadamer und Derrida, die wohl einflussreichsten neueren Theoretiker des Verstehens, damit unterschiedslos als philosophische Fürsprecher einer kulturtheoretischen Semiotik und Erzähltheorie reklamiert werden sollen. Dennoch stimmen sie, bei aller Differenz, gerade in ihrer Sicht des „unendlichen Dialogs“, der alles intersubjektive Verstehen und also auch alles kulturelle Verstehen auszeichnet, weitgehend überein. Dies wird insbesondere in ihrer jeweiligen Auslegungen von literarischen Texten als kulturellen Texten und Intertexten deutlich: eine Herangehensweise, die das interpretative Kulturverständnis, das ich hier skizzieren möchte, idealtypisch entfaltet (vgl. etwa die Celan-Interpretationen in Derrida u. Gadamer 2004).

[4] Gadamer (1993, S. 441); Derrida u. Gadamer (2004, S. 11). Derrida kommentiert die hier von Gadamer angesprochene Unabschließbarkeit des künstlerischen wie überhaupt alles intersubjektiven Verstehens – und in der von mir hier vorgeschlagenen Lesart heißt das auch alles kulturellen Verstehens –, indem er einen weiteren, wenig beachteten Gedanken der Gadamerschen Hermeneutik hervorhebt: „Wenn es stimmt, dass kein Dialog in Wahrheit jemals abgeschlossen ist, so liegt das daran, dass [und hier zitiert Derrida Gadamer] ein ‚wirkliches Einverständnis, ein ganz vollständiges Einverständnis zwischen zwei Menschen, dem Wesen der Individualität widerspricht‘“ (Derrida u. Gadamer 2004, S. 24).

Wie in keiner anderen Anschauungsform kondensieren sich in Literatur und Kunst widersprüchliche kulturelle Erfahrungen. Dabei ist die Erfahrung hermeneutischer Offenheit und Unabschließbarkeit, von der gerade die Rede war, besonders gegenwärtig. Man könnte sagen, sie wird hier zum dominierenden Modus. In dieser Hinsicht erschließen Literatur und Kunst Erfahrungsmöglichkeiten, die etwa in der Geschichtsschreibung und dem historischen, in der Regel auf teleologische Zusammenhänge ausgerichteten Verstehen nur bedingt aufscheinen.

Der amerikanische Schriftsteller Philip Roth spielt in seinem Roman *The Plot against America* die Möglichkeit durch, dass 1940 ein antisemitischer und pro-faschistischer Kandidat zum amerikanischen Präsidenten gewählt worden wäre. Vergegenwärtigt man sich die reale historische Situation in den Vereinigten Staaten Ende der dreißiger Jahre sowie die Popularität und die politischen Ansichten des hier beschriebenen Kandidaten, Charles Lindbergh, ist dieses Szenario weniger abwegig und bizarr, als es zunächst klingen mag. Die Perspektive, aus der Roth erzählt, ist die eines jüdischen Kindes und seiner Familie. Die Grundhaltung ist die einer Angst und einer Beklommenheit, die unter amerikanischen Juden und Liberalen in jenen Jahren weit verbreitet war. Diese Angst und diese Beklommenheit sind angesichts der tatsächlichen historischen Entwicklung in Amerika – gewählt wurde 1940 Franklin D. Roosevelt – retrospektiv nur schwer, wenn überhaupt vorstellbar. Der weitere Verlauf der Geschichte hat diese Angst gleichsam verharmlost. Als wenn ein Stück Wirklichkeit, eine von vielen Menschen geteilte kulturelle Erfahrung im Lauf der Zeit aus der Geschichte gefallen wäre.

Roth, der Erzähler, ist auf der Suche nach dem, was hier verloren ging. Und er weiß, wovon er spricht. Denn er hat jene Jahre als Kind miterlebt, hat mit vor dem Radio gesessen, wenn die Familie auf einmal verstummte, um kein Wort der Nachrichtensendung zu verpassen, ist mit dem Vater durch die Straßen gegangen, als dieser begann, dem Blick der Leute auszuweichen und den Hut tiefer ins Gesicht zu ziehen. Er schreibt also einen quasi-autobiografischen Roman, in dem die realen Erfahrungen des Kindes und seiner Familie ins Fiktive erweitert werden. Allerdings ist es eine durchaus realistische historische Fiktionalität, die hier entsteht und in einer autobiografischen Perspektive zugespitzt wird, in einer Perspektive, in deren Fluchtpunkt wir den Autor selbst vermuten dürfen.

Bei der Vergegenwärtigung dieser gleichermaßen autobiografischen wie kulturellen Erfahrung, so bemerkt Roth (2004) in einem Essay über sein Buch, kann kein Geschichtsbuch die narrative Imagination ersetzen. Gewiss gibt es auch für Historiker die Kategorie des Unvorhergesehenen, des Unvorhersehbaren, des Zufalls. Und es mag durchaus Geschichtswissenschaftler geben, die ein Gespür für jenes kulturelle Empfinden besitzen, das insbesondere in den späten Dreißigerjahren zum Lebensgefühl vieler jüdischer und liberaler Amerikanern gehörte. Doch, schreibt Roth, „das unerbittlich Unvorhersehbare wurde in dem, was wir in der Schule als ‚Geschichte' gelernt haben, zur harmlosen Geschichte, in der alles, was zu seiner Zeit unerwartet war, in einer Chronik des Unvermeidlichen verzeichnet ist. Es ist der Schrecken des Unvorhersehbaren, des Nicht-Vorhersehn-Könnens, den die Geschichtswissenschaft verschweigt, indem sie eine Katastrophe in ein Epos verwandelt" (12). Die narrative Imagination, die Roth beschreibt, versucht gegenüber dem Epos die Erfahrung der Katastrophe nicht preiszugeben, sondern sie als eine wesentliche autobiografische und kulturelle Erfahrung zu begreifen.

Primäre Codes

Um diese gleichermaßen kunst- und kulturtheoretische Vorstellung in einem spezifischeren und kulturpsychologischen Sinn zu präzisieren, möchte ich auf die Arbeiten von zwei zeichen- und symboltheoretischen Kulturtheoretikern, Clifford Geertz und Michel Foucault, zurückgreifen. Die Sicht von Geertz lässt sich recht gut anhand einer klassischen erkenntnistheoretischen Debatte in der Anthropologie der sechziger Jahren deutlich machen. In ihr ging es um die Kritik und schließliche Verabschiedung einer für die Ethnologie lange Zeit kanonischen Vorstellung Malinowskis. Für Malinowski begegnet der Ethnograph einer fremden Kultur, indem er sich als teilnehmender Beobachter die ihm unbekannte Realität empathetisch, durch Einfühlung und intuitives Sich-Hineinversetzen erschließt. Demgegenüber hat Geertz dargelegt, dass es auch und gerade bei Malinowski die Kategorien, Wertvorstellungen, Wahrnehmungsstrukturen und narrativen Modelle der eigenen Kultur des Forschers sind, die solcherart „Einfühlung" in die Empirie einer fremden Kultur leiten und präfigurieren, die das Fremde also immer wieder auf das Eigene zurückführen.

Was Geertz dem entgegenhielt, war eine Orientierung, die die Aufmerksamkeit nicht auf das vermeintliche Innenleben und die Empfindungen der Mitglieder einer fremden Zivilisation richtet, sondern auf ihre Zeichensysteme und kulturellen Praktiken. Solchen kulturellen Praktiken, Diskursen und Artefakten begegnet der Anthropologe auf Handelsstationen, Hochzeitsfeiern, Schafweiden und wo immer Menschen untereinander und mit dem Ethnologen interagieren, wo sie feilschen, streiten, spielen, sich über das Wetter und die Nachrichten unterhalten und die Geschichten ihres Alltags und ihres Lebens erzählen. In der Sicht eines semiotisch und symboltheoretisch interessierten Kulturforschers geht es dabei freilich nicht einfach um die Wiedergabe von Alltags- und Lebenserfahrungen. Vielmehr werden in diesen kulturellen Praktiken die Begriffe und Codes ausgehandelt, die das, was wir unter Empirie verstehen, überhaupt erst benennen und festlegen.

Dieser Gedanke, der philosophisch auf Kant zurückgeht, steht auch hinter den denkgeschichtlichen Studien Michel Foucaults. Für Foucault (1971) sind die Codes der Sprache, der Wahrnehmung und des Handelns – oder wie er sie auch nennt, die „linguistischen, perzeptiven und praktischen Raster" – nicht etwa die Erscheinungs- und Ausdrucksformen einer kulturellen Ordnung. Sie sind ihre Grundlagen. Sie prägen eine Kultur, indem sie nicht nur ihr begriffliches und narratives Repertoire festlegen, sondern auch, so Foucault, „ihre Wahrnehmungsschemata, ihren Austausch, ihre Techniken, ihre Werte, die Hierarchie ihrer Praktiken" (1971, 22f.) organisieren und damit von Anfang an für jedes Individuum die Ordnungen seiner Wirklichkeit definieren. Foucault nennt diese Codes „primäre Codes", weil sie den Menschen einer Kultur ihre empirische Ordnung vorschreiben.

Zwar verbindet sich mit Foucault nicht in erster Linie eine Semiotik der Kultur. Doch lässt sich durchaus ein Hauptanliegen seiner denk- und diskursgeschichtlichen Studien insbesondere in *Die Ordnung der Dinge* darin erkennen, die A priori-Funktion kultureller Symbolismen aufzuzeigen. Die grundlegenden Regeln einer Kultur sind weder substantialistisch vorgegeben, noch sind sie funktionalistisch oder empathetisch zu erschließen. Sie sind überhaupt nicht empirisch abzuleiten, denn sie gehen nicht aus der Erfahrung hervor, sondern machen Erfahrung überhaupt erst möglich. Was Kant in der *Kritik der reinen Vernunft* als die „Bedingungen der Möglichkeit von Erfahrung" beschrieb, bildet sich für Foucault historisch in den diskursiven Codes einer kulturellen Ordnung heraus.

Während Foucault in *Die Ordnung der Dinge* vor allem die neuzeitliche Geschichte der europäischen Denksysteme und die Herausbildung der Episteme der Moderne – mit Episteme meint er das Gesamtsystem der Organisation des Wissens in einer bestimmten Epoche – untersucht, sind ethnologische Feldstudien die Basis für Geertz' Programm einer kulturellen Semiotik. Diesen Studien möchte ich einige weitere Aspekte entlehnen, die, wie ich glaube, für ein semiotisches Kulturverständnis hilfreich sind.

Auch Geertz (1983) geht es um eine Entsubstantialisierung und Entfunktionalisierung des Kulturbegriffs. Wie Max Weber und Ernst Cassirer geht er davon aus, dass der Mensch ein Wesen ist, das in „selbstgesponnene Bedeutungsgewebe" verstrickt ist. Es sind diese Gewebe, die wir als Kultur ansehen können. In Abgrenzung zur anthropologischen Tradition verbindet sich mit Kultur „keine Instanz, der gesellschaftliche Institutionen, Ereignisse oder Verhaltensweisen kausal zugeordnet werden könnten. Sie ist ein Kontext, ein Rahmen, in dem sie [...] beschreibbar sind" (Geertz 1983, 21). Damit verliert Kultur endgültig alle folkloristische Färbung, sie wird zur Bezeichnung einer erkenntnis- und zeichentheoretischen Sicht, eines Modus der Interpretation, in dem die Bedeutungen bestimmter Phänomene, die sonst womöglich rätselhaft bleiben, plausibel werden.[5]

Warum Sprache?

> „We must say that language is situated between nature and culture, and that it serves as a foundation of culture. We may go even further and state that language is THE necessary and substantial foundation of human culture.“
> (Jakobson 1985, 107)

Grundlegend für das semiotische und symbolische Kulturverständnis, um das es mir geht, sind mithin die Codes der Sprache, der Wahrnehmung und des Handelns – wenn man die Foucaultschen Unterscheidungen denn einmal übernehmen will. Alle drei sind gleichermaßen wichtig, zumal sie sich in mehrfacher Hinsicht gegenseitig überlagern und verschränken. In meiner eigenen Arbeit habe ich mich vorwiegend mit den symbolischen Codes der Sprache beschäftigt, etwa mit dem Spracherwerb des Kindes und hier insbesondere mit dem Erwerb der Schriftsprache. Der Schriftspracherwerb ist hier besonders interessant, weil in ihm das Verhältnis von Sprache und Bewusstsein durch die „kulturellen Codes“ der Schrift und Schriftlichkeit neu definiert wird. Diese Neufassung vollzieht sich sowohl in historischer wie ontogenetischer Hinsicht, sowohl gesellschaftlich wie psychologisch. Die Wechselbeziehungen von Oralität und Literalität spielen ebenfalls eine wichtige Rolle bei der Untersuchung von diskursiven Praktiken wie der Konversation oder der Narration. Mit der Erzählung und dem Erzählen tritt nun noch eine andere Dimension des Psychischen in den Vordergrund: unsere Selbst- und Identitätskonstruktion. Man könnte auch sagen, es geht um das kulturelle Gewebe menschlicher Subjektivität. Worauf es mir hier vor allem ankommt ist, die Vertracktheiten der narrativen Konstruktion autobiografischer Identität in der Zeit, also unserer Vorstellungen von Lebenszeit zu verstehen.

Freilich hat mein Interesse an der Sprache und ihren symbolischen Welten weniger systematische und vorausschauend bedachte als persönliche Gründe

[5] Für eine ausführlichere Diskussion des hier skizzierten semiotischen und symbolischen Kulturbegriffs vgl. das Kapitel „Zeichen, Bedeutung, Bewusstsein – Wygotski und die Perspektiven einer Psychologie der Kultur“ in Brockmeier (1998). Die kultur- und zeichentheoretische Vorstellung eines symbolischen Raums habe ich genauer beschrieben in Brockmeier (2001) und (2004).

und Motive. Sie ergeben sich, wie sollte es anders sein, aus den Eigenarten meines Werdegangs und hängen mit individuellen Erfahrungen und Vorlieben zusammen. Eine hartnäckige Frage ist etwa, wie Sprache – aber auch andere symbolische Systeme wie Musik und Kunst – unser Bewusstsein, unsere Affekte und unsere Imagination bestimmen und beeinflussen, und was sie nicht bestimmen und beeinflussen. Warum verfolgen uns einige Worte wie Gläubiger, die ihre Schulden eintreiben wollen, während andere Worte kaum die Außenbezirke unserer Wahrnehmung streifen? Warum berührt uns eine bestimmte Musik wie ein persönliches Gespräch, eine geheime, nur uns betreffende intime Mitteilung, für die wir alles andere bereitwillig überhören und vergessen?

Nicht dass ich mir erhoffe, Fragen wie die, was Worte, Diskurse und Klänge für unser Bewusstsein und unser Selbst bedeuten und ob es überhaupt ein Bewusstsein gibt ohne sie, beantworten zu können, oder dass ich dies anstreben würde. Ich glaube nicht einmal, dass sie überhaupt beantwortbar sind. Ich verstehe sie eher als Fragestellungen, die unserem Leben inhärent sind, die zur menschlichen Lebensform gehören und durch unser Handeln und unsere Erfahrungen ständig neu aufgeworfen werden. Es sind Fragen, die historisch wie individuell immer wieder in neuem Licht erscheinen und für die es genau so wenig eine verbindliche und endgültige Antwort gibt wie für die Frage nach dem Sinn und der Bedeutung, die wir unserem Leben geben.

Es gibt allerdings Erkenntnisse und Maximen, die verallgemeinerbarer und überprüfbarer sind. Dies ist eine davon: Jedes Bemühen, das menschliche Sein als ein kulturelles und historisches Sein zu verstehen – also auch zu verstehen, wie die Menschen verschiedener kultureller und historischer Gemeinschaften ihr Sein selbst verstehen, wie sie mithin ihr Selbst verstehen –, läuft auf die Einsicht hinaus, dass es hier immer um ein sprachbestimmtes Sein und Selbst geht. Ich lese die Arbeiten von Derrida und Gadamer, aber auch von Geertz und Foucault in diesem Sinne als Versuche, die Spracheingebundenheit und Diskursivität der kulturellen Existenz des Menschen zur Grundlage des Nachdenkens über die conditio humana zu machen.

Das kulturelle Sein des Menschen als sprachbestimmtes Sein zu verstehen, schließt andere existentielle Ordnungen nicht aus. Auch nicht solche, die über das Sprachliche hinausgehen, die es übersteigen, überwuchern oder hintergehen. Etwa die Ordnungen des Biologischen, des Ökonomischen oder des Unbewussten. Oder aber die Ordnung jener Fragen, Paul Tillich hat von *ultimate concerns* gesprochen, die sich auf die existentiellen, philosophischen oder religiösen Grundlagen unseres Seins in der Welt richten. Die symbolische Ordnung des Sprachlichen verschränkt sich vielmehr mit ihnen in dem Maße, in dem auch diese Ordnungen mit dem „Gewebe selbstgesponnener Bedeutungen“ verwoben sind.

Psychologisch – und das meine ich hier in einem kognitions- und zeichentheoretischen, also Wygotskischen Sinne – lässt sich feststellen, dass je mehr wir es mit „höheren psychischen Funktionen“ zu tun haben, desto mehr haben wir es mit zeichenvermittelten Funktionen zu tun. Je bewusster und komplexer die Gedanken, die wir denken, um so mehr hängen sie ab von Zeichen, von Begriffen, von Sprache. Anders gesagt, ich weiß nicht, was ich denke, bevor ich eine Sprache dafür finde. Ich weiß nicht einmal, ob ich überhaupt denke.

Doch was ist diese Sprache? Je vielschichtiger, verzweigter und undurchsichtiger die Geschichten, in die wir verstrickt sind – und in unseren Konstruktionen personaler Identität und individueller Lebenszeit haben wir es mit äußerst verstrickten Geschichten zu tun –, desto weniger sind sie möglich ohne die Sprache der Erzählung. Ohne die erzählende Rede sind sie nicht einmal denkbar. Mit der Erzählung kommt allerdings nicht nur eine der im Wygotskischen Sinne komplexesten zeichenvermittelten Formen individueller Kognition und Kommunikation ins Spiel, sondern auch eine zentrale kulturelle Vermittlungs- und Organisationsform des gesellschaftlichen Lebens. Erzählungen sind Doppelwesen, sie haben eine private und eine öffentliche Existenz. Wie die Sprache selbst gehören sie allen und niemand. Sie binden das Individuum in einen kulturellen Zusammenhang ein, so wie sie gleichzeitig diesen Zusammenhang im Leben und im Kopf des Einzelnen verankern (vgl. Brockmeier 2005a).

Doch, wie schon angedeutet, Erzählungen stellen nicht nur das Gewebe dar, aus dem die kulturelle Ökonomie unseres Bewusstseins erwächst. Unser soziales Leben verdankt sich nicht zuletzt dem sozialen, kommunalen Leben der Geschichten, in die wir hineingeboren sind, mit denen wir leben und in die wir in einem, um es mit dem Phänomenologen Wilhelm Schapp (1985) zu sagen, existentiellen Sinne verstrickt sind. Erzählungen erschaffen Welt, aber sie schaffen auch Abstand zur Welt – Bruner (2002) spricht von „narrative distancing“. Sie ermöglichen jenes gedankliche Zurücktreten von der Unmittelbarkeit, jenen reflexiven Raum, ohne den keine kulturelle Selbst-Vergegenwärtigung möglich ist. Das aber bedeutet: kein Diskurs bewusster kultureller Selbst-Lokalisierung, der nicht narrative Form annähme. Wenn immer es um ein Verständnis von menschlichem Leben als kulturellem Leben geht, begegnen wir der erzählenden Rede.

Doch wie vollzieht sich dieses Verstehen im Erzählen nun genauer? Was heißt es, dass sich bewusste kulturelle Selbstvergegenwärtigung als narrativer Prozess vollzieht? Es heißt zum Beispiel zu verstehen, was es bedeutet, als ein Kind Ende der dreißiger Jahre des letzten Jahrhunderts unter der Herrschaft des Nationalsozialismus in, sagen wir, Prag zu leben und plötzlich, über Nacht, abreisen zu müssen, ins Ausland zu fliehen, und zwar alleine und für immer, ohne die Familie, die eigene Sprache, die Freunde aus der Nachbarschaft, die Kastanien im Stromovka-Park, die eigene, jüdische Religion, um mit einem neuen Namen, einer neuen Identität, einer neuen Sprache in einem fremden Land ein Gefühl von Zugehörigkeit zu etwas Unbekanntem zu erlernen, ein Gefühl, das in die lebenslange Erfahrung des Nichtdazugehörens übergeht, in einen Dauerzustand der Verlorenheit, des Verlusts von Sprache, Erinnerung, Selbst. Es heißt, etwas zu verstehen, das nur Gestalt annimmt, wenn es erzählt wird, wenn es in immer neuen und womöglich immer neu verfehlenden Geschichten vergegenwärtigt wird. Es sind solche Geschichten, von denen W. G. Sebalds *Austerlitz* handelt, ein Erzählwerk, in dessen Mittelpunkt eben diese Selbstvergegenwärtigungsversuche eines Mannes namens Jacques Austerlitz stehen, der als Kind 1939, zur gleichen Zeit, zu der ein Junge namens Philip Roth vor deutschen Gespenstern in New Jersey erschrickt, in einem der berüchtigten Kindertransporte aus Deutschland entkommen kann und nun, Jahrzehnte später, versucht, die Bruchstücke seiner über mehrere Länder und alle Lebensabschnitte zerstreuten Lebensgeschichte zusammenzuklauben. Es heißt eine Geschichte zu verstehen, die nicht existiert. Von der es nur Spuren gibt, die allerdings selbst nur in dem Maße verfolgt werden können, in dem sie in Form anderer Geschichten Gestalt annehmen, in einem Erzählen, bei dem sich immer etwas anderes von dem entzieht, was diese Geschichten zu sagen suchen und offensichtlich doch nicht sagen können.

Es ist dies ein Erzählen, das ständig um die Grenzen dessen kreist, was überhaupt erzählt werden kann. Ich habe davon gesprochen, dass die Sprache der Erzählung Welt erschafft. Doch kann es die Welt, die in Austerlitz' Erzählmonologen beschworen wird, überhaupt geben? Können die Leerstellen in seinem Gedächtnis, in seiner Lebenserfahrungsgeschichte, im kulturellen Gedächtnis der Opfer von Verfolgung und Holocaust durch Erzählungen gefüllt werden?

Imre Kertész schreibt als ein Augenzeuge des Holocaust über das, was er Auschwitz als „eine Form von Kultur" nennt. Für ihn hat „Auschwitz eine völlig offen gelegte, eben deshalb geschlossene und inzwischen unantastbare Struktur" (Kertész 2004, 46). Kertész sieht hier ein seltsames Paradox. „Denn obwohl noch Überlebende des Lagers unter uns sind – wie der Autor dieser Zeilen –, steht es doch so entfremdet vor uns wie ein sorgfältig präparierter Ausgrabungsfund, eine in allen Einzelheiten bekannte, abgeschlossene Geschichte ..." (ibid.). Der ungarische Autor schreibt über diese Struktur aus Dingen und Erfahrungen, er verfasst Romane, Essays, Reden, autobiografische Aufzeichnungen. Warum? Nicht, weil er diese Struktur zum Leben wiedererwecken will, sondern gerade um sie unangetastet zu lassen. Um sie zu verteidigen als eine Leerstelle unseres Vorstellungsvermögens, einen weißen Fleck auf der Landkarte unserer Urteilskraft. Kertész ist davon überzeugt, dass auch er selbst, der alles gesehen und erlebt hat, scheitert, wenn immer er versucht, sich diesem weißen Fleck anzunähern. Denn im vermeintlich unmittelbaren Erleben und Erinnern wird die Realität nicht erfasst. Sie wird verzerrt. „Der Zwang zum Überleben [im Lager]", notiert er, „gewöhnt uns daran, die mörderische Wirklichkeit, in der wir uns behaupten müssen, so lange wie möglich zu verfälschen, während der Zwang zum Erinnern uns verführt, eine Art Genugtuung in unsere Erinnerungen zu schmuggeln, den Balsam des Selbstmitleids, die

Selbstglorifizierung des Opfers" (148). Doch welche Konsequenz ist daraus zu ziehen? Für Kertész gibt es nur eine: Misstrauen. Misstrauen gegenüber dem Erinnern und allen Formen unmittelbarer Erfahrung. Letztlich heißt das: „Das Konzentrationslager ist ausschließlich in Form von Literatur vorstellbar, als Realität nicht. (Auch nicht – und sogar dann am wenigsten – wenn wir es erleben.)" (Ibid.)

Während Kertész von einer übermächtigen und unbewältigbaren Realität ausgeht, vollziehen sich in Sebalds Erzählungen wie in Philip Roths Roman asymptotische Annäherungen an etwas – können wir es noch Realität nennen? –, das es nicht gibt. Mehr noch, das es im Unterschied zu den Lagern, von denen Kertész spricht, aber auch im Unterschied zu der vergangenen Welt, die ein Marcel Proust in der Sprache der Erinnerung wiederzuerschaffen sucht – um noch eine weitere Gestalt der Vergangenheit des narrativen Bewusstseins zu erwähnen – nie gegeben hat. Für Proust ist das Vergangene das einzig Reale, ein kostbarer Schatz. Allein es bedarf der Erinnerung, und das heißt für Proust: des Schreibens, um diesen Schatz in seiner ganzen beglückenden Opulenz wahrzunehmen. Demgegenüber ist die Erinnerung an Austerlitz' Kindheitsjahre unwiderruflich ausgelöscht. Geblieben sind leere Räume. Hohlräume. Voids. Und während der Schriftsteller Roth in der literarischen Fiktion eine historische Authentizität zu erzeugen vermag – er lässt ein Ereignis, das nie stattgefunden hat, als möglich, ja wirklich vorstellbar werden –, steht die Erfahrung des Holocaust für die Erfahrung der Grenzen des kulturellen Verstehens und Verstehbaren. Ja es ist dies die Erfahrung der Grenzen des überhaupt Vorstellbaren. Und dies ist so, sagt Kertész, gerade weil der Holocaust stattgefunden hat.

Und doch scheint sich in Kertész' Schreiben – er spricht von narrativen „Annäherungen" an etwas „Unnahbares" (2004, 14) – ebenso wie in Austerlitz' immer neuen Erzählanläufen, dem immer neuen Gewahrwerden dieser Leerstelle der autobiografischen und kulturellen Imagination, die für unser narratives Bewusstseins einzige Möglichkeit zu eröffnen, überhaupt zu verstehen. Dazu gehört auch zu verstehen, warum wir nicht verstehen, also über die Grenzen der narrativen und kulturellen Rationalität nachzudenken, wie es auf ihre Weise Sebald, Kertész und Roth tun. Selbst das Nicht-Verstehen, so eine der von Sebald geradezu obsessiv beschriebenen Erfahrungen Austerlitz', ist nur möglich in einer durch Sprache erschlossenen, einer erzählten, einer narrativ ausgeloteten Welt. Alles was er schreibe, sagt Kertész, könne nur ein Nachruf sein. Allerdings, fügt er hinzu, denke er bei diesem Nachruf eher über die Zukunft nach als über die Vergangenheit.

Kulturelles Verstehen: Die autobiografische Perspektive

Von Beruf ist Austerlitz Architekturhistoriker. Was seinen Wanderungen durch Städte, Gebäude und andere historische und lebensgeschichtliche Erinnerungsorte ihren unsichtbaren Fluchtpunkt vorgibt, ist eine autobiografische Perspektive. Was ist gemeint, wenn wir von autobiografischer Perspektive sprechen? Wir verbinden mit dem Begriff des Autobiografischen üblicherweise eine Erzählung in der ersten Person mit dem eigenen, gelebten Leben als Thema und Material (dabei ist es unerheblich, ob es sich um eine mündliche oder schriftliche Erzählung handelt). Davon unterscheiden wir die Form der Autobiografie als ein narratives und literarisches Genre, etwa als Bildungsroman, Abenteuer- oder Emanzipationsgeschichte eines Ich-Erzählers. Ein drittes Verständnis zielt auf das autobiografische Erzählen als eine bestimmte Diskursform, als soziale Praxis, Interaktion oder Performance. Schließlich lässt sich von einer autobiografischen Perspektive sprechen. Die autobiografische Perspektive ist nicht durch das Thema oder Material (das eigene Leben), das Genre (die in kanonisierter Form erzählte Lebensgeschichte) oder eine Praxis (das Erzählen oder Darstellen des eigenen Lebens in einem sozialen Handlungszusammenhang) definiert, sondern durch eine bestimmte Sichtweise der Welt und des Selbst.

Entscheidend für diese Sichtweise ist der durch sie markierte Standpunkt, das autobiografische Ich. Dieser Standpunkt lässt sich auch dann ausfindig machen, wenn dieses Ich nicht der ausdrückliche Gegenstand des Diskurses ist. Er ist gegenwärtig wie der Stand- oder Blickpunkt des Malers in der perspektivischen Ordnung seines Bildes. Auch die Darstellung einer Blume oder einer Mülltonne kann, selbst wenn sie keinen unmittelbar erkennbaren Bezug zur Person und zum Leben des Malers – oder Erzählers – aufweist, aus einer autobiografischen Perspektive erfolgen. Der sizilianische Schriftsteller Giuseppe Tomasi di Lampedusa hat in seinem Roman *Il Gattopardo* in einer scheinbar nüchtern realistischen Sprache Paläste und Landschaften seiner Heimat beschrieben. Mit großer Genauigkeit hat er das Flimmern des Lichts und das Säuseln des Winds geschildert und eine Welt der Dinge und Räume vermessen. Doch zugleich hat er zu verstehen gegeben, Alessandra Fasulo und ich haben dies nachzuzeichnen versucht, dass es ihm dabei um autobiografische Erinnerungsräume aus seiner Kindheit geht, um Seelenlandschaften eines kleinen Jungen, eines spielenden Prinzen, dessen Welt und Selbst im Blick des Schriftstellers mit den dunklen Palästen und sonnenverbrannten Feldern Siziliens verschmelzen (Brockmeier u. Fasulo 2004).

Auch die autobiografische Perspektive, die in den Erzählungen von Austerlitz entfaltet wird, erschließt sein Selbst und seine Welt nicht zeitlich, sondern räumlich. Sie ordnet Vergangenes nicht im Sinne einer historischen oder lebensgeschichtlichen Chronologie, sondern als Bewusstseinsgleichzeitigkeit. Nicht retrospektiv, sondern simultan. Vergangenheit und Gegenwart sind für Austerlitz sind keine getrennten Ordnungen, sondern sich überlagernde und ineinander übergehende Geschehnisse. In der Welt dieser Geschehnisse gibt es keine Uhren und keine Toten. Die Gesetze, die hier gelten, sind nicht die der Physik und Biologie. Sie sind auch nicht die des Rechts oder der Moral. Es sind die der narrativen Imagination. Sie gehören zu einem Modus des Bewusstseins und der Sprache, der an keine chronologische Zeitvorgabe gebunden ist, sondern seine eigene Zeit evoziert: autobiografische Zeit.

Austerlitz' zeitvergessene Erinnerungen sind lokalisiert in Räumen, Hallen, Kuppeln und Stadtlandschaften. Ein Großteil des Buches besteht aus Beschreibungen von Bauwerken. Sie verwirren den Leser und oft bleiben sie ihm rätselhaft, bis er bemerkt, dass es zugleich um die Beschreibung einer autobiografischen Perspektive geht, die selbst rätselhaft ist. Doch kann die Verräumlichung des Gedächtnisses bei einem Architekturhistoriker wirklich überraschen? Bereits Augustinus hat das Gedächtnis als eine Ansammlung von inneren Räumen, Gängen und Lagern beschrieben, Giordano Bruno und die Mnemotechniker der Renaissance wanderten auf imaginären Straßen und Gedächtnisorten entlang und Freud sah sich als ein Archäologe der Seele, der die Tiefenschichten der Vergangenheit frei gräbt.

Doch damit ist die autobiografische Perspektive noch nicht erschöpfend charakterisiert. Die autobiografische Perspektive eröffnet nicht allein einen narrativen Zugang zur inneren Architektur eines individuellen Gedächtnisses; sie enthüllt nicht nur die, so Bruner (1986), im Erzählen ausgeformte „innere Landschaft" eines Bewusstseins; sie ist nicht nur eine Form des Selbst-Wissens, eine Form, die für Austerlitz, wie gesagt, vor allem räumlich ist. Die autobiografische Perspektive ist auch ein Modus der fragenden und zweifelnden Selbst-Vergegenwärtigung, der Selbst-Analyse – und hier verwandelt sich die räumliche und ikonische Dimension wieder in eine genuin narrative, das Bild in einen Prozess. Autobiografische Akte, schreiben Smith und Watson (2001), erzeugen nicht nur Selbst-Wissen, in ihnen vollzieht sich auch eine Untersuchung und Hinterfragen dieses Wissens. Und Ricœur (1991) geht so weit zu behaupten, dass nur ein Leben, das im autobiografischen Erzählen befragt und untersucht wird, ein wirklich gelebtes Leben ist.

Diskurstheoretisch und konversationsanalytisch orientierte Autobiografieforscher haben dargelegt, dass es kommunikative und soziale Interaktionen, diskursive Konventionen und institutionelle Zwänge sind, die diese Selbst-Untersuchungen antreiben. Denn wir dürfen nicht vergessen: autobiografisches Erzählen ist alles andere als ein monologischer Akt. Das schließt nicht aus, dass es dabei auch um starke Affekte geht, um Selbstzweifel, Gefühle der Einsamkeit und Weltlosigkeit, Furcht vor Identitätsverlust, Todesangst. Sebalds Austerlitz kennt all diese Beweggründe des autobiografischen Diskurses.

Und doch verengt sich seine Selbstvergegenwärtigung nicht auf eine rein individuelle Introspektion. Seine Perspektive ist die eines autobiografischen Erzählens, das gleichermaßen ein individuelles und kulturelles Gedächtnis organisiert.

In dem Maße, in dem diese Perspektive das affektive Gravitationszentrum seines Erinnern zu erkennen gibt, zugleich aber auch den rätselhaften Seelenlandschaften, die er durchwandert, eine identifizierbare kulturelle Topographie verleiht – etwa die von Theresienstadt oder die von den Deutschen besetzte Prager Innenstadt –, zeigt sich, dass jede Trennlinie zwischen Privat und Öffentlich, zwischen einem individuellen und einem kulturellen Gedächtnis willkürlich ist. Sie ist so willkürlich wie die Trennlinie, durch die wir uns die Gegenwart von der Vergangenheit abgeteilt vorstellen. Eine Trennlinie, die nach dieser Vorstellung in jedem Moment von einem Stück Gegenwart überschritten wird, das damit zur Vergangenheit wird, in einer unendlichen, durch den Takt der Uhr und den Ablauf des Kalenders in unverändertem Gleichmaß geregelten Prozession.

Austerlitz, daran besteht kein Zweifel, ist ein fiktives autobiografisches Erzählwerk. Doch seine literarische Fiktionalität ist eingebettet in kulturelle Faktizität. Es teilt die unkontrollierbare narrative Ökonomie eines autobiografischen Prozesses. Für diesen Prozess gilt generell, dass Erinnern und Vergessen nur Aspekte oder Momente *eines* Geschehens sind, eines gleichermaßen individuellen und kulturellen Prozesses.

Sebald schreibt das Protokoll von Austerlitz' Versuchen autobiografischer Selbstvergegenwärtigung. Wenn wir hier ebenfalls ein Beispiel für das erkennen wollen, was ich als das narrative Geflecht des kulturellen Verstehens beschrieben habe, dann wird eine weitere Eigenschaft dieses Verstehens deutlich. Unsere Versuche, uns selbst sowie unsere soziale und historische Welt zu verstehen, sind keine linearen Bewegungen auf ein Ziel zu. Sie können ihr Ziel verfehlen. Sie können sogar ohne Ziel sein. Und sie müssen auch keineswegs deshalb gelingen, weil sie im Modus der erzählenden Sprache stattfinden. Verstehen im Sinne der hermeneutischen Tradition ist mehr als Wissen, und es ist auch mehr als das „Bemühen um Wissen in seinem lebendigen Kontext". Insbesondere Derrida hat herausgestellt, ich habe das bereits erwähnt, dass Verstehen immer auch Nicht-Verstehen bedeutet, ein Verfehlen, ein Ins-Leere-Greifen, ein Bruch mit dem, was es zu verstehen gilt. Ein Infragestellen dessen, was Wissen heißt.

Eine solche Vorstellung kollidiert mit dem herkömmlichen Verständnis der Erzählung, verbreitet sowohl in narratologischen wie kognitionspsychologischen Kreisen, als einer Organisationsform von Wissen. Die klassische aristotelische Konzeption der Geschichte beispielsweise ist die Konzeption einer guten Geschichte. Sie wird erzählt von einem wissenden, narratologisch gesprochen: allwissenden Erzähler. Eine gute Geschichte ist eine wohl geformte Geschichte: Sie hat einen Anfang, einen Mittelteil und ein Ende, sie besitzt eine geschlossene und temporalisierte Plotstruktur. Das Problem fast aller aristotelischer Narratologien ist jedoch, dass sie Merkmale eines speziellen Typs einer Geschichte, und hier können wir mit Recht von einem sehr spezifischen kulturellen Typ sprechen, auf ein Universum von unterschiedlichen narrativen Formen und Praktiken verallgemeinern. Sie reduzieren Vielfalt auf einen bestimmten Fall – und sind damit ein Beispiel jener kulturellen Reduktion, die bereits zur Sprache kam.[6]

Sebald lässt es offen, zu was für einer Art von Verstehen Austerlitz durch seine Suche nach seiner Vergangenheit gelangt. Er lässt jedoch keinen Zweifel an den Leerstellen, die hier, und zwar nicht nur für ihn, allemal bestehen. An einer Stelle berichtet Austerlitz über seine Mutter, Agáta, deren Spur er nach Jahrzehnten in Prag wiederfindet, als er auf sein ehemaliges Kindermädchen Vera trifft:

> „Ich sehe sie jetzt wieder hier im Zimmer auf und ab gehen, sagte Vera, sehe, wie sie sich an die Stirne schlägt mit der gespreizten Hand und, die Silben einzeln skandierend, ausrufend: Ich be grei fe es nicht! Ich be grei fe es nicht! Ich wer de es nie mals be grei fen!! Trotzdem ist sie, so oft es nur möglich war, in die Stadt gegangen und hat vorgesprochen bei ich weiß nicht was für und wie vielen Stellen, hat stundenlang in dem einzigen, den vierzigtausend Prager Juden zugänglichen Postamt gestanden, um ein Telegramm aufzugeben; hat Erkundigungen eingezogen, Beziehungen und Garantien beigebracht und, wenn sie wieder zurück war, sich den Kopf zermartert bis spät in die Nacht. Aber je länger und je mehr sie sich mühte, desto mehr schwand auch die Hoffnung dahin, dass sie die Ausreisegenehmigung erlangen würde.“ (Sebald 2001, 247 f.)

Die Erfahrung der Vergeblichkeit, der Ohnmacht, der Grenzen des Verstehens ist ein durchgängiges Thema in Sebalds *Austerlitz*. Wo immer jedoch die Grenzen des Verstehens, und das heißt auch der Verständlichkeit und Verstehbarkeit von Erzählungen verlaufen, Sebald macht unmissverständlich deutlich, dass unsere Versuche, diese Grenzen zu verstehen und sie womöglich hier und da zu verschieben, selbst wiederum an die erzählende Rede gebunden sind. Auch jene Erzählungen, die ihren Gegenstand so atemlos umkreisen wie Austerlitz die Erinnerungsorte seiner verlorenen Kindheit, lassen sich nur wieder durch neue Erzählungen verstehen. Es gibt keinen anderen hermeneutischen oder kognitiven Interpretationsmodus, um Erzählungen zu verstehen, als einen, der selbst narrativ verfährt.[7]

---

[6] Damit will ich nicht behaupten, dass alle auf Aristoteles zurückgreifenden Narratologien notwendigerweise eine abgeschlossene Plotstruktur unterstellen. Eine wichtige Ausnahme ist etwa Ricœur, der sich einerseits in der aristotelischen Tradition versteht, andererseits jedoch auch mit offenen und fragmentarischen Erzählstrukturen beschäftigt, wie sie dann in postklassischen und postaristotelischen Erzähltheorien (für einen hilfreichen Überblick vgl. Nünning u. Nünning 2002; für eine ausführlichere Darstellung meines eigenen Verständnisses von Erzählung und Erzählen vgl. Brockmeier 2005b) in den Vordergrund treten.

[7] Das schließt jene Formen narrativer Interpretation ein, in denen sich ein Wechsel der Erzählmedien, mit Jakobson (1988) gesprochen, eine „intersemiotischen Übersetzungen“

Geschriebene Kultur

Man kann dieses Argument auch auf theoretische und wissenschaftliche Formen der Interpretation beziehen. Die narrative Wende in den Humanwissenschaften der achtziger und neunziger Jahren vollzog sich im Windschatten der Einsicht, dass die Bildung, Begründung und Erklärung wissenschaftlicher Theorien auch in Disziplinen wie Psychologie, Geschichte, Medizin und Rechtswissenschaft von einem großen Repertoire kulturell sanktionierter Erzählformen und -modelle Gebrauch macht. Und zwar auch dort, wo autoritativ ein höherwertiger „wissenschaftlicher" Denk- oder Rationalitätsmodus beansprucht wird. Diese Verflochtenheit des vermeintlich (logisch-nomothetisch) erklärenden Denkens mit dem (narrativ) verstehenden Denken ist keiner intellektuellen Unredlichkeit geschuldet. Sie ist auch keiner mangelnden methodologischen Strenge anzulasten. Sie ist der Sache nach unvermeidlich. Warum? Weil jedes Wissen, einschließlich des akademisch institutionalisierten Meta-Wissens, immer in die Diskursformen einer übergreifenden kulturellen Episteme eingebunden ist, um noch einmal den Foucaultschen Begriff zu erinnern. Wie die Luft dringt die Sprache und mit ihr die erzählende Rede in die entlegensten und verschlossensten Räume. Wenn es denn überhaupt Räume des Denkens gibt, die gegenüber der Sprache abgeschlossen sind. Zumindest in der Psychologie und den Sozialwissenschaften, so haben Bruner (1990) und Geertz (1990) genauer gezeigt, sind die Übergänge zwischen dem, was sprachliches Alltagswissen (oder *folk psychology*) und was wissenschaftliches Wissen heißt, überaus fließend. Geht es doch hier allemal um Unterscheidungen, die selbst hochgradig kulturell und historisch sind.

Warum sollte, um nur dieses Beispiel zu erwähnen, ausgerechnet der Begriff der Kultur, wie er in den Gründerjahren der Anthropologie als eine Zentralkategorie positiver Wissenschaft proklamiert wurde, unberührt bleiben von den das neunzehnte und die erste Hälfte des zwanzigsten Jahrhunderts dominierenden universalistischen und ethnozentrischen Vorstellungen „des Menschen" und seiner historisch-zivilisatorischen Mission? Genau so historisch-genealogisch wie wir aus heutiger Sicht diese Vorstellungen kulturgeschichtlich und kulturgeographisch lokalisieren können, können wir die weit verzweigten, Religion, Philosophie, Wissenschaft und Politik umfassenden Systeme kultureller Großerzählungen – die Episteme der Moderne – nachzeichnen, mit denen diese Vorstellungen osmotisch verbunden sind.

---

vollzieht. So kann eine mündlich oder schriftlich erzählte Geschichte auch in einem nicht(wort)sprachlichen Zeichensystem, etwa einem Film, einem Ballett oder einer Oper interpretiert, und das heißt neu erzählt werden.

Kulturen werden nicht nur von Menschen konstruiert, ihre Begriffe und Theorien werden auch von Menschen geschrieben. In der Moderne haben dabei insbesondere Anthropologen, Soziologen, Philosophen und Kulturtheoretiker eine besondere, professionelle Rolle gespielt. Doch bedient sich die Sprache, in der sie dabei sprechen und schreiben, bei allen angestrengten Bemühungen um ein fachsprachliches Vokabular letztlich desselben Repertoires von Stil- und Erzählformen, derselben kulturellen Grammatik, die den allgemeinen öffentlichen Diskursen ihrer Zeit unterliegt (vgl. Clifford u. Marcus 1986). Und dies ungeachtet aller wissenschaftsrhetorischen Bekundungen des Gegenteils. Wobei wir diese Bekundungen, wenn wir Geertz (1990) glauben wollen, selbst wiederum als eine prominente narrative Figur der positivistisch-szientistischen Wissenskultur verstehen können.

Der Kreis schließt sich. Gerade wenn es derart auf sich selbst angewandt wird, erweist sich kulturelles Verstehen, wie ich es in diesem Beitrag zu beschreiben versucht habe, als ein selbstgesponnenes narratives Bedeutungsgewebe, ein Gewebe, in das wir immer schon kulturell verstrickt sind.

Literatur

Abu-Lughod, Lila (1991): Writing women's worlds: Bedouin stories. Berkley and Los Angeles, CA: University of California Press.

Agamben, Giorgio (2004): The open: Man and animal. Stanford, CA: Standford University Press.

Appadurai, Arjun (1996): Modernity at large: Cultural dimension of globalization. Minneapolis, MN: University of Minnesota Press.

Boesch, Ernst u. Jürgen Straub (im Druck): Kulturpsychologie. Prinzipien, Orientierungen, Konzeptionen. In Gisela Trommsdorff u. Hans-Joachim Kornadt (Hg.), Kulturvergleichende Psychologie. Enzyklopädie der Psychologie VII. Göttingen: Hogrefe.

Brightman, Robert (1995): Forget culture: Replacement, transcendence, relexification. Current Anthropology, 36, 509–546.

Brockmeier, Jens (1998): Literales Bewusstsein. Schriftlichkeit und das Verhältnis von Sprache und Kultur. München: Fink.

Brockmeier, Jens (2001): Texts and other symbolic spaces. Mind, Culture, and Activity, 8 (3), 215–231.

Brockmeier, Jens (2004): Literale Kultur. In Ludwig Jäger u. Erika Linz (Hg.), Medialität und Mentalität: Theoretische und empirische Studien zum Verhältnis von Sprache, Subjektivität und Kognition (277–304). München: Fink.

Brockmeier, Jens (2005a): The text of the mind. In Christina Erneling & David M. Johnson (Hg.), The mind as a scientific object: Between brain and culture (432–452). New York: Oxford University Press.

Brockmeier, Jens (2005b): Erzählungen verstehen. In Günter Mey (Hg.), Qualitative Forschung in der Entwicklungspsychologie (185–210). Köln: Kölner Studien Verlag.

Brockmeier, Jens u. Alessandra Fasulo (2004): Spazio, tempo e ricordo. La spazializzazione della memoria nei ricordi d'infanzia di Tomasi di Lampedusa [Raum, Zeit und

Erinnerung. Die Verräumlichung des Gedächtnisses in den Kindheitserinnerungen von Tomasi di Lampedusa]. Rassegna di Psicologia, 30 (1), 35–61.

Brumann, Christoph (1999): Writing for culture: Why a successful concept should not be discarded. Current Anthropology, 40 (February), 1–13, 21–27.

Bruner, Jerome S. (1986): Actual minds, possible worlds. Cambridge, MA: Harvard University Press.

Bruner, Jerome S. (1990): Acts of meaning. Cambridge, MA: Harvard University Press.

Bruner, Jerome S. (2002): Narrative distancing: A foundation of literacy. In Jens Brockmeier, Min Wang u. David R. Olson (Hg.), Literacy, Narrative and Culture (86–93). Richmond: Curzon Press.

Clifford, James u. George Marcus (1986): Writing culture: The poetics and politics of ethnography. Berkley & Los Angeles, CA: The University of California Press.

Cole, Michael (1996): Cultural psychology: A once and future discipline. Cambridge, MA: Harvard University Press.

Current Anthropology, 40 (1999): Special issue (February): Culture. A second Chance?

Derrida, Jacques u. Hans-Georg Gadamer (2004): Der ununterbrochene Dialog. Frankfurt/Main: Suhrkamp.

Foucault, Michel (1971): Die Ordnung der Dinge. Eine Archäologie der Humanwissenschaften. Frankfurt/Main: Suhrkamp (Franz. 1966).

Gadamer, Hans-Georg (1993): Die Erfahrung des Kunstwerks. In ders., Gesammelte Werke, Band II (437–448), Tübingen: Mohr Siebeck.

Geertz, Clifford (1983): Dichte Beschreibung. Beiträge zum Verstehen kultureller Systeme. Frankfurt/Main: Suhrkamp (Engl. 1973).

Geertz, Clifford (1990): Die künstlichen Wilden. Anthropologen als Schriftsteller. München; Wien: Hanser (Engl. 1988).

Jakobson, Roman (1985) : Language and culture. In ders., Selected Writings, Vol. 7. (101–112). Berlin, New York, Amsterdam: Mouton.

Jakobson, Roman (1987): On linguistic aspects of translation. In ders., Language in literature (428–435). Cambridge, MA: Harvard University Press.

Kertész, Imre (2004): Die exilierte Sprache. Essays und Reden. Frankfurt/Main: Suhrkamp.

Kroeber, Alfred L. u. Clyde Kluckhohn (1992): Culture: A critical review of concepts and definitions. Cambridge, MA: Peabody Museum (1. Aufl. 1952).

Latour, Bruno (1993): We have never been modern. Cambridge, MA: Harvard University Press (Franz. 1991).

Mead, Margaret (1937): Cooperation and competition among primitive peoples. New York: McGraw-Hill.

Nünning, Vera u. Ansgar Nünning (2002): Von der strukturalistischen Narratologie zur „postklassischen" Erzähltheorie: Ein Überblick über neue Ansätze und Entwicklungstendenzen. In Ansgar Nünning u. Vera Nünning (Hg.), Neue Ansätze in der Erzähltheorie (1–33). Trier: WVT Wissenschaftlicher Verlag.

Ricœur, Paul (1991): Life in quest of narrative. In David Wood (Ed.), On Paul Ricœur: Narrative and interpretation (20–33). London: Routledge.

Roth, Philip (2004): The plot against America. New York: Houghton Mifflin (Dt.: Verschwörung gegen Amerika. München: Hanser, 2005).

Roth, Philip (2004): The story behind „The plot against America". The New York Times Book Review, 19. September, 10–12.

Schapp, Wilhelm (1985): In Geschichten verstrickt: Zum Sein von Mensch und Ding. Frankfurt/Main: Klostermann (1. Aufl. 1954).

Sebald, W. G. (2001). Austerlitz. München: Hanser.

Smith, Sidonie u. Julia Watson (2001): Reading autobiography: A guide for interpreting life narratives. Minnesota, MN: University of Minnesota Press.

Straub, Jürgen u. Shingo Shimada (1999): Relationale Hermeneutik im Kontext interkulturellen Verstehens. *Deutsche Zeitschrift für Philosophie*, 47 (3), 449–477.

Tylor, Edward B. (1903): Primitive culture, Vol. I. London: John Murray (4. Auflage, Erstauflage 1871).

Valsiner, Jaan (2001): The first six years: Culture's adventures in psychology. Culture & Psychology, 7 (1), 5–48.

Prof. Dr. Jens Brockmeier, University of Manitoba, Faculty of Arts, 11 Evergreen Place 2403, Winnipeg, MB, Canada R3L 2T9. E-mail: brockmej@newschool.edu.

Research Fellow, Center for Research on Culture, Development and Education, New York University; Visiting Prof., Department of Native Studies, University of Manitoba, Winnipeg.

Arbeitsschwerpunkte: Wechselbeziehungen zwischen Bewusstsein, Sprache und Kultur; Kulturpsychologie.

Manuskriptendfassung eingegangen am 4. März 2005.

Das kulturelle Selbst in philosophisch-interkultureller Perspektive

Thomas Göller

Zusammenfassung

Der Begriff des kulturellen Selbst hat die Koinzidenz von individueller Kompetenz und kultureller Dependenz zum Inhalt. Ansatzpunkte zu seiner Bestimmung bilden jedoch nicht nur das Verhältnis von Individuum und Gesellschaft, sondern auch die Vielzahl und Vielfalt kultureller Medien, in denen sich ein Einzelner äußert. Im Kern zielt eine trans- oder interkulturell tragfähige Konzeption vom kulturellen Selbst auf die Beantwortung der Frage, inwiefern sich ein kultureller Akteur trotz seiner Eingebundenheit in seinen jeweiligen eigenkulturellen Kontext nach Maßgabe selbstgesetzter und in ihrer Geltung reflektierter Wert selbst zu gestalten vermag.

Schlagwörter

Kulturphilosophie, kulturelle Medien, Sinn, Wert, Geltung, Selbstgestaltung, Person.

Summary

The cultural self in a philosophical-intercultural perspective

The term „cultural self“ means the coincidence of individual competence and cultural dependence. Not only the relation between individual and society, but also the variety of cultural media is the main issue for the definition of this term. Relevant are particularly the symbolic forms in which one articulates himself in a concrete cultural context. The essential point of a trans- or intercultural relevant concept of a cultural self is how a single man can form himself if he considers the validity of the values of his self-arrangement.

J. f. Psych., 14, 1 (2006), 35–49, ISSN 0942-2285

Keywords

Philosophy of culture, cultural media, sense, value, validity, self-arrangement, person.

Wenn der Begriff des kulturellen Selbst in philosophisch-interkultureller Hinsicht thematisiert werden soll, so ist das keineswegs ein einfaches Unterfangen. Gleichwohl ist es angebracht, eine Bestimmung, wenn auch nur in groben Zügen, zu versuchen. Zum einen besitzt dieser Begriff eine *deskriptive* Funktion, wenn Prozesse interkultureller Kommunikation und Verständigung zur Diskussion stehen. Da es sich bei solchen Prozessen immer auch um zwischenmenschliche Formen der Interaktion handelt, ist zwangsläufig der Begriff des Einzelnen, des Individuums, und damit der Person oder – wenn man auf kulturspezifische Merkmale abheben will – der des kulturellen Selbst impliziert. Analoges gilt zum anderen, wenn man sich Fragen der interkulturellen Kommunikation und Verständigung in *normativer* Absicht zuwendet. Denn dann ist zu beachten, dass mit dem kulturell anderen oder fremden Selbst die Person in der Gemeinschaft anderer Personen gemeint ist, die Anerkennung und Achtung erfahren soll(te).[1] Doch was besagt das und wie hängen beide Aspekte zusammen?

Bevor ich zu meinen systematischen Ausführungen übergehe, werde ich in ganz groben Zügen die *ideengeschichtliche* Entwicklung des Begriffes des kulturellen Selbst skizzieren (1). Mir kommt es dabei lediglich darauf an, einige der wesentlichen Punkte herauszustellen, so wie sie für meinen Problemzusammenhang von Bedeutung sind. Ein wirklich umfassender Überblick, gar ein lückenloser, ist keinesfalls angestrebt. In den daran sich anschließenden systematischen Überlegungen versuche ich, den Titelbegriff etwas genauer in philosophisch-interkultureller Perspektive zu thematisieren. Bei diesem Versuch ist mir vor allem daran gelegen, meine eigene Position in dieser Sache stringent zu entwickeln (2).[2]

[1] Vgl. zu einer ersten Orientierung die Ausführungen bei Greverus (1987, 33–36), Harris (1989, 332–364), Hartmann (1963, 124–174) sowie die klassischen Positionen zur Personalität und zum Begriff der Person in: Brasser (1999).

[2] Deshalb habe ich eine detaillierte Auseinandersetzung mit der einschlägigen Literatur an dieser Stelle nicht gesucht. Sie findet sich allerdings in den von mir angegebenen eigenen Schriften.

1. In der Philosophie und auch in den Geistes- oder Kulturwissenschaften hat sich eine bemerkenswerte *Wende* angebahnt. Oder besser gesagt, es handelt sich um mehrere Wenden oder Kehren – je nachdem, wie weit man den historischen Bogen spannen und welche Perspektive der Betrachtung man wählen möchte. Es zeichnet sich nämlich eine Wende vom Begriff des Geistes hin zur Kultur und schließlich zum konkreten kulturellen Individuum ab. Diese Entwicklung beginnt im 19. Jahrhundert mit der Kritik an einer so alten und ehrwürdigen Position wie derjenigen Hegels. Hegel spricht vom „objektiven Geist" und meint damit bekanntlich überindividuelle Erscheinungen der Kultur, die er als Manifestationen des Geistes auf dem Wege seiner (historischen) Selbstentfaltung, den Stufen seines Sichtselbstwissens und Sichselbstgewisswerdens, begriffen haben wollte (vgl. Hegel 1952 [1807]). Hegels Philosophie des Geistes bleibt für die Folgezeit von bestimmendem Einfluss für die Entwicklung nicht nur der Geschichtsphilosophie, sondern auch für die Ausbildung von Einzelwissenschaften wie der Volks- und Völkerkunde, der Germanistik, aber auch insgesamt für die Geisteswissenschaften und deren Begründung. Dieser Einfluss impliziert natürlich Kritik und – teilweise radikale – Modifikationen des Hegelschen Geistbegriffes. Er zeigt sich nicht nur am Materialismus, sondern auch am Historismus und der Romantik, er zeigt sich bei so unterschiedlichen Positionen wie der von Schleiermacher, Herder und Droysen, der Gebrüder Schlegel, bei Niebuhr, Ranke, W. v. Humboldt und auch bei Marx. Der Einfluss Hegels zeigt sich selbst auch noch an der so genanten „Völkerpsychologie" von Moritz Lazarus und Heymann Steinthal sowie an dem monumentalen Werk von Wilhelm Wundt, das explizit den Titel „Völkerpsychologie" trägt. Schließlich ist, um die Liste etwas abzurunden, noch der von Karl Lambrecht unternommene psychologische Typisierungsversuch der Geschichte zu nennen.

Viel wirkungsmächtiger und einflussreich bis zum heutigen Tag ist aber ein anderer, ein lebensphilosophischer Begründungsversuch der Geisteswissenschaften: Wilhelm Dilthey geht es etwa einem halben Jahrhundert nach Hegels Tod dezidiert darum, die Lebensobjektivationen des konkreten geschichtlichen Selbst zu verstehen und dieses Verstehen gegen die naturwissenschaftliche Verfahrensweise des Erklärens abzugrenzen (vgl. Dilthey 1923 [1883]; 1968 [1910]).

Der Fokussierung auf konkrete historische Prozesse entsprechen auch die Neukantianer – allen voran Windelband und Rickert – wert- und wissenschaftstheoretisch: sie propagieren die *individualisierende* Methode als die in den Kulturwissenschaften angemessene Weise, um Kulturobjektivationen in ihrer historischen Singularität zu erfassen (Windelband 1907 [1894]; Rickert 1986 [1926]). Sie grenzen die so verfahrenden Kulturwissenschaften gegen die generalisierende Begriffsbildung der Naturwissenschaften ab. Zwischen diesen beiden methodisch markierten Extremen der individualisierenden (historischen) Kulturwissenschaft und der generalisierenden Naturwissenschaft verläuft, so ihre These, die einzelwissenschaftliche Forschung aller empirischen Wissenschaften. Es gibt also Mischformen, darüber hinaus können die historischen Wissenschaften beziehungsweise die Kulturwissenschaften generalisierende Verfahren anwenden wie umgekehrt die Naturwissenschaften individualisierende Begriffsbildungen vornehmen können. Im Einzelfall hängt dies von der spezifischen Fragestellung bzw. dem jeweils vorherrschenden Erkenntnisinteresse ab.

Ein halbes Jahrhundert nach der von Dilthey erfolgreich eingeleiteten geisteswissenschaftlichen Wende versucht Nicolai Hartmann mit seiner Grundlegung der Geistes- und Geschichtswissenschaften eine ontologische Fundierung des Geistbegriffes (Hartmann 1963 [1933]). Auch Theodor Litt ist in diesem Zusammenhang zu nennen, der – in dieser Tradition stehend – kurz nach dem Ende des Zweiten Weltkrieg seine „Grundlinien einer Philosophie des Geistes" vorlegt.[3] Auch er möchte, wie schon Hartmann, am Kern von Hegels Philosophie des Geistes festhalten, ohne den spekulativen Überspannungen dieses Programms zu verfallen.

Wieder etwas anders verhält es sich mit der kritischen, zunächst an Kant und dem Neukantianismus orientierten, Kulturphilosophie Ernst Cassirers. Er versucht im Zuge der Entwicklung seiner Position, die Gesamtheit der menschlichen Kultur als Zeichensystem, als ein Ganzes von unterschiedlichen symbolischen Formen zu begreifen, wobei er den Menschen in seiner kulturproduktiven Eigenschaft als *animal symbolicum* verstanden wissen will (vgl. Cassirer 1977 ff. [1923 ff.], Cassirer 1993 [1944]): Es ist der Mensch, der sich in seinen konkreten formschaffenden Potenzen entfaltet und der sich in der Kultur durch die symbolischen Formen zu sich selbst befreit.

Bemerkenswert ist bei dieser von mir nur sehr knapp und eingestandenermaßen nur sehr lückenhaft skizzierten Entwicklung, dass nach dem Zweiten Weltkrieg im deutschsprachigen Wissenschaftsraum auf die genannten kulturphilosophischen Angebote kaum eingegangen wurde. Diese Sachlage ändert sich erst in jüngster Zeit. In den sechziger Jahren und danach nahm die Diskussion nämlich eine andere Richtung, sie wurde von einer anderen folgenreichen Dichotomie beherrscht. Es ist nicht mehr der Gegensatz von Natur und Kultur, von Naturwissenschaft und Kulturwissenschaft, sondern es ist das Verhältnis von *Individuum und Gesellschaft*, welches nun im Vordergrund steht. Die Kultur wird dabei oft nur als Rahmen oder „Überbau" verstanden, im Zentrum des Erkenntnisinteresses stehen die vergesellschafteten Individuen, die bestenfalls nebenbei als „Kulturträger" in den Blick kommen. An diese, wie ich sie nennen möchte, *soziologische Wende* schließt sich ab etwa der Mitte der

---

[3] So lautet der Untertitel des im Jahre 1948 zuerst erschienenen Werkes von Theodor Litt (^{2}1961).

siebziger Jahren die *linguistische* Wende an. Nun stehen sprachliche Ausdrücke vom Ich und vom Selbst, so wie sie in der tradierten Alltags- oder Normalsprache ihre Verwendung finden, zur Diskussion. Mit der Folge, dass von analytischen oder sprachanalytischen Selbstbewusstseinstheorien der kulturelle Faktor bei der Konstitution des Selbst weitgehend ausgeblendet wird.[4] Das gilt – nebenbei bemerkt – auch für phänomenologische Egologien in der Nachfolge Edmund Husserls (vgl. Husserl 1952) oder aber für die Neophänomenologie, die sich dezidiert als Gegenbewegung dazu versteht (vgl. Schmitz 1980). Es gilt schließlich für solche Versuche, die sich in die Tradition des Deutschen Idealismus reihen und eine Fundierung – wie es gerade dieser Tage wieder heißt – „aus dem Subjekt" verfolgen und auch selbst betreiben (vgl. Henrich 1976, 2004).

Im Gegenzug dazu steht heute die Tendenz zur *Kulturalisierung*, die immer stärkere Züge annimmt. Sie bringt die kulturelle Bedingtheit aller menschlichen Welt- und Selbstbezüge pointiert in den Blick. Wie mir scheint, ist diese Tendenz zur Kulturalisierung wenig beeindruckt von *neostrukturalistischen* und *postmodernistischen Theorieangeboten* geblieben. Sie finden in den Schlagworten von der „Toderklärung des Subjektes" oder der „dekonstruktivistischen Subjektdezentrierung" – so wie sie in den späten achtziger und in den frühen neunziger Jahren propagiert wurden – ihren plakativsten Ausdruck.

Wenn man, um diese Skizze wenigstens etwas abzurunden, einen auch nur flüchtigen Blick auf die englischsprachige beziehungsweise die internationale Szene, auf die dortige *Kulturanthropologie* und die *Ethnologie* wirft, so haben in diesem Kontext die kulturellen Determinanten des Selbst stets eine Rolle gespielt. Als schon klassische Beispiele lassen sich unter vielen anderen Ruth Benedict (1977 [1946]), Magaret Mead (1930; Mead u. Métraux 1953) und Ralph Linton (1974 [1945]) anführen.

In jüngster Zeit bring der Organisationsanthropologe Geert Hofstede (1993) die Frage nach dem kulturellen Selbst breitenwirksam – und mit entsprechender Schlichtheit – auf den Punkt, wenn er von der „Kultur eins" als mentaler Programmierung, als „mentaler Software" spricht. Davon unterscheidet Hofstede die „Kultur zwei". Er versteht darunter Kultur als kollektives Phänomen, da man diese zumindest teilweise mit anderen Menschen teilt. Diese „Kultur zwei" bezeichnet Hofstede als „kollektive Programmierung des Geistes, die die Mitglieder einer Gruppe von Menschen [...] von einer anderen unterscheidet" (Hofstede 1993, 19). Die Persönlichkeit, das kulturelle Selbst, um das es ihm und uns geht, nimmt bei seinem Diagramm die Spitze einer Pyramide ein, die insgesamt die mentale Programmierung des Menschen verdeutlichen soll.

---

[4] Vgl. für den deutschsprachigen u. a. Raum: Frank (1991), Tugendhat (1979), vgl. den Überblick bei Becker (1993).

2. Will man das kulturelle Selbst in philosophisch-interkultureller Perspektive thematisieren, so sieht man sich mit einer Reihe von Fragen konfrontiert, die nicht nur die Philosophie, sondern u. a. auch die Anthropologie, Kulturanthropologie, Hermeneutik, Soziologie, Sprachwissenschaft, Ethnologie, die Kognitionswissenschaften sowie die Psychologie betreffen.[5] Dabei stellt sich zunächst die Frage, welche Rolle hierbei die *Philosophie* spielen kann. Versteht man Philosophie als Reflexions- und Grundlagenwissenschaft, so wie ich es tue, dann steht sie zu den von mir genannten Disziplinen in einem bestimmten Verhältnis. Es ist nicht das der Konkurrenz, sondern der *Komplementarität*. Den empirischen Einzelwissenschaften will (und kann!) die Philosophie das Terrain keineswegs streitig machen. Damit meine ich, die Philosophie muss sich auf die Ziele, Methoden und die Ergebnisse der empirischen Forschung (möglichst aller) relevanter Disziplinen beziehen. Das besagt aber nicht, dass sie auf ein eigenes Erkenntnisziel und auf eigene Erkenntnisinteressen verzichten müsste. Im Gegenteil, die Philosophie erfüllt gerade auch erkenntiskritische beziehungsweise wissenschaftstheoretische Funktionen. Sie thematisiert die Grundbegriffe, mit denen die Einzelwissenschaften oft genug unbefragt oder gar unreflektiert operieren und teilweise sogar operieren müssen, wenn sie ihre empirische Arbeit effizient leisten können sollen. Das gilt auch für den Begriff, der im hier im Fokus steht – den des kulturellen Selbst.

Es ist nämlich zu einfach und zuwenig gesagt, das kulturelle Selbst sei ein Produkt historischer und kultureller Praktiken – seien sie nun diskursiv oder nicht. Bleibt man dabei stehen, so ist es ein Allgemeinplatz – ähnlich dem, ein Individuum sei das Produkt seiner Gesellschaft oder seiner Sozialisation. Meine *These*, für die ich argumentieren werde, besagt, dass ein tragfähiger Begriff des kulturellen Selbst nicht nur den Zusammenhang von Sozialität beziehungsweise das Verhältnis des Individuums zur Gemeinschaft impliziert. Er ist gerade auch über das Moment der *Medialität* als Moment von Kulturalität zu bestimmen. Doch was ist damit gemeint?[6]

Zunächst ein methodischer Hinweis vorab: Bei meinem Versuch, die Frage nach dem kulturellen Selbst zu beantworten, bediene ich mich einer *funktionalen* Zugangs- und Analyseweise. Das heißt, es geht mir *nicht* um *historisch-genetische* oder um *psychologische* Untersuchungen. Ich versuche demgegenüber, die relevanten Begriffe, die für das kulturelle Selbst in philosophischer Hinsicht konstitutiv sind, zu benennen, in ihrem Verhältnis und in ihrer funktionalen Abhängigkeit zueinander zu thematisieren und zu analysieren.

---

[5] Vgl. beispielsweise zur Sozialpsychologie: Keupp (1994), zur Kognitionswissenschaft Gold u. Engel (1998).

[6] Vgl. ausführlicher zur Medialität der Kultur: Göller (2000, 305–329).

Ich beginne meine *systematischen* Überlegungen mit einem – hoffentlich – unstrittigen Faktum: Kultur, Kulturen, das was wir „Kulturalität“ nennen, resultiert aus spezifischen menschlichen Interessen. Das gilt für einzelne Menschen ebenso wie für eine Gemeinschaft oder für Gemeinschaften von Menschen. Sie alle haben unterschiedliche, verschiedene, gar konfligierende Interessen. Diese beziehen sich auf die Anderen, die umgebende Umwelt und auf die jeweilige Lebensform. In den Weisen der Auseinandersetzung mit sich, den Anderen und der Umwelt manifestiert sich Kultur. Anderes gesagt, kulturelle Prozesse sind Formen und Weisen der Auseinandersetzung des Menschen mit sich und seiner Um- und Mitwelt. Dazu gehört der Umgang mit natural vorfindlichen Materialien und Produkten ebenso wie die Schaffung von Werkzeugen, Waffen, Schmuck und allen möglichen Artefakten, also auch von Kommunikationsmitteln oder Mitteln der intersubjektiven Sinnverständigung. In ihnen spiegeln sich menschenmögliche Weisen wider, Vorgefundenes intentional zu formen, zu gestalten oder aber frei zu (er)schaffen. Der Mensch kann demgemäß nicht nur eine Kultur hervorbringen, sondern *verschiedene* Kulturen. Er ist, so möchte ich das formulieren, *kulturenkompetent;* er kann eine *Pluralität* von Kulturen erzeugen. Gleichwohl – und das ist die andere Seite – ist es die *eine* menschliche Kultur, die sich in der Pluralität verschiedener Kulturen manifestiert.

Wenn wir von Kultur und kulturellen Prozessen reden, dann meinen wir immer solche Produkte, Vorgänge, Handlungen oder Interaktionsformen, denen wir eine bestimmte Dimension, nämlich die des *Sinnes*, zusprechen. Kurz, *Kulturalität* verweist auf *Sinn* und damit auf die Sinnbestimmtheit des Menschen; letztlich auf den Menschen als Sinngeber und Sinnschöpfer. Mit diesen Kennzeichnungen sind die Möglichkeiten aktiv-spontaner Selbstbeziehungen des Menschen auf sich selbst sowie Möglichkeiten der Beziehung auf den oder auf die Mitmenschen, d. h. den Anderen, den Fremden usw. gemeint. Diese Selbstbeziehungsleistungen gründen in der *freien Aktivität* des Menschen, in seiner *Spontaneität:* d. h. in seiner prinzipiellen Fähigkeit, sich von seiner natural-biologischen bzw. instinktmäßigen Bedingtheit – jedenfalls bis zu einem gewissen Grade – zu distanzieren. Von selbstbestimmtem Sinn, so wie er für das kulturelle Selbst relevant ist, lässt sich also nur dann sprechen, wenn ein Verhältnis der Emanzipation zu Instinktdeterminationen besteht oder zustande kommt:[7] Kultur und Mensch implizieren einander. Wir sprechen in diesem Falle nicht bloß vom „Menschen“ im biologi(sti)schen, im genetischen oder naturalistischen Sinne, sondern in einem (kultur)anthropologisch und kulturphilosophisch relevanten. So gesehen könnte man auch vom „Kulturmenschen“ sprechen – eine Formulierung, die allerdings redundant ist, da der

[7] Vgl. dazu die schon fast „klassisch“ zu nennenden Positionen von Scheler (1994 [1928]), Plessner (1982), Gehlen (1986 [1940]), aber auch Cassirer (1977 ff. [1923 ff.]).

Mensch das (einzige) Lebewesen ist, das durch Kultur als einem Bereich unabhängig geltender Werte und Regeln ausgezeichnet ist. Ausschlaggebend für die *philosophische* Charakterisierung des kulturellen Selbst – und damit zusammenhängend der Kultur des Menschen – scheinen mir primär drei Punkte zu sein. Sie zusammen sind immer dann relevant, wenn wir von *Autonomie*, von der „Autonomie des kulturellen Selbst" in philosophisch-interkultureller Hinsicht sprechen wollen:[8]

Erstens: Nur der Mensch vermag (auch) solche Interessen zu verfolgen und für sein Handeln leitend zu machen, die nicht ausschließlich lebensdienlich sind und sein kreatürliches Überleben erhalten oder befördern. Als Inbegriff solcher nicht bloß vitaler Interessen, die mit einem über den bloßen Lebenswert hinausgehenden Eigenwert verbunden sind, bezeichnen wir die menschliche *Kultur*.

Zweitens: Nur der Mensch ist wirklich in der Lage, durch planvolles und zweckorientiertes Handeln, durch selbstgesetzten und selbstgegebenen Sinn sich selbst zu gestalten. Die spezifische Weise, in der einem Individuum dies gelingt, nenne ich das *kulturelle Selbst* – in und bei aller Bedingtheit durch die jeweiligen kulturellen, sozialen, historischen, religiösen, ökonomischen usw. Kontexte. Es geht bei der Frage nach dem kulturellen Selbst letztlich also um die *Selbstgestaltungskompetenz*, genauer, um die Möglichkeit der *sinn-* oder *wertbezogenen* Selbstgestaltungskompetenz eines einzelnen Menschen – *innerhalb* eines vorgegebenen kulturellen Kontextes.

Drittens: Als Menschen sind wir in der Lage, unsere selbstgesetzten Werte oder Handlungsziele in ihrer *Geltung* zu thematisieren und zu reflektieren. Das beinhaltet für den vorliegenden Problemzusammenhang etwas sehr Bedeutsames: Durch diese Möglichkeit der fortwährenden *Geltungsreflexion* kann sich das kulturelle Selbst an seinen eigenen Sinnbestimmungen messen. Es kann sich selbst zum Maßstab seines Denkens, Fühlens und Handelns nehmen, kurz, es kann sich gestalten und sich in seiner Selbstgestaltung beurteilen. Das heißt: es kann sich auf gedachte, ausschließlich geltungsbezogene Möglichkeiten und Ziele hin entwerfen, beurteilen und versuchen, sie zu realisieren. Das gilt in theoretischer, in praktisch-ethischer, in ästhetischer und in sozialökonomischer Hinsicht. Das gilt für einzelne Handlungen und Handlungsoptionen, es gilt für einen Lebensentwurf im Ganzen. Und es gilt auch, wenn die *konkret-realen* Selbstgestaltungsoptionen aufgrund der bereits erwähnten sozialen, historischen, ökonomischen, religiösen, kulturellen usw. Kontingen-

[8] Vgl. dazu auch Göller (2001b).

zen und Bedingtheiten in einem nur sehr eng begrenzten und bescheiden Maße möglich sind oder sein können.

Doch weil diese Selbstgestaltungsmöglichkeiten jedem Menschen zumindest *prinzipiell* zukommen, deshalb sprechen wir von einer *Person.* Und mit der *Persönlichkeit einer Person* meinen wir die spezifischen Weisen der individuellen Selbstgestaltung und Selbstverwirklichung eines Menschen nach Maßgabe selbstgesetzter Werte oder Geltungsprinzipien. Das ist meiner These zufolge jedenfalls der relevante *inter-* oder *transkulturelle* Begriff der Person.

Er impliziert die Begriffe der *Zurechnung* und der *Verantwortung:* nur eine Person kann sich selbst Handlungen, Handlungsoptionen, Meinungen, Ansichten usw. zurechnen und dafür zur Rechenschaft oder Verantwortung gezogen werden. Und umgekehrt sind nur Personen zurechnungs*fähig* und nur sie können Verantwortung übernehmen. Sieht man von einer weiteren Verfolgung dieser grundlegenden ethisch-normativen Aspekte ab, so stellt sich folgende Frage: Was ergibt sich aus diesen drei Punkten für das kulturelle Selbst?

Mit dem Begriff des *kulturellen Selbst* ist die Koinzidenz von individueller Kompetenz, von individueller Spontaneität *und* von kultureller Dependenz gemeint. Bei dem kulturellen Selbst ist zwischen kulturell bedingten und individuell-spontanen Momenten zu unterscheiden. Die kulturellen Bedingungsmomente beziehen sich auf die erworbenen und kulturbestimmten Charakteristika, die einer kulturellen Gemeinschaft gemeinsam sind und durch die sie sich von anderen kulturellen Gemeinschaften unterscheidet. Die *individuellen Momente* dagegen beziehen sich auf die singulär-spontane Kompetenz eines einzelnen Menschen, d. h. einer *Person.* Durch die singulär-spontane Kompetenz unterscheidet sich eine Person von den Mitgliedern einer gemeinsamen Kultur und Kulturgemeinschaft, der sie sich zurechnet. Und von der sie – *normativ* gesehen – annehmen müsste, dass es sich um eine Gemeinschaft von Personen handelt. Hier ist systematisch gesehen der Ort, an dem sich das Feld des Praktisch-Ethischen – auch in interkultureller Hinsicht – eröffnet. Wollte man das weiter verfolgen, so ginge es jetzt um Fragen der (wechselseitigen) Anerkennung, um den Rechtsbegriff, die Rechtsgemeinschaft, das Problem transkultureller Normenbegründung, universaler Rechtsgeltung, um das Problem des Völkerrechts und schließlich der Menschenrechte (vgl. dazu Göller 2001a, 146–178, 1999, 2001b, 2005). Hier ist zugleich auch der systematische Punkt gekennzeichnet, an dem Analysen zur kulturellen Gemeinschaft, zum Sozialen, zum Verhältnis von *Personalität* und *Sozialität* anzuknüpfen hätten. Ich markiere lediglich die jeweiligen Systemstellen, ohne diese Aspekte weiter verfolgen zu wollen – so interessant und wichtig dies im Einzelnen auch wäre (vgl. Göller 2000, 297 ff.).

Ich möchte demgegenüber hier und jetzt den Schwerpunkt auf das Adjektiv – oder logisch gesprochen, auf das Prädikat – *kulturell* legen. Wie lässt sich der Begriff des *kulturellen* Selbst noch etwas genauer fassen?

Ich erwähnte bereits, bei dem Begriff des kulturellen Selbst müsste man, vereinfacht gesagt, zwischen zweierlei unterscheiden: zwischen *kulturell bedingten* Momenten auf der einen und *individuell-spontanen* Momenten auf der anderen Seite. Damit kommt ein weiterer und, wie ich meine, entscheidender Aspekt in den Blick. Denn diese individuell-spontanen Momente manifestieren sich zunächst und zumeist in kulturell sedimentierten Medien und Überlieferungsmustern. Das heißt in solchen sinnlich wahrnehmbaren oder erfahrbaren Medien, die von der jeweiligen Kulturgemeinschaft gebildet werden und wurden und die sozusagen als Fundus in inhaltlicher *und* strukturеller Hinsicht fungieren. Sie müssen von jedem Individuum aktualisiert werden – soll im Gange seiner Enkulturation wirklich von einen kulturellen *Selbst* die Rede sein können. Auf diese Strukturen ist der Einzelne zunächst angewiesen, an sie muss er anknüpfen, sie sind der Ausgangspunkt seiner eigenen Sinngebungsversuche. Anders gesagt: Das kulturelle Selbst zeigt sich darin, inwiefern und inwieweit es mit kulturell Vorgeformtem, mit Überliefertem umzugehen vermag, wie es Vorgeformtes aufnimmt, internalisiert und es sich – wie es so treffend im Deutschen heißt – „zu Eigen macht".

Methodisch folgt daraus, dass für die Bestimmung des kulturellen Selbst die *Medialität der Kultur* den Ansatzpunkt bilden muss; das kulturelle Selbst lässt sich über dessen Artikulationen erschließen. Dabei ist zu bedenken, dass diese Artikulationen einerseits das Ergebnis *spontaner* Ichleistungen sind, andererseits sind sie in einen konkreten Kulturkontext eingebunden. Es kommt bei der Fixierung des kulturellen Selbst methodisch gesehen also darauf an, die Faktoren zu benennen, die kontextgebunden sind und von denen abzuheben, die das subjektive Resultat mehr oder minder spontan-individueller Eigenleistungen sind. Das ist schwierig und das ist komplex.

Noch schwieriger und komplexer wird der Sachverhalt dadurch, dass das Fremdverstehen eines Anderen selbst wiederum in einen bestimmten (jeweils) eigenkulturellen Kontext eingebunden ist. Doch auch auf die hier systematisch wichtige Frage nach der Möglichkeit solchen kulturdifferenten, kontextabhängigen Verstehens möchte in diesem Zusammenhang nicht weiter eingehen. An anderer Stelle habe ich mich nämlich mit den Möglichkeiten und Grenzen solchen Verstehens ausführlicher auseinander gesetzt (vgl. Göller 2000).

Zurück also zum kulturellen Selbst und zu dem in diesem Zusammenhang in Frage stehenden Faktor der *Medialität.* Mit ihm ist, kurz gesagt, die *Versinnlichung* von Sinn angesprochen. Sinn, soll er verstanden werden können, muss sich in irgendeiner wahrnehmbaren Form artikulieren. Kommunikation, menschliche Interaktion und jedwede Sinnverständigung ist nur möglich, wenn sie an ein *sinnliches* Medium gebunden ist. Wir wissen von einem kulturellen Selbst also nur, insofern und insoweit es sich zu *artikulieren* vermag. Das mediale Spektrum des kulturelle Selbst umfasst dabei körperbezogene Artikulationsformen – also Gestik, Mimik, Körpersprache usw. Hierbei ist zu bedenken, dass das, was kulturell an Ausdrucksformen möglich ist, auch individuell überformbar ist. Die Artikulationsformen des Selbst umfassen darüber hinaus alle lautlichen Weisen des Ausdruckes – von der Interjektion, vom Schrei, dem puren Erregungs- und Affektionslaut bis hin zur artikulierten Lautsprache. Die *Sprache* ist dabei die wichtigste und universellste Artikulationsform des Menschen wie des kulturellen Selbst. Doch auch das muss ein Hinweis bleiben, der ein weiteres systematisches Feld – das der Sprachphilosophie – markiert. Zu beachten ist darüber hinaus, dass alle Artikulationsformen, alle kulturellen Medien nicht bloß eine subjektive, sondern auch eine *objektive* Qualität haben. Damit meine ich: Jede Selbst-, Fremd- und Welterkenntnis ist einerseits an sinnlich-wahrnehmbare Formen gebunden. Unser Verstehen oder unsere Erkenntnis ist ohne sie nicht möglich. Es gibt also keinen gleichsam „medienfreien" Zugang zu irgendwelchen vermeintlich objektiven oder subjektiven Realitätsbereichen oder Realitätsschichten. Das heißt also, Individuelles und Kollektives, „Eigenes" und „Fremdes" sind *medial* aufeinander bezogen.

Das beinhaltet andererseits: Wenn das jeweilige kulturelle Medium relativ stabil ist, wenn es nicht so flüchtig ist wie eine Geste, die sofort wieder vergeht, wenn ausgedrückter Sinn sozusagen medial geronnen und gefestigt ist, dann lassen sich auch bestimmte kulturelle „Gedächtnisfunktionen" erbringen.[9] Aufgrund der Stabilität des Mediums sind nämlich wiederholte und stets neue Rezeptionen möglich, und zwar Rezeptionen in unterschiedlichen Situationen und zu verschiedenen Zeiten. Dadurch ermöglicht die Medialität der Kultur individuelle und kollektive Formen der Identität, d. h. Identitätsformen, die zeitenübergreifend oder transtemporal sind. Bei der Identitätsbildung des kulturellen Selbst, aber auch bei der Identitätsbildung einer Gemeinschaft, besitzen kulturelle Medien aus diesem formal-strukturellen Grunde eine Brückenfunktion. Sie verbinden und vermitteln die beiden anderen Momente, denen meinem eigenen Ansatz zufolge Kulturalität definiert ist, nämlich *Personalität* und *Sozialität.*

In diesem Zusammenhang ist es darüber hinaus angebracht, auf die, wenn man so will, „Dialektik" des Mediums, das die Kultur in der Vielzahl ihrer Medien bildet, hinzuweisen. Ist Wirklichkeitserfassung und Wirklichkeitserkenntnis immer an ein Medium gebunden, so gibt es – wie bereits angeführt – keinen medienfreien Zugang zu naturalen oder individuellen Wirklichkeitsbereichen oder Wirklichkeitsschichten. Mit anderen Worten: Der Mensch ist als kulturelles Wesen, als kulturelles Selbst in ein Netz von Symbolen und Symbolzusammenhänge eingebunden, denen nicht zu entkommen ist. Wir sind, um es ein wenig dramatisch zu formulieren, in einem Netz jeweils spezifischer kulturell-symbolischer Deutungen und Deutungssysteme gefangen. Ein weiterer Aspekt ist mit der von Georg Simmel beschworenen „Tragödie der Kultur"

---

[9] Deshalb ist es in gewisser Weise richtig, die Kultur als „kollektives Gedächtnis" zu bezeichnen (vgl. Assmann 1988) – als Gedächtnis, das kulturelle Identität ermöglicht.

angesprochen (vgl. Simmel 1901–1908). Er besteht darin, dass wir in vielfältige kulturelle Formen und Prozesse eingebunden sind, dass wir durch diese Formen, die immer eine objektiv-entäußerte und subjektiv-entäußernde Komponente haben, uns von uns selbst entfremden. Indem wir uns enkulturieren, entfernen wir uns von unseren naturgegebenen Anlagen immer mehr und entzweien uns sozusagen immer weiter, wie dies schon von Rousseau in seinem ersten „Discours" im Jahre 1750 kritisiert wurde: Die Kultur scheint, wie auch die Zivilisation, ein Dressur- und Repressionsakt zu sein, der alles andere darstellt als einen Akt der Selbstbefreiung. Doch genau darin liegt die „Dialektik" oder, je nach Sichtweise, die „Tragödie" der Kultur: Die Selbstbefreiung zum Menschen, zum kulturellen Selbst oder zum „Kulturmenschen" ist nur möglich, wenn die Realisierung der jeweiligen individuellen und/oder kollektiven Selbstgestaltungsansprüche nach Maßgabe einer allgemeinen beziehungsweise überindividuellen Grundnorm, die die wechselseitige Limitation dieser Ansprüche formuliert, erfolgt.[10]

Ich möchte zum Schluss noch einige wenige Ergänzungen zum Begriff der Kultur nachtragen, die gleichwohl für die Konzeption des kulturellen Selbst von Bedeutung sind. Man kann, das ist eigens zu thematisieren, nur dann von Medialität reden, wenn auch der Faktor der *Historizität* berücksichtigt wird. Denn jedes kulturelle Phänomen hat auch eine zeitliche Dimension. Jede Handlung, ja jede Geste, selbst Augenzwinkern, vollzieht sich *zeitlich*. Doch Zeit und Geschichte sind verschiedene Sachverhalte. Erst wenn der Faktor des Sinnes und der Sinngebung – und damit der Richtung, der Abfolge oder des Zusammenhangs – involviert ist, lässt sich von historischen Prozessen, von Geschichte, von Historizität sprechen.[11] Auch das ist wichtig für unsere Überlegungen: insofern das kulturelle Selbst eine sich medial artikulierende Selbstsinngebungsinstanz ist, ist es auch ein historisch dimensioniertes Wesen. Es hat seine eigene Geschichte, seine Individualgeschichte, so wie sie in der Autobiografie oder in erzählten Lebensgeschichten manifest wird. Es sprechen also gute Gründe dafür, der Autobiografie für den Aufbau des kulturellen Selbst eine wichtige Rolle einzuräumen.

Zu beachten ist schließlich, dass das kulturelle Selbst in seiner Konkretheit durch seine *Leiblichkeit* determiniert ist. Deshalb ist es notwendigerweise immer schon in eine räumlich lokalisierbare Umwelt, eine Lebenswelt oder in

[10] Mit diesen Fragen nach dem normativen (letztlich: rechtlichen) Rahmen, der die kulturelle (Selbst)domestizierung des Menschen ermöglicht, ist wiederum der Themenkomplex der (interkulturellen) Rechtsphilosophie angezeigt (vgl. dazu auch Göller 2005).

[11] Vgl. zur Historizität und Lokalität als Dimensionen von Kulturalität auch meine Ausführungen in Göller (2000, 300 ff.).

einen bestimmten Sozial- oder Kulturraum eingebunden, der für seine *personale Konstitution* relevant ist. Wenn das kulturelle Selbst geschichtlich dimensioniert ist und wenn es die Instanz der Selbstsinngebung ist, dann bedeutet dies schließlich auch: es ist nicht nur in historische Prozesse einbezogen, sondern es kann auch *aktiv* in sie eingreifen. Es kann also historisch gestaltend tätig sein – wenn auch in der Realität zumeist nur mit einem minimalen Wirkungsgrad und Erfolg. Prinzipiell ist die historische Gestaltungskompetenz des kulturellen Selbst jedenfalls gegeben. Sie betrifft schließlich auch das kulturelle Selbst als *Medienproduzent*, als *Medienrezipient* und als *Medienapplikant* (vgl. Göller 2000, 317–329). Denn wenn es zeitlich dimensioniert und damit auch geschichtlich ist oder sein kann, dann vermag es auch, die *Dynamik kultureller Prozesse* mit in Gang zu bringen und dadurch den *Wandel kultureller Symbolwelten* mit zu initiieren.

Literatur

Assmann, Jan u. Tonio Hölscher (Hg.) (1988): Kultur und Gedächtnis. Frankfurt/Main: Suhrkamp.

Becker, Christian (1993): Selbstbewusstsein und Individualität. Studien zur einer Hermeneutik des Selbstverständnisses. Würzburg: Königshausen & Neumann.

Benedict, Ruth (1977) [1946]: The Chrysanthenum and the Sword. Patterns of Japanese Culture. London: Routledge.

Brasser, Martin (1999): Person. Philosophische Texte von der Antike bis zur Gegenwart. Stuttgart: Reclam.

Cassirer, Ernst (1977 ff.) [1923 ff.]: Philosophie der symbolischen Formen. Darmstadt: Wissenschaftliche Buchgesellschaft.

Cassirer, Ernst (1990) [1944]: Versuch über den Menschen. Eine Einführung in eine Philosophie der Kultur. Frankfurt/Main: Fischer.

Dilthey, Wilhelm (1923 ff): Gesammelte Schriften. Leipzig; Berlin; Göttingen.

Dilthey, Wilhelm (1923) [1883]: Einleitung in die Geisteswissenschaften. Gesammelte Schriften. Bd. 1. Leipzig: Teubner.

Dilthey, Wilhelm (1968) [1910]: Der Aufbau der geschichtlichen Welt in den Geisteswissenschaften. Gesammelte Schriften. Bd. 7. Göttingen: Vandenhoeck & Ruprecht.

Frank, Manfred (1991): Selbstbewusstsein und Selbsterkenntnis. Essays zur analytischen Philosophie der Subjektivität. Stuttgart: Reclam.

Göller, Thomas (1999) (Hg.): Philosophie der Menschenrechte. Methodologie, Geschichte, Kultureller Kontext. Göttingen: Cuvillier.

Göller, Thomas (2000): Kulturverstehen. Grundprobleme einer epistemologischen Theorie der Kulturalität und kulturellen Erkenntnis. Würzburg: Königshausen & Neumann.

Göller, Thomas (2001a): Sprache, Literatur, kultureller Kontext. Studien zur Kulturwissenschaft und Literaturästhetik. Würzburg: Königshausen & Neumann.

Göller, Thomas (2001b): Kulturelle Pluralität und menschliche Würde. In: Gregor Paul, Thomas Göller, Hans Lenk u. G. Rappe (Hg.), Humanität, Interkulturalität und Menschenrecht (13–38). Frankfurt/Main; Bern; New York; Paris: Lang.
Göller, Thomas (2005): Internationales Völker- und Menschenrecht vor den Herausforderungen postmoderner Formen der Gewalt. In: Ludger Künhardt (Hg.), Menschenwürde, Kulturen und Gewalt. Ansätze einer interkulturellen Ethik. Baden-Baden: Nomos. S. 83–105.
Gehlen, Arnold (1986) [1940]: Der Mensch. Seine Natur und seine Stellung in der Welt. Wiesbaden: Aula.
Greverus, Ina-Maria (1987): Kultur und Alltagswelt. Eine Einführung in die Fragen der Kulturanthropologie (Institut für Kulturanthropologie und Europäische Ethnologie, Nr. 26). Frankfurt/Main: Institut für Kulturanthropologie und Europäische Ethnologie der Universität Frankfurt.
Gold, Peter u. Andreas K. Engel (Hg.) (1998): Der Mensch in der Perspektive der Kognitionswissenschaften. Frankfurt/Main: Suhrkamp.
Harris, Marvin (1989): Kulturanthropologie. Ein Lehrbuch. Frankfurt/Main; New York: Campus.
Hartmann, Nicolai (1963) [1933]: Das Problem des geistigen Seins. Berlin: de Gruyter.
Henrich, Dieter (1976): Identität und Objektivität. Eine Untersuchung über Kants transzendentale Deduktion. Heidelberg (= Sitzungsbericht der Heidelberger Akad. d. Wiss. Philos.-hist. Kl. Jg. 1976. 1 Abh.): Winter.
Henrich, Dieter (2004): Grundlegung aus dem Ich. Untersuchungen zur Vorgeschichte des Idealismus in Tübingen – Jena (1790–1794) (2 Bände). Frankfurt/Main: Suhrkamp.
Hegel, G.W.F. (1952) [1807]: Phänomenologie des Geistes. Hamburg: Meiner.
Hofstede, Geert (1993): Interkulturelle Zusammenarbeit. Kulturen, Organisationen, Management. Wiesbaden: Gabler.
Husserl, Edmund (1952): Die Konstitution der geistigen Welt. In: Husserl, Gesammelte Werke: Ideen zu einer reinen Phänomenologie und phänomenologischen Philosophie. Zweites Buch. Phänomenologische Untersuchungen zur Konstitution (172–302). Haag: Martinus Nijhoff.
Keupp, Heiner (Hg.) (1994): Zugänge zum Subjekt. Perspektiven einer reflexiven Sozialpsychologie. Frankfurt/Main: Suhrkamp.
Linton, Ralph (1974) [1945]: Gesellschaft, Kultur und Individuum. Interdisziplinäre sozialwissenschaftliche Grundbegriffe. Frankfurt/Main: Fischer.
Litt, Theodor (^{2}1961): Mensch und Welt. Grundlinien einer Philosophie des Geistes. Heidelberg: Quelle & Meyer.
Mead, Margaret (1930): Growing Up in New-Guinea. New York.
Mead, Margaret u. Rhoda Métraux (Hg.) (1953): The Study of Culture at a Distance. Chicago: University of Chicago Press.
Plessner, Helmuth (1982): Mit anderen Augen. Aspekte einer philosophischen Anthropologie. Stuttgart: Reclam.
Rickert, Heinrich (1986) [1926]: Kulturwissenschaft und Naturwissenschaft. Mit einem Nachwort hg. v. Friedrich Vollhardt. Stuttgart: Reclam.
Scheler, Max (1994) [1928]: Schriften zur Anthropologie. Stuttgart: Reclam.
Schmitz, Herman (1980): Die Person. In: System der Philosophie. Bd. 4. Bonn: Bouvier.

Simmel, Georg (1901–1908): Aufsätze und Abhandlungen 1901–1908. In: Gesamtausgabe. Bd. 8. Frankfurt/Main: Suhrkamp.
Tugendhat, Ernst (1979): Selbstbewußtsein und Selbstbestimmung. Sprachanalytische Interpretationen. Frankfurt/Main: Suhrkamp.
Windelband, Wilhelm (1924) [1894]: Geschichte und Naturwissenschaft. In ders., Präludien. Aufsätze und Reden zur Einleitung in die Philosophie. 2. Bd (136–160). Tübingen: Mohr.

Thomas Göller, Universität Karlsruhe, Institut für Philosophie, Postfach 6980, D-76128 Karlsruhe. E-Mail: th.goeller@t-online.de

Prof. am Institut für Philosophie der Universität Karlsruhe; Gastprofessuren an der Babes-Bolai-Universität / Klausenburg, Rumänien (2003 / 2004); 1996–99 Durchführung eines interkulturellen Projektes zur Menschenrechtsphilosophie; 1991–96 Associate Professor und DAAD-Lektor an der Gakushuin-Universität / Tokyo, Japan. Akademiepreis 2000 für das Buch *Kulturverstehen*. Straniak-Philosophiepreis 2004 für die Arbeit „Geschichtsdenken in Europa und China“ (zus. mit A. Mittag).

Arbeitsschwerpunkte: Sprach- und Kulturphilosophie, Ästhetik und Philosophie der Menschenrechte

Manuskriptendfassung eingegangen am 4. März 2005.

Das *dialogische Selbst:* Interkulturelle Kommunikation „in“ der Person?

Barbara Zielke

Zusammenfassung

Das *dialogische Selbst* wird nicht nur als viel versprechende Alternative zu traditionellen psychologischen Theorien des Selbst gehandelt, sondern auch als adäquate begriffliche Fassung eines spezifisch „diasporischen Selbst“, die sich in der empirischen Akkulturationsforschung gewinnbringend einsetzen lässt. Die Übertragung der Bachtinschen Konzepte „Dialogizität“ und „Vielstimmigkeit“ in ein psychologisches Modell des Selbst rückt allerdings die These der radikalen „Dezentrierung“ des Selbst so stark in den Vordergrund, dass der eigens eingeführte Gegenbegriff einer „synthetisierenden“ Instanz des Selbst zur Farce gerät. Wirft man einen Blick auf empirische Forschungsarbeiten aus dem Bereich der Akkulturationsforschung, die sich auf das Konzept des *dialogischen Selbst* stützen, wird dagegen deutlich, dass sich die Annahme einer kohärenten Identität der Forschungspartner bisweilen auch dort performativ durchsetzt, wo sie – wieder mit Verweis auf die Dezentrierung und Hybridität des Selbst – theoretisch in Frage gestellt wird. Von dieser Diskrepanz ausgehend werden Vorschläge für die Überarbeitung des Theoriekonzeptes unterbreitet, die die Frage nach der Möglichkeit einer – zumindest angestrebten – Einheit des *dialogischen Selbst* mit der Reflexion der Spannung zwischen semiotisch-postmoderner Theorie und der praktischen Lebenssituation von Migranten verbindet.

Schlagwörter

Dialogizität, narrative Identität, embodiment, dialogisches Selbst, Dezentrierung, Theorie-Praxis-Differenz.

Summary

The dialogical self. Intercultural communication ‚within‘ the person?

The *dialogical self* is seen not only as a promising alternative which exceeds traditional psychological conceptualizations of the self, but also as adequate model for a specific „diasporic self“ which may be fruitfully employed in empirical accul-

J. f. Psych., 14, 1 (2006), 50–75, ISSN 0942-2285

turation research. By application of the Bakhtinian notions of „dialogicality" and „multivoicedness" the idea of the „decentralization" of the self becomes so dominant that the counter idea of a synthesizing force seems hardly plausible. A short glance to some empirical studies working with the model of the *dialogical self*, however, reveals that a coherent identity of some kind is attributed to the research partner by the theorist and researcher, even though the theory itself, pointing to decentralization and hybridity of cultural identity, excludes the idea of a unifying force. Starting from this discrepancy, proposals for a reconceptualization of the theoretical concept are made. In doing so, the question of the aspired unity of the self is reflected with regard to the tension between semiotic-postmodern theory and the practical everyday situation of migrants.

Keywords

Dialogicality, narrative identity, embodiment, dialogical self, decentralization, theory-practice-gap.

I) Die These des kulturell konstruierten Selbst. Deskriptive Behauptung oder normative Forderung?

Der theoretische und empirische Anspruch neuerer Theorien des Selbst

Theorien des Selbst suchen nach Möglichkeiten, formal zu bestimmen, wie das Selbstverhältnis von Menschen beschaffen ist oder sein kann. Einige neuere psychologische Theorien des Selbst haben sich explizit zum Anspruch gesetzt, das Verhältnis von Kultur und Selbst mit Blick auf moderne, funktional und kulturell differenzierte, oder sogar „postmoderne" Gesellschaften zu thematisieren. Dazu zähle ich erstens das sozialkonstruktionistische, explizit als Konzeption des „postmodernen Menschen" eingeführte Modell des *relationalen Selbst* aus der Feder des US-amerikanischen Sozialpsychologen Kenneth J. Gergen (Gergen 1991, 1994, 1999/2002); zweitens hat seit einigen Jahren auch die umfangreicher werdende psychologische Theoriebildung zum *dialogischen Selbst*, zuerst ausgearbeitet durch die niederländischen Kulturpsychologen Hubert Hermans und Harry Kempen, immer mehr an Einfluss gewonnen (Hermans u. Kempen 1993; Hermans 1996, 2001; Josephs 2002 u. a.). Drittens existieren mittlerweile zahlreiche Ansätze zur formaltheoretischen Bestimmung einer „narrativen Identität", für die ebenfalls charakteristisch ist, dass sie das Selbstverhältnis des modernen Menschen, sowohl formal als auch inhaltlich, als flexible, kulturelle Konstruktion verstehen (vgl. Sarbin 1986; Bruner 1987, 1990; Boesch 1991; Straub 1999; Brockmeier 2000, 2003).[1]

Für die beiden erstgenannten Ansätze, das *relationale Selbst* und das *dialogische Selbst*, gilt, dass die je angebotene Konzeptualisierung der Struktur des Selbst durch empirische Beobachtungen der sich verändernden, immer stärker durch mediale und auch interkulturelle Kommunikationsanforderungen geprägten globalen Situation angestoßen wurde: Während Gergen in seiner Theorie besonders auf Informationstechnologie und neue Medien hinweist und an die damit verbundenen Kommunikationsmöglichkeiten über kulturelle Grenzen hinweg die These von der „sozialen Bevölkerung" des Selbst durch die Perspektiven und Lebensstile anderer bindet (1991, 1994), beziehen sich Hermans und Kempen ganz explizit auf die Lebensumstände und die gesteigerten Flexibilitätsanforderungen, die Menschen mit Migrationshintergrund oder andere in der Diaspora lebende Personen betreffen (vgl. Hermans u. Kempen 1993, 1998; Hermans 2001; Bathia u. Ram 2001; Bathia 2002 u. a.). Mit Blick auf globalisierte Gesellschaften schreibt Hermans: „Like a society, the self is involved in oppositions, agreements, disagreements, contradictions, negotiations and integrations" (2002, 148) – und genau dies, so die Schlussfolgerung, sollte eine zeitgemäße Theorie des Selbst auch begrifflich fassen. Die Theorie des *dialogischen Selbst* beansprucht, dies zu leisten. Sie soll, ungeachtet ihrer vielfältigen theoretischen und metatheoretischen Bezüge, auch empirische Rekonstruktion derjenigen Ausprägungen oder Veränderungen des Selbst sein, die den realen Lebensverhältnissen von Individuen in der globalisierten Welt, einer Welt der „mixing and moving cultures", entspricht (Hermans u. Kempen 1998).

Auch andere Theoretiker eines „postmodernen Selbst", wie etwa Kenneth Gergen (1991), David Sennet (1998), Heiner Keupp (1999), Wolfgang Welsch (1993), weisen im Zuge der Präsentation ihrer Theorie auf neue, (post-)moderne Lebensverhältnisse hin. Es ist allerdings die Frage, wie der Zusammenhang zwischen Theorie und Empirie definiert ist, welcher Status also den empirischen „Beispielen" zugesprochen wird: Gelten die Illustrationen der Theorie, etwa der Verweis auf Charakteristika postmodernen Lebens, als methodisch kontrollierte, in wissenschaftlicher Absicht vorgenommene empirische Rekonstruktion derselben „aus den Daten" – oder eben nur als deren Illustrationen? Für Gergen, der in seinem Buch über das *relationale Selbst* auf die Bedeutung neuer Kommunikations- und Lebensweisen hinweist, gilt schon aufgrund der

[1] Die Entwürfe einer (Theorie der) „narrativen Identität" sind so vielfältig, dass nicht, wie im Falle des *dialogical self* und des *relational self* von einem konkreten Modell gesprochen werden kann. Für unterschiedliche Konzepte in der Psychologie vgl. neben den genannten auch: Gergen u. Gergen (1988), Gergen (1994).

konstruktionistischen Auffassung, derzufolge Theorien empirische Realität nicht abbilden können, das letztere: Empirische Beispiele können einen Diskurs illustrieren oder zu neuen, wirklichkeitskonstitutiven Diskursen anregen, von der Rekonstruktion des kollektiv gebildeten Handlungssinns oder der Motive der beteiligten Akteure aber kann nicht die Rede sein (Gergen 1991, 2002; vgl. Zielke 2004). Die Theoretiker des *dialogischen Selbst*, die sich zwar ebenfalls auf konstruktionistische Grundsätze beziehen und stützen (vgl. Hermans, Kempen u. van Loon 1992), leiten daraus nicht die anti-empiristische wissenschaftspragmatische Einstellung ab, die aus Gergens metatheoretischen Reflexionen bekannt ist. Im Zeichen des *dialogischen Selbst* werden durchaus „empirische“ Forschungen durchgeführt, die beanspruchen, theoretisch Entworfenes empirisch zu rekonstruieren (vgl. z. B. Hermans 1999[2]).

„Dezentrierung“ und die Frage nach Einheit und Differenz des Selbst

Die Entwürfe des *relationalen* und des *dialogischen Selbst* sowie andere „postmodern“ orientierte Identitätstheorien vereint aber auch das Bestreben, ein Gegenmodell zur modernen Konstruktion des mit sich selbst identischen, autonomen, souveränen oder „starken“ Subjekts anzubieten. Man wendet sich ganz ausdrücklich gegen ein Subjekt, das als rationaler Kontrolleur des eigenen Handelns und als selbstbestimmter Akteur und schließlich als unabhängiger Konstrukteur der eigenen Identität auftritt. So rekonstruiert etwa Gergen in historisch-kritischer Perspektive, „wie sich die gegenwärtigen Überzeugungen von der geschlossenen Einheit des Individuums im Verlauf der westlichen Geschichte entwickelt haben“ (2002, 131) und erläutert die moralisch-praktische Problematik der modernen „Ideologie des Selbst“ (ebd., 151). In ähnlicher Weise betonen auch Hermans und Kempen, dass sie mit dem *dialogischen Selbst* ein neues Konzept vorlegen wollen, das die „kulturell bedingten Gren-

---

[2] Hermans führte eine Fragebogenerhebung mit offenen Fragen zum „dialogischen Denken“ durch. Aufgrund der Ergebnisse, so Hermans, ließen sich einige Elemente der Theorie des *dialogical self*, die zu allgemein gehalten oder aber falsch seien, korrigieren oder immerhin in ein differenzierteres Bild überführen (1999, 82 f.). Damit ist die Möglichkeit, dass Theorien empirische Wirklichkeit in irgendeiner Weise repräsentieren oder aus deren Rekonstruktion abgeleitet werden, zumindest nicht ausgeschlossen. Dies gilt in noch stärkerem Maße auch für jene empirischen Forschungen zum kulturellen Selbst, die sich vorrangig das Ziel setzen, die unterschiedlichen Ausprägung des Selbst und damit zusammenhängender psychologischer Konstrukte relational zu bestimmten „Kulturen“ oder kulturellen Gegebenheiten empirisch zu rekonstruieren (ein bekanntes Beispiel lieferten Markus u. Kitayama 1991). Auf diese letztgenannte Variante der Erforschung des kulturellen Selbst gehe ich hier nicht ein.

zen von Individualismus und Rationalismus“ transzendiert (Hermans et al. 1992, 29; vgl. Hermans 1996, 2001).

Halten wir also fest, dass in den genannten neueren Ansätzen solche Bestimmungen des personalen Selbst favorisiert werden, die dieses ganz explizit „schwächen“. Sie tun dies, indem sie auf ganz bestimmte Weise die Verwobenheit des Selbst mit den sich immer stärker verändernden kulturellen Kontexten zum Thema machen und darauf hinweisen, dass gleichsam als Resultat dieser Verwobenheit in einem hohen Maße „differente“ Aspekte „im“ Selbst „Raum“ finden müssen. Dies hat zur Folge, dass das Handeln und Erleben der Person immer stärker von vielen, sich widersprechenden Positionen und Ansprüchen „durchkreuzt“ erscheint – und ihr weder autonome Lebensführung noch die einheitliche und eindeutige Beantwortung der „Identitätsfrage“, also der Frage ‚wer bin ich?‘, ohne weiteres zugesprochen werden können. Halten wir ebenfalls fest, dass die Behauptung der wachsenden Dezentrierung und Fragmentiertheit des Selbst zwar mit Verweis auf empirische Lebensformen oder Existenzweisen vorgebracht, aber in den seltensten Fällen nur als deskriptives Modell verstanden wird. Vielmehr ist gerade die „Dezentrierungsthese“ in der Regel an den normativen Anspruch der Kritik des „modernen Subjekts und damit verbundener Zuschreibungen an das Selbst gebunden.

Vorrangig scheinen bei den wissenschaftlichen Bemühung um ein kultursensibles, psychologisch brauchbares Modell des Selbst drei Fragen, die analytisch unterschieden werden können – je nach dem, welcher Aspekt des „Identitätsproblems“ fokussiert wird. Erstens steht die Frage nach *Autonomie* oder *Heteronomie*, Unabhängigkeit oder Fremdsteuerung des Selbst im Zentrum, damit zusammenhängend wird die Vorstellung, dass „individuelle“ Anteile des Selbst von den durch „kulturelle Kontexte“ bestimmten Aspekten getrennt werden könnten kritisiert. Zweitens wird die Unterscheidung zwischen eher individuozentrierten *„independenten“* und eher am Zusammensein mit anderen orientierten *„interdependenten“* Selbstkonstruktionen hervorgehoben. Drittens führt die Auffassung, dass die Selbstkonstrukte von Personen weit stärker von den Sichtweisen, Perspektiven, Ansichten, Eigenheiten anderer durchdrungen und besetzt sein können, als es das „westliche“ Modell suggeriert, auch unvermeidlich zur Frage nach der *Einheit* oder eben der *Differenz* des Selbst. Wenn nämlich „interdependente Selbstkonstrukte“ solche Aspekte des Selbst enthalten und ins Zentrum rücken, die „man mit anderen, einem nahe stehenden Personen teilt“ (Kühnen u. Hannover 2003, 213), so stellt sich im Falle eines gut ausgeprägten „interdependenten“ Selbst irgendwann die Frage, ob die Anteile des eigenen Selbst, die andere Personen repräsentieren, neben der Autonomie und Individualität nicht auch die Einheit dieses Selbst gefährden.

Der Frage nach der möglichen oder notwendigen Einheit eines kulturell konstruierten, kultursensibel beschriebenen Selbst will ich nun ausführlicher nachgehen. Dabei bietet sich die Konzentration auf das *dialogische Selbst* aus verschiedenen Gründen an: Zunächst fordert der explizit geäußerte Anspruch der Autoren, als theoretisches Modell und gleichzeitig als qualitativ-empirische Rekonstruktion des Selbst die Besonderheiten des (post-)modernen Selbstverhältnisses auf neue Weise zu fassen, eine genauere Untersuchung geradezu heraus. Dann besticht das Modell durch seine theoretische Elaboriertheit und Vielseitigkeit. Und last, not least hat sich das *dialogische Selbst* mittlerweile als ein populäres Modell für die Beschreibung und Erforschung spezifischer Identitätsprobleme der Angehörigen multiethnischer Regionen etabliert. Es wird von Vertretern der *post-colonial studies*, etwa von Homi Bhabha oder Edward Said, ebenso gerne verwendet wie von kulturpsychologischen oder kulturvergleichend arbeitenden Autorinnen und Autoren, die zum Selbst im kulturellen Kontext empirische Forschungen betreiben, so etwa Jaan Valsiner und Sunil Bathia.

Im Editorial der Zeitschrift *Culture & Psychology* bringt Valsiner den hohen Anspruch, der mittlerweile an die Forschungen und Diskurse zum *dialogical self* geknüpft wird, zum Ausdruck: „Indeed, through the discussions around the dialogicality of the self, cultural psychology may arrive at a general concept of the self that trancends the differences of Western and Eastern thought ... The dialogical nature of the self may be the basic tool for human adaptation under changing circumstances" (Valsiner 2004, 17).

II) Das dialogische Selbst: theoretische Bestimmung des Selbst als „multiplicity of I-Positions"

Hermans und Kempen schlagen mit dem Modell des *dialogischen Selbst* eine psychologische und auch philosophisch anspruchsvolle Alternative zu bislang in der Psychologie gängigen Theorien des Selbst vor, die sie dem psychologischen Fachpublikum 1993 in einer einschlägigen Buchpublikation präsentieren. Bereits im Vorwort des Buches wenden sie sich explizit gegen das, wie sie sagen, „typisch westliche" und „modernistische" Verständnis des Selbst. Dieses charakterisieren sie als „zentriert", als individualistisch und solipsistisch, als Produkt eines vereinzelten Ich, welches im Sinne größtmöglicher sozialer Unabhängigkeit selbstbestimmt handelt und in allen unterschiedlichen Kontexten mit sich selbst identisch ist. Die von den beiden Psychologen im Laufe der Abhandlung vorgestellte Alternative nähert sich in verschiedener Hinsicht dem extremen Kontrastpunkt zu einer solchen Auffassung des Selbst an. Das *dialogische Selbst* setzt auf Differenz und Vielheit zuungunsten von Identität, Autonomie und Einheit. Dabei stehen zwei Grundgedanken im Vordergrund, die im *dialogischen Selbst* verknüpft werden sollen: die Konzeption einer „narrativen Identität" und das Bachtinsche Konzept der Dialogizität.

Narrativität – William James revisited

Erzählen gilt den Autoren in Anlehnung an die narrative Psychologie Theodore Sarbins (1986) oder Jerome Bruners (1987) als grundlegender Modus der Wirklichkeitskonstruktion, der über eine eigene narrative Form der Sinnbildung funktioniert. Narrationen sind ein wichtiges Medium für das Selbst (Hermans, Kempen u. van Loon 1992, 27). Dabei geht es nicht etwa nur um ihre Funktion als Modus der Selbst*darstellung*, sondern um eine besondere Art und Weise, das eigene Selbst zu konstruieren und zu generieren. Eine Besonderheit narrativer Identitätskonstruktionen besteht bekanntlich darin, dass der *„storyteller"* sich zugleich als Ich-Erzähler und als Protagonist der Erzählung konstruiert. Diese aus der Erzählforschung bekannte Unterscheidung zwischen erzählendem und erzähltem Ich betonen auch Hermans und Kempen: Sogar jene Theorien des Selbst, die an sich gar nicht mit Narrativität als zentralem Begriff arbeiten, könnten ihrer Ansicht nach mit Hilfe dieser Metapher besser verstanden werden. Besonders die Jamessche Variante der Trennung zwischen „I" und „Me" lässt sich auf gewinnbringende Weise in die Trennung zwischen dem erzählenden und dem erzählten Ich übersetzen: ‚James' original distinction between the *I* and the *Me* can be reformulated in narrative terms by seeing the *I* as author and the *Me* as actor" (Hermans, Kempen und van Loon 1992, 27).[3]

Bis hier scheinen die Autoren auf mehr oder weniger auf einer Linie mit anderen Theoretikern, die den Narrationsbegriff für die Erforschung und die begriffliche Fassung personaler Selbstverhältnisse fruchtbar machen wollen. Zur konstruktionistischen Auslegung dieser Trennung gelangen sie, indem sie in poststrukturalistischer Manier nach der „Dezentrierung" („decentralization") der Selbsterzählung verlangen (Hermans u. Kempen 1993, 31 ff.): Zwar gestatte es die Erzählung, differente Ereignisse, Erfahrungen und Handlungen und eben auch gegensätzliche Stimmen oder Perspektiven, die sich im Laufe eines Lebens einstellen, in eine kohärente Geschichte zu integrieren. Dies sehen auch dieAutoren als Charakteristikum erzählter Selbstpräsentationen an (1993, 22ff.). In den Minimalanforderungen von Kohärenz und Konsistenz, die Selbst*erzählungen* bekanntlich erfüllen müssen (vgl. zusammenfassend Straub 2000), sehen Hermans und Kempen allerdings eine Begrenzung des narrativen Modells. Schließlich geht es ihnen darum, das kohärente Selbst als moderne Illusion entlarven. Diese Illusion, der auch die herkömmlichen Theorien narrativer Identität noch zum Opfer fallen, suggeriert, dass an jede Form personaler Identität gewisse Kohärenzforderungen gestellt werden müssten, insofern etwa

---

[3] Auch Sarbin (1986) argumentierte bereits, das *I* könne als Autor, das *Me* als Aktor, als Protagonist einer Erzählung, verstanden werden.

von „Identität“ nur die Rede sei kann, wenn es möglich ist, die unterschiedlichen Fragmente oder Anteile der Persönlichkeit in irgendeiner Weise reflexiv aufeinander zu beziehen, in „Einklang“ zu bringen oder zu integrieren – etwa durch deren sinnvolle Unterbringung in einer „guten Geschichte“. In der Theorie des *dialogischen Selbst* wird die Annahme der Notwendigkeit Kohärenz stiftender Kräfte im Selbst an vielen Stellen desavouiert und zum Zwang erklärt (Hermans u. Kempen 1993, Kap. 3; de Peuter 1998, 44 u. a.). Um diese Lesart der narrativen Identität auch theoretisch fundieren zu können, um also ein narrativ strukturierten Selbst vorzustellen, das zugleich „dezentriert“ ist, muss die „einfache“ Variante narrativer Identität (etwa im Sinne Sarbins oder Bruners) noch erweitert werden (Hermans u. Kempen 1993, S. 46). Zu diesem Zweck greifen Hermans und Kempen auf die Arbeiten des russischen Literaturkritikers Mikhail Bachtin zurück. Währen die narrative Struktur des Selbst ganz allgemein den konstruierten Charakter unseres Welt- und Selbstverhältnisses verdeutlichen soll, steht das von Bachtin vorgestellte Dialogizitätsprinzip für die *dezentrierten* Qualitäten des Selbst.

Dialogizität: Bachtin und der polyphone Roman

The word in language is half someone else's.
Bachtin, 1929/1981

Bachtin betonte bei seiner Lektüre von Dostojewskis Romanen, die er in den 20er Jahren als die brillianteste Innovation literarischer Form empfand und an denen er das Prinzip des dialogischen Wortes verdeutlichte, dass nicht allein ein einzelner Autor „hinter“ dem Werk steht, sondern dass immer mehrere Autoren an einer Erzählung beteiligt sind, das können z. B. die Figuren des Romans selbst sein. Damit entsteht ein *„polyphones“*, vielstimmiges“ Opus, das nicht mehr einem Autor zuzuordnen ist. Der Roman ist für Bachtin das paradigmatische literarische Genre, in welchem man stets und typischerweise auf eine solche Polyphonie unterschiedlicher „Erzähl*stimmen*“ trifft, auf unterschiedliche, sogar widersprüchliche und antiauktoriale Erzählungen in dem einen Roman.

Den Gedanken der widerstreitender Autorschaften innerhalb einer Erzählung greifen Hermans und Kempen auf: In ihrem Modell haben solche unterschiedlichen Erzählstimmen, die sich aus einem Selbstnarrativ heraushören lassen, die Funktion eigenständiger „*I-positions*“ innerhalb des Selbst, welche die Lebensgeschichte oder die Identität eines Individuums je unterschiedlich entwerfen oder konstruieren. Wie im polyphonen Roman ist es nicht einmal notwendig, dass die unterschiedlichen Einzelerzählungen aufeinander Bezug nehmen, noch ist gegeben, dass der tatsächlich Erzählende alle Geschichten „kennt“ und interne Widersprüche oder Ähnlichkeiten rekonstruieren und diskutieren könnte. Betont wird, dass unterschiedliche *I-positions* innerhalb eines Selbst „nebeneinander" („juxtaposed") existieren und dabei jede für sich „relativ autonom" agieren können (Hermans u. Kempen 1993, z. B. 46).

Es geht also nicht nur darum, dass eine Person in ihrer Selbst-Erzählung „sich selbst" in unterschiedlichen Kontexten unterschiedlich auftreten lässt. Diese Intention schreiben die Autoren den bekannten Ansätzen narrativer Identität zu, so etwa Sarbins Konzeption des „self narrative", möchten selbst aber darüber hinausgehen. Während in jener „einfachen" Konstellation Autor/in, Erzähl-Ich und Akteur/in noch irgendwie ineinander überführbar sein müssen, ist dies in der „polyphonen Erzählung" nicht mehr der Fall: Hier wird nicht nur die narrative Konstellation von „I" als erzählendem Ich und „Me" als erzähltem Ich pluralisiert, sondern auch die Einheit von Person, erzähltem Ich und Erzähl-Ich aufgebrochen. Damit erscheint das (immer noch so genannte) Individuum tatsächlich nicht mehr als ein- und dieselbe Person, sondern die innovative Neukonzeption des Selbst als *polyphon* „ermöglicht es ein und dem selben Individuum, in einer Vielzahl von Welten zu leben, wobei jede Welt ihren eigenen Autor hat, der eine Geschichte erzählt, die relativ unabhängig von der der anderen Autoren ist" (Hermans u. Kempen 1993, S. 46; meine Übers.). Wenngleich die Autonomie dieser Einzelstimmen durch das Wort „relativ" abgeschwächt wird, streichen die Autoren gerade die Differenz und zuweilen auch Diskrepanz zwischen den unterschiedlichen *I-positions* „in" der Person immer wieder eigens heraus: „[T]he I in one position can agree, disagree, understand, misunderstand, oppose, contradict, question, and even ridicule the I in another position" (Hermans, Kempen u. van Loon 1992, 29).

Mit Hilfe Bachtins betonen die Erfinder des *dialogical self* die Fragmentiertheit des Selbst, seine Konstitutiertheit und Konstruiertheit durch polyphone Dialoge, die nicht mehr durch eine übergreifende (Erzähl-)Position zusammengehalten werden. Das „Selbst" (im Sinne etwa des die eigene Identität entwerfenden „storytellers") scheint sich in dieser Beschreibung völlig aufzulösen. Es besteht allenfalls noch als Raum, in dem die unterschiedlichen Stimmen erklingen. „The self functions as a space where the I observes the Me", schreiben Hermans und Kempen (1993, 46). Das narrativ strukturierte polyphone Selbst steht im Zeichen einer dezentrierten, perspektivischen, substanzlosen Existenz – figuriert durch mehrere, sich untereinander fremde, möglicherweise zueinander inkommensurable Erzählungen, die den einen „Erzähler" nur noch als Spielfeld benötigen, in dem sie sich zueinander positionieren können. Das Selbst ist hier allenfalls die Bühne für autonom und eigenwillig inszenierte Ichwerdungsdramen – wobei der, der inszeniert zusammenfällt mit dem, der – immer wieder anders – inzeniert wird.[4] Damit ist freilich noch nicht alles

[4] Auch Gergen beschreibt übrigens die „innere Polyphonie" des *relational self* mit Bezug auf Bachtins Konzeption. Diese, so meint er, zeigt, dass unsere Existenz zutiefst dialogisch ist,

gesagt: Gleichwohl nämlich, fahren die Autoren fort, soll das Selbst explizit als „*dialogischer* Erzähler" verstanden werden, sollen unterschiedliche „positionings" ein bestimmtes, dialogisches Verhältnis zueinander haben. Gerade die konfligierenden „Stimmen" oder Erzählpositionen sollen Beleg sein für die in einem fundamentalen Sinn dialogische Verfasstheit des menschlichen Selbstverhältnisses. Aber welche Art von dialogischem Verhältnis ist hier gemeint – und zwischen wem oder was besteht es? Was ist Dialogizität im polyphonen Roman und was bedeutet sie für die psychologische Konzeptualisierung des Selbst als dialogisch?

Blicken wir in einen der wichtigsten Quellentexte, in die Schrift „Probleme der Poetik Dostojewskijs" (Bachtin 1929/1971). Hier führt Bachtin im Rahmen einer Typologie des Prosaworts neben dem denotativen, deskriptiven Wort (des auktorialen Erzählers) und dem Objektwort (also der Rede der dargestellten Person) einen dritten Typus ein: das „Wort mit Ausrichtung auf ein fremdes Wort" oder „das zweistimmige Wort" (Bachtin 1971, 222 f.). Das dialogische Wort stört die identifizierende Bedeutungstheorie, die Bachtin dem Saussureschen Zeichenbinarismus zuschreibt, insofern es immer auf etwas Fremdes, implizit Mitgemeintes verweist. Das dialogische Wort wehrt sich gegen eine vereinheitlichende, fixierende Lektüre, gegen die Festlegung auf eine Bedeutung – der Prozess der Bedeutungskonstitution wird unabschließbar. In der poetischen Sprache, insbesondere der Sprache des Romans, sieht Bachtin die Ästhetik der Dialogizität verwirklicht; hier steigt die Sprache aus dem „Herrschaftsraum der einen Wahrheit" heraus und gelangt zu einem befreiteren Sprachspiel auf der Grenze „zweier Bewusstseine", schreibt die Literaturkritikerin Renate Lachmann (1982, 51 f.).

Für die Übersetzung des Bachtinschen Begriffs in die Sprache der Psychologie ist freilich zu beachten, dass sich dieser Dialogizitätsbegriff auf die Dimension der (poetischen) Sprache bezieht (vgl. Lachmann 1982, S. 62), nicht auf konkrete Dialoge zwischen fiktiven Stimmen oder Erzählern (dies sehen auch Hermans und Kempen, z. B. 1993, 43)[5]. Bachtins Dialogizität bezeichnet die Beziehung zwischen sprachlichen Ausdrücken, nicht zwischen Sprecherinnen und Sprechern. Es geht nicht um Dialoge zwischen fiktiven oder realen Erzählerinnen. Wenn es eine dialogische Verbindung zwischen den einzelnen

---

da die Kluft zwischen Selbst und Anderen im polyphonen Dialog aufgehoben ist: „Self and other are locked together in the generation of meaning" (Gergen 1999, 131).

[5] Hermans (2001) meint allerdings, dass Dialogizität zwar weit über einen „face-to-face"-Dialog zwischen Personen hinausgehe, alles, was zu einem solchen gehöre, aber beinhalte (2001, 262; vgl. auch Markova 1997). Diese Lesart des Bachtinschen Begriffs muss man keinesfalls teilen (vgl. etwa die Beiträge in Lachmann 1982); was das *dialogische Selbst* betrifft, so könnte sie ein Grund dafür sein, warum in diesem Modell manchmal gerade die theoretischen Implikationen der *sozio-pragmatischen* Basis realer Dialoge zwischen Menschen, ob im Forschungsprozess oder im Alltag, unausgeführt bleiben.

„Stimmen" gibt, so ist diese der fundamentaleren Ebene der Dialogizität des Wortes geschuldet: Jede sprachliche Äußerung, so Bachtin, ist als von Grund auf dialogisch und kommunikativ strukturierter Akt zu verstehen. Jeder Text ist somit von den Konfliktfeldern sich teils bündelnder, teils konkurrierender Stimmen geprägt. Bachtin führte seine Argumentation selbst dahingehend weiter, dass der Dialogizitätsbegriff – in diesem fundamentalen Sinne – sich nicht etwa allein auf ein literarisches Genre beziehe, sondern auf einen essenziellen Anteil der Struktur des Selbst bzw. des Daseins schlechthin: „To be means to comunicate dialogically", schreibt er später, und: „when dialogue ends, everything ends" (Bachtin 1971, 252).

Schon in Bachtins eigenen Arbeiten führt diese Text- und Sprachkonzeption also zur Abkehr von einem individualistischen, „psychologischen" Subjektbegriff, der den Autor (und den Leser) als textexterne, autonom sinnstiftende Instanz begreift. Das sprechende, zeichenhandelnde Subjekt ist nie nur eines, sondern konstituiert sich als Stimme im Wort des anderen. Auch das Selbst kann – genau wie ein Wort, eine Äußerung, ein Text – seine Identität (seine Bedeutung) niemals autonom bestimmen, sondern es existiert nur in „dialogischer Existenz", auf der Schnittstelle soziokultureller Diskurse und Beziehungen (vgl. Todorov 1984).

Dialogisches Denken im Zeichen der Differenz

Obgleich die Autoren des *dialogischen Selbst* der leichtfertigen Verabschiedung des Selbst nicht das Wort reden möchten, wird ein pluralistisch-postmodernes Verständnis des Selbst, welches letztlich in einer Vielfalt an Positionen aufgeht, in der Theorie des *dialogische Selbst* an vielen Stellen ebenso unbekümmert (und zugleich normativ) propagiert, wie es bei explizit gegen das personale Selbst gerichteten „postmodernen" Positionen der Fall ist.[6] Zwar stellen Hermans u. Kempen gegen Ende des Buches die Frage der *Synthese* unterschiedlicher Aspekte oder Varianten des Selbst, führen die Schreibweise „*S*elf" dafür ein und betonen aus psychologischer Sicht die Notwendigkeit dieser Perspektive. Die Erklärung, *wie* eine solche Synthese, die ausdrücklich *nicht* im Sinne eines übergreifend informierten, „allwissender Erzählers" gemeint ist, aber irgendwie doch *synthetisierend* wirken können muss (88 ff.), innerhalb des Selbst Wirkung zeigt, gerät eher zu einer Problemdefinition als zu einer Erklärung. So heißt es zunächst: "The Self can certainly be considered an *I-position*, too, but it is of special nature. It has the capacity to juxtapose and interrelate the other position that neither apart nor in their incidental relation-

6 Und wie es etwa bei Kamper (1984) als „Auflösung der Ich-Identität" propagiert wird; ebenso bei Gergen: „The fully saturated self becomes no self at all" (1991, 6).

ships can achieve any synthesis of the self as a whole“ (92). Etwas später wird davon einiges wieder zurück genommen: es möge zwar ein „zentripetales“ *Streben* nach Synthese geben, die „zentrifugal“ wirkenden Kräfte im Selbst seien allerdings die grundlegenderen: „The Self is always threatended by the dominant aspect of dialogue“ (95).

Wenngleich Hermans und Kempen die Existenz einer „zentripetalen“, auf Integration von Differenz gerichteten Orientierung des Selbst nicht leugnen, so zögern sie doch, die auf Einheit und Kohärenz des Selbst gerichteten Mechanismen genauer zu beschreiben und ihnen damit in ihrem Modell eine positive Funktion zuzusprechen. Es wird auch kaum erklärt, warum es diese Syntheseleistung geben muss, was sie für das Individuum und seine Möglichkeiten zu handeln bedeutet, wogegen die Vorzüge der Dezentrierung und Flexibilität oder Hybridität des dialogischen Selbst ausführlich erläutert werden. Problematisch für einen psychologischen Ansatz ist darüber hinaus, dass im Dunkeln bleibt, welche psychische Instanz diese Synthese leisten soll. Am Ende des Abwägens und Resümierens darüber, wie begrifflich auf das offensichtlich vorhandene Streben nach Einheit Bezug genommen werden soll, steht wieder die Rede der „relativen Autonomie“ der widerstreitenden Stimmen im Selbst, die der einenden Synthese entgegen wirken sollen: „In sum, the Self represents a metaposition that is actively oriented to synthesize the self as a whole. In this process, the different characters never give up their relative autonomy and, therefore, resist any final unification“ (Hermans u. Kempen 1993, 97). Es versteht sich von selbst, dass die zentrale Frage hier nur verschoben wurde – es sei denn, der Ausdruck „relative Autonomie“ könnte für sich stehen.

Für die ‚Träger‘ eines solchen Selbst, bedeutet die Aufnahme widersprüchlicher (oder logisch unvereinbarer) Fragmente, die nicht miteinander verbunden sind, die Aufgabe des Anspruchs auf autonome Lebensführung und auf jegliche Kontinuität zugunsten der Möglichkeit, „sich selbst“ – im Bachtinschen Sinne karnivalesk – immer wieder auf ganz unterschiedliche, auch widersprüchliche Weise neu konstruieren zu können. Es ist damit auch nicht mehr notwendig, dass eine Person „sich selbst“ (denn wer sollte das dann sein?) in unterschiedlichen kulturellen Kontexten wiedererkennt (Hermans u. Kempen 1993, 44 ff.). Auch der Bezug auf William James’ Identitätstheorie führt letztendlich nicht zu mehr als einem Lippenbekenntnis bezüglich der reflexiven, subjektiven Interpretation des Selbst durch das Ich, welche die unterschiedlichen Selbstpräsentationen in einer Erzählung aufeinander beziehbar machen könnte. Denn den Autoren liegt eben die „polyphonische Übersetzung“ der Jamesschen Auffassung am Herzen, wenn sie wieder und wieder betonen: „There is no overarching I organizing the constituents of the Me“. Das kohärente Selbst macht die Bühne frei für eine dezentrierte, heterogene „Vielheit an Positionen“ (Hermans u. Kempen 1993, 47; vgl. Hermans 1996, 33; Hermans 2001).

Hier kann kritisch angemerkt werden, dass die Autoren nicht darauf eingehen, dass auch „herkömmliche" und „moderne" Theorien narrativer Identität durchaus differenzaffin und im Sinne postmodernen Vielstimmigkeit argumentieren können, indem auch sie die „Einheit" des narrativ strukturierten Selbst stets nur als eine Einheit von Differenzen verstehen (Ricoeur 1989). Straub (2002, 94) betont die „*differentielle* Verfasstheit der Struktur der kommunikativen Selbstbeziehung" (Herv. i. O.); Renn und Straub (2002, 17) verweisen darauf, dass auch bei Anerkennung der Differenzanforderungen, die sich aus den veränderten Lebensverhältnissen in funktional und kulturell differenzierten Gesellschaften ergeben, die Vorstellung einer zumindest angestrebten Einheit der Person nicht aufgegeben werden müsse – wenn auch diese Einheit allein als „praktische Realisierung", nicht als tatsächlich abgeschlossene Identität zu verstehen sei. Für einen mit einem solchen Selbst ausgestatteten Akteur nehmen Renn und Straub (2002), ebenso wie Hermans und Kempen dies tun, in Anspruch, dass dessen Handlungen in den Differenzerfahrungen des eigenen Selbst verwurzelt sein können, dass sie von Ambitionen, Perspektiven, Zielantizipationen und -bewertungen anderer und natürlich durch einen kulturellen Kanon narrativer Modelle besetzt sind (vgl. Brockmeier 2000; Brockmeier u. Harré 2001). Natürlich entspringt die narrativ entworfene Identität dieses Akteurs nicht allein seiner eigenen Intentionalität. Gleichwohl können die Theorien narrativer Identität auf ein Wiedererkennen der Person als diese selbst in unterschiedlichen kulturellen Kontexten bestehen, wie in der reflektierten Bezugnahme auf die „Einheit der Person als Einheit von Differenzen" (Ricoeur 1989) zum Ausdruck kommt. Dieses Zugeständnis an Kohärenz und Kontinuität der Person muss daher nicht als Rückwendung zum authentischen und selbstidentischen „starken Subjekt" gelesen werden, sondern verweist auf die höchst flexible, stets nur „aspirierte" (Renn u. Straub 2002) damit per definitionem fragile Form moderner Identität.

Auch im dialogischen, polyphonen narrativen Selbst, so der zweite Kritikpunkt, muss es einen Unterschied geben (können) zwischen pathologischem, kakophonischem Stimmengewirr auf der einen und dem, was die Autoren als „dialogical thinking" bezeichnen, auf der anderen Seite (vgl. Lysaker u. Lysaker 2002; Straub u. Zielke 2005 u. a.). Wodurch sind die polyphonen „subselves", die ja auch jede für sich flüchtig und inkonsistent agieren, wirklich in der Lage, dialogisch aufeinander zu verweisen? Muss ein dialogisches Miteinander nicht *irgendeine* Form von antwortendem Verstehen voraussetzen? Oder suggeriert das, was uns hier als Übersetzung des Bachtinschen Prinzips in die Psychologie des Selbst vorgestellt wird, eher ein Stimmengewirr, eine Multiphrenie im Sinne Gergens (1991) und damit ein Selbst, in dem vielfältige, inkommensurable Perspektiven einfach *neben einander* – eben „juxtaposed" (z. B. Hermans 1996) existieren?

Leiblichkeit und die räumliche Struktur des Selbst

Einen Weg, die Einheit des Selbst zu retten, scheint es bei Hermans und Kempen allerdings doch zu geben, und zwar dann, wenn sie die leibliche Einbindung der menschlichen Kognition und Selbstkonstruktion betonen (z. B. Hermans, Kempen u. van Loon 1993, 25; vgl. auch Gardiner 1998). So wird die Vielfalt des *dialogischen Selbst* durch „Stimmen“ oder „Positionen“ angezeigt, die sich „im Raum bewegen“. Dieser imaginäre Raum dehnt sich zwischen einer Vielzahl an Positionen und Konstellationen von Positionen aus. Es ist nicht zufällig, so Hermans, dass sich das *dialogische Selbst* am besten mit Hilfe solcher „spatial terms“ (wie etwa „position“, aber auch „voice“) beschreiben lässt (1996, 44). Das *dialogische Selbst* ist nicht als nur diachron entworfene narrative Konstruktion, sondern als räumlich organisiert gedacht; der ständig ablaufende innere Dialog ist – aufgrund der Vielstimmigkeit – als Raum vorstellbar, in dem die unterschiedlichen *I-position*s sich zueinander positionieren.

Gerät hier, wie die Autoren behaupten, vermittelt über den Hinweis auf die räumliche Organisation des *dialogischen Selbst*, tatsächlich die leibliche Verfasstheit der Person in den Blick? Es hat zunächst durchaus den Anschein: Die Autoren vertreten mit Verve die Auffassung, dass kognitive Funktionen des Menschen „embodied“ sind, dass unser Denken und Sprechen nicht allein durch die Konstruktionsleistung des einzelnen kognitiven Systems, aber auch nicht nur im Spiel der Zeichen, sondern stets auch durch die leibliche Verankerung des Menschen in der Welt geformt werden: „Just what and how things can be meaningful for us is shaped by our patterns of bodily movement, our spatial and temporal orientation to the world and our interaction with the objects in the world“ (Hermans, Kempen u. van Loon 1992, 25). Diese leibliche Verankerung des Denkens und Entwerfens, führen sie weiter aus, muss sich auch auf unsere Konstruktion des Selbst auswirken. Nach diesem viel versprechenden Ausblick bleibt eine tiefer gehende Diskussion der „Leiblichkeit“ und besonders auch der leiblichen Verankerung sozialen oder kulturellen Wissens über das Selbst allerdings aus. Die „embodiment-These“, hier angeführt als (weiterer) Widerpart der Begründung des Selbst im Zeichen des „kartesianischen Subjektes“, wird auch nicht auf die Frage bezogen, ob die Person über ihr leibliches „in-der-Welt-Sein“ (im Sinne Merleau-Pontys gesprochen, der auch zitiert wird), nicht doch als Interpretin untereinander fremder „Stimmen“ und Positionen auftritt oder wie das Verhältnis zwischen Person, Selbst und Leib aussieht.

Hermans (2001) gibt in einem kurzen Abschnitt über „prelinguistic and embodied dialogues“ Aufschluss darüber, was die Theoretiker des *dialogischen Selbst* am Leib interessiert: Die Suche nach einer Beschreibung dialogischen Miteinanders, die nicht auf die Voraussetzung eines reflexiven Subjektes und der diesem Subjekt möglichen Form der Anerkennung anderer angewiesen ist. Rezipiert werden entwicklungspsychologische Ansätze, die etwa demonstriert haben, wie die Wahrnehmungserfahrung des Säuglings ihm dialogische Kommunikation ermöglicht (Rochat 2000, Fogel 1993); die Imitationsfähigkeit des Säuglings von Geburt an gilt Hermans ebenfalls als Gewähr für dialogische Kommunikation zwischen Mutter und Kind (Hermans 2001, 260).

Keine Beachtung findet allerdings die Leibgebundenheit von Wahrnehmung und Kognition, also die leiblich verankerte Qualität des *Wissens*, mittels derer Individuen sich selbst und ihre Welt (z. B. narrativ) konstruieren. Wie legen Individuen kulturelle Narrative für sich aus und machen sie zu ihrem Entwurf? Um das Verhältnis zwischen kulturellen Regeln und Normen und ihrer Auslegung durch die Akteure jenseits des Dualismus von Determiniertheit oder Autonomie zu bestimmen, könnte man durchaus auf „praktisches, „inkoporiertes", implizites Wissen zurückgreifen (vgl. Bourdieu 1976, 1999; Gergen 1994; Renn 2004, 2006). *Diese* Bezugnahme auf das leibliche Element des konstruierten Selbst könnte auch hier lohnend sein: Ob und in welcher Weise kann das leibliche im-Raum-Sein oder in-der-Welt-Sein des (erzählenden) Ichs auch eine gemeinsame, vermittelnde Basis für die kulturell differenten, polyphon agierenden Stimmen sein? Und ließe sich darüber möglicherweise eine Form der „Synthese" oder Integration denken, die nicht rationalistisch oder kognitivsitisch gedacht ist?[7]

[7] Davon abgesehen lässt die Rede vom „embodied self" auch Überlegungen erwarten, die über den diskursiven Bereich hinausgehen. Die Bedeutung von Objekten (vgl. Josephs 2002), die Bedeutung der Interaktion mit anderen und mit Dingen könnte durch den Leibbezug eine andere Dimension gewinnen. Die „embodied nature" des Selbst stellt eine andere Art von Erfahrungen, die das Selbst formen und bilden, in Aussicht, als die Beispiele, mit denen Hermans in der Regel aufwartet: in seinen Forschungen geht es etwa um „dialogical thinking" (Hermans 1996), um die „Bewertung" der Zeitdimension von Lebensereignissen (Hermans 2001) oder die „Positionierung" von Beziehungen im persönlichen „position-repertoire" einer Person (Hermans 2001). Rekonstruiert wird all dies als Aspekt des kognitiven Selbstkonstrukts von Personen (erhoben über offene Frageverfahren, in denen die Versuchspersonen ihre Antwort auf ein Problem oder ihre Beziehung zu anderen Personen reflektieren und zu Papier bringen bzw. auf Band sprechen sollen).

III) Das „diasporische Selbst": Was bringt die Anwendung des Konzeptes in der empirischen Akkulturationsforschung?

„Heteroglossia" als Modell gelingender Akkulturation

Die skizzierten Zweifel tun der Popularität des *dialogical self* im Bereich der Akkulturationsforschung keineswegs Abbruch. Vielmehr finden sich in den Forschungen und Diskursen, die sich mit den Folgen interkultureller Konflikt- und Differenzerfahrungen für das Selbst befassen, überzeugende Argumente für die (wissenschaftliche) Konstruktion eines „diasporic self" (Bathia u. Ram 2001). Diese will ich zunächst näher spezifizieren, dann gehe ich auch hier auf Kritikpunkte ein.

Plausiblerweise ist es just das Konzept der „Stimme" bzw. der „Heteroglossia" oder „Vielstimmigkeit", spezieller noch das Moment oder die Möglichkeit der Formierung einer neuen, bislang unbekannten Stimme „in" ein- und derselben Person, das für die Beschreibung von Akkulturations- und Migrationsprozessen fruchtbar erscheint. So zeigt etwa der Akkulturationsforscher Sunil Bathia, dass es für die Angehörigen diasporischer Gemeinschaften, die irgendwann einmal aus den postkolonialen Ländern in die USA, nach Kanada oder nach Europa gekommen sind, existenziell wichtig sein kann, ihre kulturelle Identität als dialogische oder vielstimmige, diasporische Identität zu konstruieren. Der Umgang mit den unterschiedlichen Teilen der eigenen Herkunft, schreiben Bathia und Ram, wird erst möglich durch „ständige dialogische Verhandlungen, zwischen gleichzeitig agierenden *I-positions*", etwa zwischen der Position des Marginalisierten, des Assimilierten oder Assimilationsbestrebten, oder aber des die Separation von der Aufnahmegesellschaft anstrebenden Migranten (2002, 55).

Hier wird ein Vorzug dieses dialogischen Modells für kulturvergleichende und kulturpsychologische Forschungen deutlich und es wird zugleich deutlich, dass dieser nicht nur im deskriptiven Sinne wirksam ist: Das *dialogische Selbst* bietet die begriffliche Möglichkeit, „zwischen" den Kulturen lebenden Menschen, also insbesondere Menschen mit Migrationshintergrund, einen inneren Status des Konflikts zwischen den manchmal inkommensurablen kulturellen Identitäten zuzusprechen, der möglicherweise ein Leben lang andauern kann, ohne diesen Zustand in der Bezeichnung bereits zu pathologisieren. Diese begriffliche Lösung erlaubt nicht nur die differenziertere und treffendere wissenschaftliche Beschreibung des „diasporischen Selbst", sondern ist durchaus normativ wirksam: Sprache schafft Wirklichkeit – und es ist wichtig, dass mit dem *dialogischen Selbst* als Modell funktionierender oder gelingender

Identität die von kulturellen Identitätskonflikten Betroffenen von dem normativen Druck befreit sind, Widersprüche zwischen differenten kulturellen Identitäten schnellstmöglich zugunsten der einen und zuungunsten der anderen kulturellen Identität zu unterdrücken, um als integre Personen angesehen zu werden. Sicherlich fordern die meisten Alltagssituationen in vielen Fällen dennoch, dies zu tun – aber aus pragmatischen bzw. pragmatisch begründbaren Motiven heraus. Der Selbstentwurf einer fragilen, kontingenten, möglicherweise auch widersprüchlichen und heterogenen kulturellen Identität, die sich nicht in allen Situationen auf denselben Begriff bringen lassen muss, kann erhalten bleiben. In diesem Sinne gelingt es dem *dialogical self*, den „Multikulturalismus" mit seinen Problemen und seinen Chancen „in" die Person hineinzuholen.[8]

Für den Theoretiker heißt das, dass der postmoderne, differenzaffine Entwurf eines fragmentierten, von vielen unterschiedlichen kultureller Identitäten bestimmten Selbst in ein für konkrete Personen „lebbares" Modell umgeformt werden muss. Dass darin ein gewisses Dilemma besteht und die Theorie des öfteren an ihre Grenzen stößt, verwundert kaum. Ich möchte im Folgenden die Diskussion einiger mit diesem Dilemma verbundenen Fragen vertiefen und zugleich den implizit und explizit geäußerten Anspruch prüfen, demzufolge dieses Modell die Erfahrungen von Menschen, die in kulturell „hybriden" Kontexten leben, gleichsam rekonstruktiv beschreibe (Hermans 2001; Bathia 2002; Bathia u. Ram 2001; Valsiner, Skinner u. Holland 2001). Dafür werde ich zwei empirische Forschungskontexte kurz skizzieren, in denen das *dialogische Selbst* und der Bachtinsche Dialogizitätsbegriff in je unterschiedlicher Weise als theoretische Folie und methodologisches Prinzip verwendet werden.

Das vielstimmige Selbst im multikulturellen Kontext: zwei Beispiele

Beispiel 1

In einem 2001 erschienenen Aufsatz mit dem Titel „Discerning the dialogical self. A theoretical and methodological examination of a Nepali adolescent's narrative" illustrieren Debra Skinner, Dorothee Holland und Jaan Valsiner die Polyphonie des *dialogischen Selbst* anhand einer Fallanalyse. Analysiert wird der Text eines Interviews, welches im Rahmen einer großangelegten ethnographischen Felduntersuchung in einem ländlichen Gebiet Nepals, Naudada, mit einem jugendlichen Bewohner der Gegend durchgeführt wurde. In dieser

[8] Auch Machtdifferenzen oder Fragen der kulturellen Definitionsmacht können anhand des dialogischen Selbst diskutiert werden, insofern die „relative Autonomie" der „Stimmen" im Selbst dazu führen kann, dass manche von ihnen andere unterdrücken oder übertönen können (vgl. z. B. Hermans 2001).

Region leben unterschiedliche Kasten und ethnische Gruppen, es handelt sich also um eine stark von kulturellen Unterschieden geprägte Lebenswelt; inhaltlich ging es bei dem Langzeitprojekt um entwicklungspsychologische Fragen zu Identitätsentwicklung und Selbst. Um ihre Arbeit mit der Bachtinschen Analysetechnik in diesem Kontext zu erläutern, präsentieren die Forscher in besagtem Aufsatz, auf welchen ich mich nun hauptsächlich beziehe, die „vielstimmige Erzählung" eines 16-jährigen männlichen Jugendlichen namens Hari, der Angehöriger der *Sunar* Kaste/ethnischen Gruppe ist. Die Forscherin, die das Interview durchführt, Debra Skinner, kennt diesen Jungen schon seit etwa sechs Jahren, sie hat ihn im Rahmen dieser Langzeitstudie immer wider getroffen und qua Interview befragt. Das zuletzt geführte Interview wird nun einer „Bakhtinian Analysis" unterzogen, deren Ziel es ist zu zeigen, dass der Erzähler – Hari – seine Lebensgeschichte aus ganz unterschiedlichen *I-Positions* heraus erzählt und ein „multi-voiced narrative" im Bachtinschen Sinne entsteht (Skinner, Valsiner u. Holland 2001).

Wer mit Texten zum *dialogischen Selbst* schon etwas Lektüreerfahrung sammeln konnte, kennt bereits manches rhetorische Mittel, mit dem angezeigt wird, dass hier die Rede von einem pluralen und fragmentierten Selbst ist und die selbstverständliche Annahme eines kohärente Selbst, als ideologisches Konstrukt, als Illusion und als Zwang entlarvt werden soll. So ist es in den theoretischen Arbeiten etwa üblich, sobald von den Hoffnungen, Wünschen, Ängsten, Vorstellungen und Absichten eines Subjektes, die Rede ist, alle Bezeichnungen dieses „Subjektes" entweder zu vermeiden, oder, wenn sie nötig werden sollten, in Anführungszeichen zu setzen, das gilt häufig auch für Personal- und Possesivpronomina[9]. Es kann schließlich nur die Rede sein von „seinen" Wünschen oder „ihren" Ängsten – da beides nur aus der perspektivischen Sicht einer spontan agierenden, flüchtigen *I-position* Geltung hat und sich nicht etwa in einem eindeutigen Sinne auf die gerade sprechende Person bezieht. Diese ist schließlich nur räumlich figurierter Schauplatz widerstreitender Positionen. Entsprechend beginnt auch die Analyse des nun interessierenden *polyphonic narrative* mit der „Bachtinschen Frage", die ungefähr lautet: „Who is doing the talking in this interview?", wer fungiert als „primary speaker and author?" Man rechnet also auch in der empirischen Forschungssituation ganz im Sinne des *dialogischen Selbst* mit mehreren potenziellen Autoren und fragt demgemäß: „welcher spricht (gerade)?" Auf diese selbstgestellte Frage ist die Antwort zwar zunächst eindeutig „Hari", auf die Frage nach der Rolle des Zuhörenden „Debra Skinner", allerdings mit dem Hinweis, dass dies nur die „Ausgangsposition" sei, dass der Erzähler Hari seine Erzählposition

[9] Diese „Technik" widerum metonymisch einsetzend, sprechen Said (1999) oder Bhatia (2002) von „hyphenated selves".

und damit auch seine Identität als Ich-Erzähler im Lauf des Interviews mehrfach verändern werde (Skinner, Valsiner u. Holland 2001, § 18).

In der präsentierten Erzählung ist tatsächlich von unterschiedlichen Sichtweisen des Erzählers einiges zu lesen. Dafür ein Beispiel: Der Erzähler, Hari, positioniert sich zunächst im Rahmen der durch das Kastensystem bestimmten „Welt" (indem er sagt: „I am a Sunar", und andere Figuren ebenfalls unter Anwendung der durch die Kasten vorgegebenen Hierarchie darstellt: „Sunars are just a little higher that Babu Ram's caste" usw.). Daneben existiert noch eine weitere Stimme des Erzählers, so die Interpretation, die eine Welt konstruiert, in der die Bestimmung des sozialen Status über Kastenränge keine nennenswerte Rolle spielt, sondern sozialer Status und Ansehen über Leistung und Bildung zugewiesen werden. Rekonstruieren lässt sich diese Stimme z. B. aus Äußerungen wie dieser, in der sich der Erzähler, Hari, unter Verweis auf seinen Bildungsstand als gleichberechtigter Gegenüber der Angehörigen höherer Kasten figuriert: „Later when I become a doctor, an important person and bring money, I will say to these people: Here, please, have some tea, please take a cigarette" (Skinner, Valsiner u. Holland 2001, § 20–21). Mit diesem und weiteren ähnlichen Beispielen wird illustriert, dass in der Erzählung des Jugendlichen unterschiedliche Visionen der Gegenwart, der Vergangenheit und der Zukunft und damit auch unterschiedliche und widersprüchliche fiktive Welten, vorkommen, die man als unterschiedliche *I-position*s bezeichnen kann.

Diese stellt die „Bakhtinian Analysis" in durchaus nachvollziehbarer Weise heraus, u. a. über die Analyse der rhetorischen Mittel (wie etwa indirekter oder direkter Rede), durch die einzelne Stimmen figuriert werden. In der Analyse sollte stets das gleichberechtigte „Nebeneinander" der konfligierenden Stimmen betont werden, jede der Lesarten soll in der Interpretation gleichberechtigt Raum erhalten. Keinesfalls soll nach einem Haupterzählstrang oder der zentralen Identität des Erzählers gesucht werden. Wer allerdings erwartet hat, dass dieses methodologische Prinzip sich auch im Text der Interpretation der Autoren durchhielte, der irrt. So werden etwa die polyphonen „positionings" und Stimmen in der Interpretation mühelos zugeordnet – nämlich dem Erzähler, Hari: Es ist völlig klar, dass eben *Hari* hier aktiv konstruiert: *er* „positioniert" sich, stellt seine Welt und sich selbst einmal so und einmal anders dar. *Er* sieht und figuriert sich einmal „als Partizipent der Welt des Kastensystems", dann wieder „konstruiert" er „eine Welt, ... in welcher das Kastensystem kritisiert wird" (vgl. Skinner, Valsiner u. Holland 2001, § 23). Es wird zwar immer wieder das theoretische Diktum wiederholt, demzufolge die unterschiedlichen „Stimmen" eher unverbunden Weise „nebeneinander" stehen („juxtapose"), ohne dass sie Bezug aufeinander nehmen müssen („engage in conversation"; § 22). In der Interpretation zeigt sich jedoch *ein Erzähler*, dem alle Stimmen zugeordnet werden.

Die praktische Einstellung der Forschenden scheint also nicht immer gemäß ihrer theoretischen Einstellung zu „funktionieren". So geht es in vielen der präsentierten Beispiele, die in der Interpretation stets dem Erzähler zugeordnet werden, allem Anschein nach eher um die Variation der Identität des „erzählten", nicht aber des „erzählenden" Ichs, und dies steht nicht ganz in Einklang mit dem Terminus *I-position*. In der Interpretation zumindest changiert die *I-position* des erzählenden Ich (Hari) nicht wirklich erkennbar etwa mit den einzelnen in der Erzählung konstruierten „Welten", indem etwa zwischen „Hari as Sunar", „Hari as student", „Hari as envisioner of an educated future" unterschieden würde, um damit wenigstens anzudeuten, dass hier auch für die Interpreten spürbar unabhängige Autoren am Werk sein sollen. Der Eindruck könnte fast entstehen, als würden die Forschenden gerade das in der Theorie hervorgehobene Postulat der Dezentriertheit des Selbst *nolens volens* revidieren, sobald sie als Interviewer einem leiblich präsenten Forschungssubjekt gegenüber sitzen, welches nun *seine* Geschichte präsentiert, die zwar durchdrungen von den Perspektiven, Einflüssen, Anschauungen anderer und in sich durchaus widersprüchlich ist, aber doch als subjektiv sinnvolle Verbindung und Integration dieser differenten Perspektiven, Einflüsse und Anschauungen, als *seine* Geschichte eben, präsentiert wird. Wenn dies zutrifft, sollte allerdings die theoretische Einstellung der Forschenden so verändert werden, dass sie auch diesen Aspekt ihrer praktischen Einstellung einholt. Wieso eigentlich hatte die Forscherin in der Erhebungssituation offensichtlich kein Problem, in allen Fällen die Person Hari als „Raum" für die unterschiedlichen *I-position*s die Fragen und Antworten zu identifizieren? Die weiter oben angemahnten Überlegungen dazu, was der Leib als gemeinsamer „Raum" der widerstreitenden *I-position*s eigentlich *ist*, und was er mit dem *Selbst* zu tun hat, könnten hier vielleicht Erhellendes beitragen (vgl. z. B. Harré 2000).[10]

Das alles soll nicht missverstanden werden als Absage an die Fruchtbarkeit von aus der Literaturwissenschaft entlehnten Konzepten für die sozialwissenschaftliche Forschung. Es ist aber doch offensichtlich, dass einiges, was im theoretischen Bereich von Gewicht war (insbesondere die Dezentrierung des Selbst als Effekt der Polyphonie unterschiedlicher Identitäten) im empirischen Beispiel tendenziell ausgespart blieb. Oder anders gesagt: Augenscheinlich verändert sich die Auffassung bezüglich der dezentrierten Struktur des Selbst performativ, sobald man in realen, pragmatisch strukturierten, interaktiven Forschungskontexten steckt. Die Autoren machen in ihrer Interpretation schließlich selbst immer wieder deutlich, dass Hari eine beträchtliche (identi-

[10] Wir sollten auch nicht vergessen, dass die Forscherin in diesem Fall, wie erwähnt, denselben Jungen seit sechs Jahren kennt, wie es im Forschungsbericht heißt, ihn ausgesucht hat, um erneut Interviews durchzuführen, und das wohl in nicht ganz so subjektloser Perspektive getan hat, wie die, mit der man im Bachtinschen Sinne Texte analysiert (vgl. Skinner, Valsiner u. Holland 2001, § 30).

tätsstiftende) *synthetisierende Sinnbildungsleistung* vollbringt, indem er aus einer vielstimmigen, „heteroglossic world" *eine* sinnvolle Geschichte macht, bei der weder er sich in unlösbare Widersprüche verstrickt, noch der Zuhörer vollends den Faden verliert (Skinner et al. ebd., § 28). Diese Einsicht sollte auf die Theorie rückbezogen werden – und zwar in dem Sinne, dass synthetisierende, vereinende, „zentripetal" wirkende Momente ebenso Gewicht erhalten wie die Erfahrung der Dezentrierung, die den Akteur oder Erzähler immer wieder an die Kontingenz und Fragilität seines Selbstentwurfs erinnert.

Beispiel 2

Die Akkulturationsforscher Sunil Bathia und Anjali Ram bestätigen in ihrer Analyse der psychosozialen Situation von Frauen, die aus unterschiedlichen Teilen Indiens in die USA eingewandert sind, den Anspruch Hermans' und Kempens, dass das *dialogische Selbst* speziell die Erfahrungen von Menschen mit Mitrationshintergrund besonders gut beschreibe (Bathia u. Ram 2001). Allerdings setzen sie, knapp zehn Jahre nach dem ersten Erscheinen des ursprünglichen Textes von Hermans u. Kempen, neue Akzente – diese will ich hier hervorheben.

Bathia und Ram (z. B. 2001, 297 ff.) sehen den entscheidenden Vorteil dieses Modells darin, dass es den Brückenschlag zwischen zwei Aufgaben aufzeigt, denen moderne Identität gerecht werden muss: Das *dialogische Selbst*, so die Autoren, vereinigt das Bewusstsein für die Kontingenz der eigenen kulturellen Identität mit der Fähigkeit, gerade in kulturell differenten Kontexten auf einen kohärenten „Strang", auf das Widererkennen des eigenen Selbst auch in fremden Situationen zu bestehen. Demzufolge würden in Hermans' und Kempens Text im Grunde „zwei völlig unterschiedliche Perspektiven auf das Selbst" angestrebt, nämlich eine „self-ful" und eine „self-less perspective" (Bathia u. Ram 2001, 198). Die „self-ful perspective" ist laut Bathia und Ram dringend notwendig, um die Multiplizität der *I-position*s einzubinden und zusammen zu halten. Gäbe es diese Minimalbestimmung an kohärenter Verbindung der differenten *I-position*s nicht, käme also nur die „self-less perspective" zum Zuge, wäre auch ein „diasporisches Selbst" in größter Not. Bathia und Ram legen weiter dar, dass gerade die empirische Rekonstruktion der Spezifika des „diasporischen Selbst" zeige, dass es notwendig sei zu spezifizieren, unter welchen Bedingungen ein Individuum in der Lage ist, Anforderungen wie Diskontinuität, Instabilität usw. „auszuhalten" bzw. das Pendeln zwischen Diskontinuitätsanforderungen und den Kontinuitätsanforderungen auszutarieren, und wann ihm dies nicht mehr möglich ist (ebd., 300).

In einer resümierenden Schlussbemerkung verteidigen die Autoren, das *dialogische Selbst* gegen diesen Vorwurf und konstatieren Hermans, er „navigiere zwischen modernem und postmodernem" Denken und behalte beide Perspektiven auf das Selbst im Blick: die der Auflösung und die der Erhaltung (ebd., 307). Ob man nun dieser wohlwollenden Zuschreibung einer reflektierten und gut gelungenen Verbindung beider Perspektiven zustimmt (wie es Bathia und Ram tun), oder den Vorschlag von Bathia und Ram eher als notwendigen zusätzlichen Akzent und als kritische Weiterentwicklung des *dialogischen Selbst* versteht – es wird auch hier wieder deutlich, dass das theoretische Modell einige der praktisch relevanten oder auch lebensweltlich selbstverständlichen Annahmen bezüglich der Einheit des Selbst nicht klar genug auf den Begriff bringt. Wurden bei Hermans und Kempen „Kontinuitätsanforderungen“ bzw. „Zentrierungs“-wünsche des Selbst noch als Zwang beschrieben, so erscheint es in der Lesart von Bathia und Ram notwendig, Minimalforderungen bezüglich der Kontinuität und Kohärenz des Selbst zu stellen, um überhaupt im Bewusstsein eines „dialogischen Selbst“ leben und die Chancen eines vielstimmigen Daseins nutzen zu können. Es kann nicht das Ziel des *dialogischen Selbst* sein, die Situation von Menschen mit Migrationshintergrund, die oft mit widersprüchlichen, z. T. heftig umkämpften Identitätsangeboten und -anforderungen zurechtkommen müssen, als demokratisch oder herrschaftsfrei zu stilisieren (vgl. u. a. Bathia und Ram 2002, 303 ff.).

IV) Resümee

Hermans und Kempen beanspruchen mit ihrem Modell, das Selbst zwischen Dezentrierung und Synthese zu zeichnen. Um dies zu leisten, muss der ausführlichen Beschreibung der dezentrierenden Kräfte (Stimmen, *I-position*s, Kontingenz, Hybridität u. a.) eine angemessene Entsprechung für die „synthetisierende Instanz“ gegenüber gestellt werden.

Diesem Ungleichgewicht entsprechend, werden die spezifischen Sinnbildungs- und Integrationsleistungen der narrativen Identität durch die polarisierende Trennung zwischen „postmoderner Vielfalt“ und dem modernen „Zwang zur Kohärenz“ zu eindeutig auf die Seite der Einheit geschlagen. Es wird vernachlässigt, dass bereits das Modell einer diachronen, narrativen Identität Raum für Differenzen „in“ einem Selbst bietet (Straub u. Zielke 2005). Liest man die Formulierungen Hermans’ und Kempens genau, ist ihr Modell manchen heute einflussreichen Varianten „narrativer Identität“ ähnlicher als die aufwendige „Pluralisierung“ des narrativen Modells durch eine Polyphonie von (Erzähl-)Stimmen suggeriert.

Ähnlich wie in vergleichbaren „postmodernen“ Entwürfen läuft die Betonung der Dezentriertheit des Selbst Gefahr, leidvolle Erfahrungen des Identitätsverlustes als demokratisch und postmodern zu stilisieren. Darüber hinaus wäre die „Dezentrierungsthese“ möglicherweise kaum noch haltbar, wenn die im theoretischen Modell in Anspruch genommene, jedoch unausgeführte These der leiblichen Basis des Selbstverhältnisses mehr Gewicht erhielte.

Der Bachtinsche Dialogizitätsbegriff muss vorsichtiger auf die Übertragbarkeit der Intertextualität/Dialogizität von Äußerungen auf die dialogische Co-Existenz von Menschen/Positionen/Stimmen überprüft werden. Zudem sollte die Fokussierung des Dialogizitätsbegriffs zur Frage nach minimalen Kriterien für eine dialogische Co-Existenz führen und den Unterschied zur Inkommensurabilität radikal unterschiedlicher, einfach „nebeneinander" stehender Perspektiven ausweisen.

Es ist plausibel, dass das *dialogische Selbst* für die rekonstruktive Beschreibung und auch für die Erklärung identitätsrelevanter Probleme von Menschen, die in der Diaspora leben oder anderweitig mit kultureller Differenz konfrontiert sind, geeignet scheint. Das Konzept unterschiedlicher Stimmen ermöglicht eine Vision des „diasporischen Selbst", die Identitätskonflikte erlaubt, ohne diese schon bei der Benennung zu pathologisieren. Gleichwohl verweist auch der Anspruch des *dialogischen Selbst*, ein „passendes" Modell für die psychosoziale Situation von Menschen mit Migrationserfahrungen zu bieten, auf die Notwendigkeit spezifischer Veränderungen des Konzeptes:

Es wird deutlich, dass gerade die rekonstruktive Beschreibung der *Erfahrung* von Differenz den Bezug auf die Einheit des Selbst nicht nur begrifflich einfordert, sondern dass der Wunsch nach einer kohärenten Identität auch für die Artikulation der Differenzerfahrungen und für deren positive Aufnahme in den eigenen, hybriden Selbstentwurf unabdinglich ist. Dies haben Bathia und Ram am Beispiel der nordamerikanisch-indischen Immigrantinnen vor Augen geführt.

Darüber hinaus muss gerade angesichts des Drucks radikal gegensätzlicher Forderungen an das Selbst gefragt werden können, wann ein Individuum in der Lage, wann es überhaupt bloß gut beraten ist, von der Aspiration der kohärenten „self-ful perspective" abzusehen und sich selbst als ambivalente, polyphone Konstruktion zu verstehen. Ein Modell, das diesen Erfahrungen Raum geben will, darf sich also nicht damit begnügen, Differenz und Auflösung normativ anzupreisen, es muss nach empirisch rekonstruierbaren, möglicherweise kommunikativ validierbaren Manifestationen des *dialogischen Selbst* im Kampf um den Dialog der unterschiedlichen Identitäten suchen.

Last not least hat sich gezeigt, dass die Notwendigkeit, von einer kohärenten, wieder erkennbaren Identität auszugehen, im Umgang mit konkreten Forschungspartnern performativ wirksam wird. Die Hypostasierung der Abwesenheit des mit sich selbst identischen Erzählers (oder: kohärent handlungsfähigen Subjekts) lässt sich eben im „handlungsentlasteten" Raum des Theoretisierens leichter durchhalten, wird aber performativ abgeschwächt oder relativiert, sobald dieselben Theoretiker mit konkreten Forschungspartnern zusammen arbeiten oder auch nur über empirische Fälle reden. Offensichtlich tut auch die Reflexion des Verhältnisses zwischen metatheoretischem Bedeutungs-Relativismus und dem pragmatischem Realismus der Forschungssituation not und könnte die theoretische Konzeption des *dialogische Selbst* weiter bringen.

Literatur

Bachtin, Michail (1971/1929): Problems of Dostojewsky's Poetics. Ann Arbor, MI: Ardis.

Bathia, Sunil (2002): Acculturation, Dialogical Voices and the Construction of the Diasporic Self, Theory & Psychology, 12 (1), S. 55–77.

Bathia, Sunil, Ram, A. (2001): Locating the dialogical self in the age of transnational migrations, border crossing and diasporas, Culture & Psychology, 7, 297–309.

Bourdieu, Pierre (1976): Entwurf einer Theorie der Praxis auf der ethnologischen Grundlage der kabylischen Gesellschaft. Frankfurt/Main: Suhrkamp.

Bourdieu, Pierre (1999): Sozialer Sinn. Kritik der theoretischen Vernunft. Frankfurt/Main: Suhrkamp.

Brockmeier, Jens (2000): Autobiographical time. Narrative Inquiry, 10 (1), 51–73.

Brockmeier, Jens (2003): Die Zeit meines Lebens. Journal für Psychologie, 11, 4–32.

Brockmeier, Jens u. Rom Harré (2001): Narrative. Problems and promises of an alternative paradigm. In dies. (Hg.), Narrative and Identity. Studies in Autobiography, Self and Culture (39–59). Amsterdam: John Benjamins.

Bruner, Jerome S. (1987): Life as a Narrative. Social research, 54, 11–34.

Bruner, Jerome S. (1990): Acts of Meaning. Cambridge: Harvard University Press.

Butler, Judith (1998): Haß spricht. Zur Politik der Performativen, Berlin: Berlin Verlag.

Cromby, John (2004): Between Constructionism and Neuroscience. The Societal Coconstitution of Embodied Subjectivity. Theory & Psychology, 14 (6), 797–821.

Gardiner, Michael u. Michael Mayerfeld Bell (Hg.) (1998): Bakhtin and the Human Sciences. London: Sage.

Gergen, Kenneth J. (1991): The Saturated Self. Dilemmas of identity on contemporary life. Basic Books.

Gergen, Kenneth J. (1994): Realities and Relationships. Soundings in social construction. London, Thousand Oaks, New Delhi: Sage.

Gergen, Kenneth J. (1999): Invitation to Social Construction. London: Sage (dt. 2002: Konstruierte Wirklichkeiten. Stuttgart: Kohlhammer. Mit einem Vorwort von Hans Westmeyer).

Hermans, Hubert J. M. (1996): Voicing the Self. From Informatin Processing to Dialogical Interchange. Psychological Bulletin, 119 (1), 31–50.

Hermans, Hubert J. M. (1999): Dialogical Thinking and Self-innovation. Culture & Psychology, 5 (1), 67–87.

Hermans, Hubert J. M. (2001): The Dialogical Self: Toward a Theory of Personal and Cultural Positoning. Culture & Psychology, 7 (3), 243–281.

Hermans, Hubert J. M. (2002): The dialogical self as a society of mind. Editorial. Theory & Psychology, 12, 147–160.

Hermans, Hubert J. M. u. Harry J. G. Kempen (1993): The dialogical self. Meaning as Movement. San Diego, CA: Academic Press.

Hermans, Hubert J. M., Harry J. G. Kempen u. Rens J. P. van Loon (1992): The dialogical self. Beyond Individualism and Rationalism. American Psychologist, 47 (1), 23–33.

Hermans, Hubert u. Harry C. Kempen (1998): Moving Cultures: The Perilous Problems of Cultural Dichotomies in a Globalizing Society. American Psychologist, 53, 1111–1120.

James, William (1890): Principles of Psychology, Bd. I. London: Macmillan.

Josephs, Ingrid (2002): The Hopi in me. The construction of a voice in the Dialogical Self from a Cultural Psychological Perspective. Theory & Psychology, 12 (2), 161–173.

Keupp, Heiner (1997): Diskursarena Identität. In: Keupp, Heiner u. Höfer, Renate (Hg.): Identitätsarbeit heute. Klassische und aktuelle Perspektiven der Identitätsforschung. Frankfurt/M: Suhrkamp, 11–39.

Keupp, Heiner u. a. (Hg.) (2002): Identitätskonstruktionen. Das Patchwork der Identitäten in der Spätmoderne. Reinbek: Rowohlt.

Kühnen, Ulrich u. Bettina Hannover (2003): Kultur, Selbstkonzept und Kognition. Zeitschrift für Psychologie, 211,4, S. 212–224.

Peuter, Jennifer de (1998): The Dialogics of Narrative Identity. In Michael Gardiner u. Michael Mayerfeld Bell (Hg.): Bakhtin and the Human Sciences (30–48). London: Sage.

Renn, Joachim (2004): Perspektiven einer sprachpragmatischen Kulturtheorie. In Jürgen Straub und Friedrich Jäger (Hg.), Handbuch der Kulturwissenschaften. Bd. 2 (430–448). Stuttgart: Metzler.

Renn, Joachim (2006): Übersetzungsverhältnisse. Grundzüge einer pragmatistischen Gesellschaftstheorie. Weilerswist: Velbrück.

Renn, Joachim u. Jürgen Straub (2002): Transitorische Identität. Der Prozesscharakter moderner personaler Selbstverhältnisse. In Jürgen Straub u. Joachim Renn (Hg.), Transitorische Identität. Der Prozesscharakter des modernen Selbst (10–31). Frankfurt/Main: Campus.

Ricoeur, Paul (1989): Zeit und Erzählung, Bd. 1: Zeit und historische Erzählung. München: Fink.

Said, Edward W. (1999): Am falschen Ort. Berlin: Berliner Taschenbuch Verlag.

Sarbin, Theodore R. (1986): Narrative Psychology. The storied nature of human conduct. New York: Praeger.

Shotter, John (2003): ‚Real Presences': Meaning as Living Movement in a Participatory world. Theory & Psychology, 13 (4), 435–468.

Skinner, Debra, Jaan Valsiner u. Dorothy Holland (2001): Discerning the Dialogical Self: A Theoretical and Methodological Examination of a Nepali Adolescent's Narrative [34 paragraphs]. Forum Qualitative Sozialforschung / Forum: Qualitative Social Research [On-line Journal], 2(3).

Straub, Jürgen (2000): Identitätstheorie, Identitätsforschung und die postmoderne „armchair psychology". Zeitschrift für qualitative Bildungs-, Beratungs- und Sozialforschung, 1, 167–194.

Straub, Jürgen (2002): Personale Identität. In Jürgen Straub u. Joachim Renn (Hg.), Transitorische Identität. Der Prozesscharakter des modernen Selbst (85–114). Frankfurt/Main: Suhrkamp.

Straub, Jürgen u. Barbara Zielke (2005): Autonomie, narrative Identität und die postmoderne Kritik des sozialen Konstruktionismus. „Relationales" und „dialogisches" Selbst als zeitgemäße Alternativen? In Friedrich Jäger u. Jürgen Straub (Hg.), Was ist der Mensch, was Geschichte? (165–210) Bielefeld: transcript.

Todorov, Tsvetan (1984): Mikhail Bakhtin. The Dialogical Principle. Manchester: Manchester University Press.

Valsiner, Jaan (2004): Editorial. Three Years Later: Culture in Psychology – Between Social Positioning and Producing New Knowledge. Culture & Psychology, 10 (1), 5–27.

Welsch,Wolfgang (1991): Subjektsein heute. Überlegungen zur Transformation des Subjekts. Deutsche Zeitschrift für Philosophie, 39, 347–365.

Wittgenstein, Ludwig (1995): Philosophische Untersuchungen. Frankfurt/Main: Suhrkamp (Original 1956).

Zielke, Barbara (2004): Kognition und soziale Praxis. Der soziale Konstruktionismus und die Perspektiven einer postkognitivistischen Psychologie. Bielefeld: transcript.

Zielke, Barbara (2006): Sozialer Konstruktionismus. Göttingen: Vandenhoeck & Ruprecht.

Dr. Barbara Zielke, Friedrich-Alexander-Universität Erlangen, Institut für Psychologie I, Lehrstuhl II, Kochstr. 4, D-91054 Erlangen.
barbara.zielke@phil.uni-erlangen.de

Arbeitsschwerpunkte: Kulturpsychologie, Sozialer Konstruktionismus, Psychologie interkulturellen Handelns, interkulturelle Kommunikation in der Gesundheitspsychologie, Methodologie und Methodik qualitativer Sozialforschung.

Manuskriptendfassung eingegangen am 6. Januar 2006.

Das kulturelle Selbst – die Kultur im Selbst. Eine Skizze.

Shingo Shimada

Zusammenfassung

Ausgehend von einem pragmatisch-handlungstheoretischen Kulturbegriff zeigt dieser Artikel auf, wie die kulturellen Vorgaben in einem japanischen lebensgeschichtlichen Interview eines Kunsttöpfers in Erscheinung treten. Hierbei wird deutlich, welcher Erzählmuster und welcher Semantiken sich der Erzähler bedient, um das Selbst durch die Erzählung zu inszenieren. Sichtbar wird dabei, dass der Erzähler stets sein Selbst in soziale Zusammenhänge einbettet und Entscheidungen in Einklang mit der sozialen Umgebung trifft. Dieses Erzählmuster erlaubt ihm, eine Spannung zwischen dem narrativ dargestellten vergangenen Selbst und dem gegenwärtigen erfolgreichen Künstler aufzubauen, was zum Gelingen der Erzählung wesentlich beiträgt.

Schlagwörter

Erzählung, Biographie, Selbstinszenierung, kulturelles Selbst,

Summary

The cultural self – the culture within the self. A sketch

Starting from the concept of culture founding on pragmatic and action theory, this paper shows on which way the cultural preconditions appear in a Japanese autobiographical narration of a potter. In this connection it will be clear which narrative pattern and which semantics are used by the narrator to performance the self. This pattern implies to embed the self into the social networks and to make decisions always in social context. This narrative pattern enables the narrator to set up tension between the narrative construction of the past self and the present successful artist what contributes to the good narration.

J. f. Psych., 14, 1 (2006), 76–92, ISSN 0942-2285

Keywords

Narration, biography, self performance, cultural self,

I. Kultur und biographische Erzählung

Die Frage nach der kulturellen Konzeptualisierung des Selbst ist nicht neu. Es ist nicht übertrieben zu behaupten, dass die europäische Moderne insgesamt von der kritischen Reflexion über das Mit-Sich-Selbst-Sein begleitet wurde und dadurch ihr Selbstverständnis gewann. Insofern hat Luis Dumont Recht, wenn er von dem Konzept des Individuums als der „Ideologie der Moderne" spricht (1991). Doch stellt sich die Frage heute neu, da es durch zunehmende Kommunikation zwischen den Mitgliedern unterschiedlicher Kulturen immer offensichtlicher wird, dass in der Konzeptualisierung des Selbst etwas verborgen ist, das zu gegenseitigen Irritationen Anlass bietet. In der Regel werden kulturelle Hintergründe vermutet, die die wahrgenommenen Differenzen prägen. Doch bleiben diese Vermutungen meist spekulativ, zumal sich kulturelle Einflüsse nie konkret festmachen lassen. Immer wieder werden „kulturelle Traditionen" konstatiert, sobald sich mit den eigenen rationalen Erklärungsmustern nicht überbrückbare Differenzen auftun. Die kulturalistischen Erklärungen wirken angesichts des Unerklärlichen beruhigend und verwandelt das Rätsel in Banalität.

Auf der anderen Seite scheint die modernisierungstheoretische Erwartung, dass sich das universalistisch konzipierte „europäische" Selbst überall auf der Welt durchsetzen würde, angesichts der weltweit beobachtbaren Selbstbehauptungsdiskurse unerfüllbar zu bleiben. Zwischen dem normativen Traum einer demokratisch befriedeten Welt und der sozialen Realität der kulturellen Differenz klaffen die Wunden. Wenn auch die „Ideologie der Moderne" mittlerweile von allen Gesellschaften der Welt in welcher Form auch immer akzeptiert wurde, ist doch davon auszugehen, dass gerade diese Übernahme in der Regel Gegenkräfte in der Form von kulturalistischen Selbstbehauptungsdiskursen heraufbeschwört, so dass die Moderne nun vielfältig gebrochen und zugleich in ihren Wechselwirkungen ineinander verwoben höchst differenzierte Gesichter zu zeigen beginnt (vgl. Eisenstadt 2000).

Ich möchte im vorliegenden Beitrag einige vorläufige Überlegungen zum Verhältnis zwischen der individuellen Selbstkonzeptualisierung und der Kultur anstellen.[1] Die Verschränkung zwischen dem Selbst und der Kultur wird hier an dem Beispiel der lebensgeschichtlichen Erzählung eines japanischen Kunsttöpfers dargestellt.[2] Anhand dieser autobiographischen Erzählung wird aufgezeigt, auf welche Weise kulturelle Elemente zu einer kohärenten individuellen Lebensgeschichte verarbeitet werden.[3]

Doch bevor ich auf das Beispiel näher eingehe, ist wohl eine Vorbemerkung zu dem Begriff der Kultur notwendig (vgl. dazu Brockmeier in diesem Heft). Kultur wird hier nicht als eine vorhandene Tradition oder als kosmologische Semantik verstanden, sondern als pragmatischer Handlungsvollzug.[4] Insofern wird sie als ein dynamischer Prozess vorgestellt, in dem sich die semantischen Gehalte durch ständige Handlungsvollzüge der Individuen verschieben. Anhand dieses Kulturkonzeptes wird im Folgenden die Verzahnung zwischen der individuellen Lebensgeschichte und der vorhandenen Semantik veranschaulicht und erläutert. Dieser pragmatisch und handlungstheoretisch konzipierte Kulturbegriff bietet den Vorteil, zwei zunächst unvereinbar scheinende Positionen miteinander in Verhältnis zu setzen. Die eine ist das kulturalistische Konzept des Selbst, das die kulturelle Prägung der Selbstkonzeptualisierung der Individuen in den Vordergrund rückt. Die andere ist das universalistische Verständnis des modernen Selbst. Wenn wir Kultur als Handlungsvollzug auffassen, wird anhand des vorhandenen empirischen Materials sichtbar, dass beide Positionen als empirische Tatbestände vorhanden sind und sich zum Teil widerstreiten. Daher gehören beide Positionen gleichermaßen zur Kultur und werden in dem Handlungsvollzug der Erzählung in Erscheinung

[1] Meine Überlegungen hier bleiben deshalb vorläufig, weil ich für eine vertiefende Analyse dieses Phänomens weitere kulturvergleichende Untersuchungen lebensgeschichtlicher Erzählungen für notwendig halte. Dabei könnte ein deutsch-japanischer Vergleich den Ausgangspunkt bilden, von dem aus weitere Vergleiche folgen könnten.

[2] Das Interview wurde im Rahmen des Forschungsprojektes „‚Arbeitszeit', ‚Freizeit', ‚Familienzeit' – Der Umgang mit westlichen Zeitlichkeitskonzepten in der japanischen Gesellschaft", am 17. 05. 1996 von der Projektmitarbeiterin Sonja Gabbani geführt. Das Forschungsprojekt wurde am Sozialwissenschaftlichen Forschungszentrum der Universität Erlangen-Nürnberg mit der finanziellen Unterstützung der Volkswagen-Stiftung im Rahmen des Forschungsschwerpunktes „Das Fremde und das Eigene – Probleme und Möglichkeiten interkulturellen Verstehens" zwischen 1993 und 1996 durchgeführt. Der vorliegende Beitrag basiert auf dem unveröffentlichten Endbericht dieses Projektes, an dem Sonja Gabbani, Midori Ito, Sibylle Kalupner und Michael Lappler mitgearbeitet haben (Shimada u. a. 1997). Vgl. speziell zu diesem Beispiel (Gabbani 2004, 162 ff).

[3] Eine der wichtigsten Voraussetzungen für die Anwendbarkeit der Methode des lebensgeschichtlichen Interviews liegt in dem historisch voraus liegenden Prozess, in dem das moderne Konzept des individuellen Lebenslaufs von der japanischen Gesellschaft zunächst übernommen und darauf in der Bevölkerung verbreitet wurde (vgl. dazu Shimada 2000, 77 ff).

[4] Die Referenzliste zu diesem pragmatisch-handlungstheoretischen Kulturkonzept wäre sehr lang. Man kann sie sicherlich mit Max Weber anfangen und mit Bourdieu und Hönig vervollständigen.

gebracht. So wird hier nicht die theoretische Relevanz der beiden Positionen diskutiert, sondern es wird aufgezeigt, dass sie als Wissensbestände der Gesellschaftsmitglieder ihr Handeln prägen und daher auch in den narrativen Darstellungen des eigenen Lebens zum Ausdruck kommen. Das Beispiel zeigt auf, dass bei dieser narrativen Selbstdarstellung sowohl das universalistische als auch das kulturalistische Konzept des Selbst in Erscheinung treten und der Erzähler durch seine Erzählung konkret auf die Bezug nimmt. Das moderne Selbst ist eine synthetische Konstruktion, für die einerseits Institutionen notwendig sind, dass aber andererseits eine kulturell-sprachliche Vorstrukturierung der Narrativität konstitutiv bleibt. Strukturell ist die Erzählung nichts anderes als eine moderne Lebensgeschichte, doch die Art und Weise, wie erzählt wird, weist kulturelle Prägungen auf.

II. Die autobiographische Erzählung eines Kunsttöpfers

Der Kunsttöpfer M. lebt mit seiner Frau und seinen beiden Kindern in Seto, einer Kleinstadt im Großraum Nagoya, die durch ihre traditionelle Kunsttöpferei landesweit bekannt ist.[5] Seine Lebensbeschreibung ist die Schilderung seines erfolgreichen beruflichen Werdegangs, den er chronologisch erzählt. Dabei lassen sich bestimmte Erzählmuster und bestimmte Art und Weise der Entscheidungsfindung feststellen.

II.1. Die familiäre Bindung

Vom Beginn an bildet der Verweis auf die familiäre Herkunft ein bedeutsames Element der Erzählung, wobei diese familiäre Bindung weitestgehend in

[5] Im japanischen Kontext ist die Unterscheidung zwischen der Töpferei als Handwerk und der Kunsttöpferei kaum gegeben. Im vorliegenden Fall geht es aber um einen namhaften Künstler. Insofern handelt sich hier um einen speziellen Fall der Autobiographie. Diese Konstellation lässt einerseits erwarten, dass hier eine höchst individualistische Lebensgeschichte erzählt wird, andererseits kommt die Frage auf, wie repräsentativ seine Lebensgeschichte für die allgemeine Bevölkerung ist. Zum ersten Punkt ist festzuhalten, dass diese Erzählung tatsächlich höchst aufschlussreiche Aspekte bietet, die im Laufe der weiteren Interpretation ausgearbeitet werden. Dem zweiten Punkt ist entgegenzuhalten, dass es hier nicht um die Typisierung allgemein verbreiteter Lebensgeschichten geht, sondern um die Frage, wie in einer individuellen Erzählung bestimmte kulturelle Elemente zum Ausdruck kommen.

der Beziehung zu den Eltern und dem älteren Bruder gesehen wird. Die eigene Frau und die gemeinsamen Kinder kommen in seiner Erzählung nicht vor. Tendenziell wird das Thema „eigene Familie“ in männlichen Lebensgeschichten in Japan ausgeklammert. Allgemein ist in Japan ein Erzählmuster für männliche Lebensgeschichten feststellbar, das weitestgehend den beruflichen Werdegang des Selbst in den Mittelpunkt stellt.

Als ich klein war, haben meine Eltern und auch schon mein Großvater Töpferwaren gebrannt. Bis zu meinem Großvater war es ein ziemlich großer Betrieb. Also seit Generationen könnte man sagen waren sie Töpfer.[6]

So stellt sich Herr M. als Kind einer traditionsreichen Kunsttöpferfamilie vor. Bereits hier wird die Tendenz sichtbar, die die ganze Erzählung prägt: Das Selbst wird stets in der Zugehörigkeit zu unterschiedlichen Institutionen dargestellt, und auch die späteren Erfolge werden nicht durch die eigene Leistung erklärt.

Nach der kurzen Darstellung der Familiengeschichte geht er besonders auf die finanziellen Schwierigkeiten der Familie mit dem Betrieb ein. Innerhalb dieser Beschreibung der familiären Situation erwähnt er schließlich seine Geburt:

Als ich geboren wurde, da hatten sie [die Eltern] die Schulden zurückgezahlt und führten ein gewöhnliches Leben. Ich habe nichts gewusst von diesen qualvollen Dingen.

Er verweist damit auf seine sorglose Kindheit. Doch diese Interviewpassage deutet bereits an, wie er seine Person in die Erzählung einbettet. Seine Perspektive ist nicht subjektiv von Innen nach Außen, sondern das Selbst wird in den historisch-familiären Kontext gestellt. Erst nachdem er seine Geburt innerhalb des Familienkontextes verortet hat, datiert er sie:

Ich bin 1950 geboren, also im fünften Jahr nach Kriegsende.

Anschließend beschreibt er seine Kindheit während der Nachkriegszeit, die er unter der US-amerikanischen Besatzungsmacht erlebte. Dabei erinnert er sich besonders an die Lebensmittelknappheit. Sein Hinweis „zu so einer Generation gehöre ich“ *(sô iu nendai nande)*, den er in diesem Zusammenhang äußert, impliziert zwar eine gesamtgesellschaftliche Perspektive, dennoch sind es vor allem seine Erfahrungen innerhalb der Familie, die er direkt mit dieser Zeit in Verbindung bringt:

Woran ich mich noch erinnere, ist das Mädchen der amerikanischen Familie, von dem ich einmal einen ganzen Beutel voll Candy geschenkt bekommen habe. So etwas war in Japan zu der Zeit nicht üblich, da gab es höchstens mal ein einzelnes Stück, doch ich bekam alle Bonbons auf einmal. Da habe ich mich unheimlich gefreut. Solche Bekannten hatten wir. Verglichen mit anderen, gewöhnlichen Familien hatten wir oft ungewöhnliche und seltene Esssachen. Solche glücklichen Erinnerungen habe ich.

[6] Die Interviewtexte sind vom japanischen Original ins Deutsche übersetzt. Auf die linguistischen Konsequenzen, die die Übersetzung mit sich bringt, wie z. B. die Schwierigkeit des Pronomens ‚ich‘, gehe ich in diesem Beitrag nicht ein.

Hier wird zwar die subjektive Perspektive der persönlichen Erinnerung angesprochen, doch verknüpft der Interviewte sie sofort im nächsten Schritt mit der Besonderheit seiner Familie, die an die hohen Offiziere der Besatzungsmacht wertvolle Kunsttöpfererzeugnisse verkaufte. Gleich darauf betont er zugleich, dass sie „eigentlich eine ganz gewöhnliche Familie“ waren.

Im Bezug zur Familie spielen sein Vater und sein älterer Bruder eine besondere Rolle, während seine Mutter fast ausschließlich im Hintergrund bleibt. Hierbei wird dem Vater bei allen wichtigen Lebensentscheidungen die tragende Bedeutung zugesprochen wie die folgende Passage verdeutlicht:

Mein Vater sagte zur Zeit der Oberschule, als ich überlegte, was ich denn machen sollte, dass ich für eine Firma nicht geeignet bin. Deshalb wäre es wohl besser, wenn ich etwas finden würde, was ich allein machen könnte. [...] Er sagte, dass ich kein Typ für die Firma bin. Und ich dachte es auch. Außerdem wurde es mir auch immer so gesagt. Ich glaubte, dass ich so etwas nicht kann, weil ich egoistisch bin. Deshalb dachte ich zur Oberschulzeit, dass ich nach irgendetwas suchen muss, was ich selber machen kann.

Diese Passage deutet auf den Vater als eine wichtige Bezugsperson hin. Zwar schrieb der Vater dem Sohn nicht seinen Berufsweg vor, aber seine Meinung hatte offensichtlich Bedeutung für den biographischen Entscheidungsprozess des Erzählers. Der Ausspruch „und ich dachte es auch“ zeigt nicht nur, dass keine Diskrepanz zwischen der Ansicht M's und der seines Vaters herrschte, sondern auch, dass dem Erzähler eine klare Abgrenzung zwischen Selbst- und Fremdbild nicht notwendig erscheint.

Parallel dazu taucht der Vater wieder auf, wenn der Interviewte von der nächsten lebenswichtigen Entscheidung nach dem Studium spricht:

Mein Vater fragte mich, was ich denn machen wollte. Tja, was mache ich denn? Mein Vater sagte: „Wenn du nicht weißt, was du machen willst, dann geh doch zum Materialprüfungsamt (kôgyô gijutsu shikenjo)“.[7] *Dort habe ich die Zusammensetzung von (Keramik-)Glasuren untersucht.*

Der Entschluss, sich nach dem Kunststudium für einen Weiterbildungslehrgang am Materialprüfungsamt einzuschreiben, wird als eine von außen an ihn heran getragene Entscheidung dargestellt. Während er zu Beginn seiner biographischen Geschichte erwähnte, dass er sich seinen Berufsweg selbst wählen musste, so geht die Entscheidung für das Materialprüfungsamt auf einen Vorschlag seines Vaters zurück. Dieser löst keinen Protest aus, die Meinung des Vaters steht der des Sohns nicht unbedingt entgegen. Im Gegenteil, es scheint ihm wichtig zu sein, hier seinen Vater in der Rolle des Beraters zu erwähnen.

[7] Ein Institut vergleichbar mit dem deutschen TÜV, an dem aber auch industriebezogene Forschungen betrieben werden.

Die Darstellung seines älteren Bruders hat einen etwas anderen Charakter als die seines Vaters. Er wird kaum mit direkter Rede zitiert und spielt vor allem als eine Vergleichsgröße im Hinblick auf die Lebenswege eine wichtige Rolle. So wird er im Zusammenhang der ersten wichtigen Lebensentscheidung erwähnt:

Als ich auf der Oberschule war, dachte ich darüber nach, was ich denn machen könnte. [...] Ich habe noch einen älteren Bruder, wir sind zwei Jungen zu Hause. Meinem Bruder wurde [...] von Kindheit an immer wieder gesagt, dass er dies [die Kunsttöpferei] machen soll. Er ging auf die Grund- und Mittelschule und danach auf eine Oberschule für Kunsttöpferei. Er verließ auch die Familie, um für zwei Jahre bei einem bekannten Meister in die Lehre zu gehen. In Japan ist es so, dass wenigstens einer die Arbeit fortsetzen sollte. Und einer reicht; das war zweifellos mein Bruder.

Herr M. beschreibt hier kurz den Lebenslauf, den sein Bruder eingeschlagen bzw. von den Eltern vorgegeben bekommen hatte. Mit der Entscheidung der Eltern, den ältesten Sohn das Familienhandwerk erlernen zu lassen, war zugleich auch ein strukturierter Lebensweg für ihn bestimmt. Dazu zählten unter anderem die spezielle Oberschule für Kunsttöpferei sowie zwei Lehrjahre bei einem bekannten Kunsttöpfer. Der Satz „In Japan ist es so, [...]" verweist darauf, dass dem Interviewten die kulturelle Differenz bewusst ist. Der modernen universalistischen Konzeption des Selbst, der entsprechend jeder seinen beruflichen Werdegang frei wählt, wird hier ein Modell entgegengehalten, in dem der Lebensweg vorgegeben ist. An ihren zweitgeborenen Sohn hingegen hatten die Eltern keine besonderen Erwartungen, ihm ließen sie bei seiner Berufsentscheidung freie Wahl:

Und meine Eltern haben niemals gesagt: „Du sollst das tun", sondern mir immer erzählt, dass ich machen kann, was ich will. „Alles ist O.K.", sagten sie.

An dieser Stelle wird die lebendige Art des Erzählens sichtbar. Häufig werden direkte Reden von anderen Personen eingefügt, was auch in anderen Interviews geschieht, die im Rahmen des oben genannten Forschungsprojektes durchgeführt wurden. Dies hängt auch mit der Erzählperspektive zusammen, die von den Relationen zu anderen Personen ausgehend das Selbst konstituiert. Indem der Erzähler in der direkten Rede die Rolle der anderen Personen übernimmt, zeigt er ihre Perspektiven auf sich selbst.

Herr M. empfand diese Freiheit, die ihm seine Eltern gewährten, nicht nur positiv; vielmehr beneidete er seinen Bruder um dessen eindeutigen Lebensweg, denn „ihn plagten deshalb auch keine Zweifel". Diese Ambivalenz zwischen Freiheit einerseits und Orientierungslosigkeit andererseits, die hier zugleich als die Differenz zwischen dem Erst- und Zweitgeborenen auftaucht, kommt auch in einer weiteren Schilderung über ein konkretes Ereignis, das er im Zusammenhang mit seiner Grundschulzeit erinnert, zum Ausdruck:

Wichtig ist nur mein älterer Bruder, auch heute noch ist das so. Er wohnt mit den Eltern zusammen, und wenn er z. B. mit dem Auto zum Einkaufen fährt, dann sagen die Eltern: ‚Oh, pass auf dich auf!'. Und das auch jetzt noch, wo er schon 52 ist. Bei mir sagen sie nichts, egal wohin ich gehe. Bis zum fünften Jahr auf der Grundschule waren sie besorgt um mich, danach nicht mehr. Damals war ich noch ein Kind. Doch dann gab es ein Ereignis: eine Ausstellung in Nagoya, wo meine Freunde hingehen wollten. Anfangs sagte ich zu. Dann habe ich mir gedacht, dass es meine Mutter niemals erlauben würde. Aber sie sagte einfach: ‚Geh doch hin!‘. ‚Ah‘, habe ich damals gedacht. Ich war überrascht und fuhr hin. Ich weiß nicht auf welche Weise meine Eltern sich gewandelt haben, aber von da an [seit dem sechsten Grundschuljahr] haben meine Eltern nichts mehr gesagt.

Er hingegen fühlte sich unsicher, weil er sich seinen Weg selbst suchen musste. An dieser Stelle wird das Aufeinandertreffen zweier Selbstkonzeptionen sichtbar: Zum einen das Selbst, dem der Lebensweg von den Eltern vorgegeben wird, das Herr M. der japanischen Kultur zurechnet, und das freie Selbst, das seinen Lebensweg eigenständig wählen muss. Subjektiv wird an dieser Stelle dem vorgegebenen Lebensweg der Vorzug gegeben. Schließlich wird die endgültige Entscheidung zur beruflich Karriere ebenfalls im familiären Kontext gefällt. Denn, nachdem Herr M. die Zeit auf dem Materialprüfungsamt dargestellt hat, beschreibt er seine Situation mit der Frage „Was soll ich denn machen?“ und verknüpft sofort diese Frage mit der Situation seiner Familie. So erwähnt er in dem Zusammenhang die Ausstellungswettbewerbe, an denen bereits sein älterer Bruder und sein Vater damals als Kunsttöpfer regelmäßig teilnahmen.[8] Wie es zu seiner Teilnahme an einem Ausstellungswettbewerb kam, erzählt er in der folgenden Textstelle:

Es war ein Jahr vergangen, die Abschlussprüfung am Materialprüfungsamt war im März und für die Zeit danach wusste ich wieder nicht weiter, es gab nichts. Und weil im Mai ein Wettbewerb stattfinden sollte, dachte ich mir, ich könnte es ja mal probieren. Seit ich klein war, mochte ich gerne Dinge selbst herstellen. Ich habe Sachen aus Ton gemacht, allerdings immer nur so zum Spaß (asobi), es war keine Arbeit (shigoto). Also wusste ich etwas Bescheid, doch war es für mich noch eine Zeit der Unerfahrenheit.

Dieser Schritt war also nicht längerfristig geplant und wird mehr oder weniger so beschrieben, als sei er durch die damalige Konstellation zufällig zustande gekommen. Obwohl Herr M. sein Kunststudium sowie seine Kenntnisse über Glasuren, die er sich am Materialprüfungsamt angeeignet hatte, als hilfreich für das Töpfern ansah, unterscheidet er deutlich zwischen einer beruflichen Ausbildung, wie sie sein Bruder absolviert hatte, und seinen Töpferarbeiten, die er bisher „immer nur so zum Spaß“ gemacht hatte. Angedeutet

[8] Es gibt in Japan ein hierarchisch strukturiertes Ausstellungssystem, an dessen Spitze die folgenden vier Ausstellungen stehen: 1. *Nitten*, 2. *Dentô kôgeiten* (traditionelles Kunsthandwerk), 3. *Gendai kôgeiten* (modernes Kunsthandwerk) und 4. *Asahi kôgeiten* (nur Ton). Die Wettbewerbe zu diesen Ausstellungen finden über das ganze Jahr verteilt statt. Da bereits Mitglieder seiner Familie an diesen vier nationalen Ausstellungen teilgenommen hatten, war es auch ihm erlaubt, die lokalen Wettbewerbe zu überspringen und sich gleich an einen der oben erwähnten zu beteiligen. Hierin liegt wiederum die strukturelle Voraussetzung dafür, dass Herr M. seine Arbeit stark in den familiären Kontext stellt.

wird in dieser Interviewpassage, dass er von seiner Kindheit an diese Arbeit gerne tat. Doch wird keine Entwicklungslinie zur späteren Berufswahl vollzogen. Anders ausgedrückt erfolgt hier keine teleologische Synthetisierung der Ausbildungswege zum Ziel, sondern die Darstellung der Vorberufszeit bleibt fragmentarische Anekdotensammlung zur Illustration der eigenen Person.

Trotz des Fehlens einer langfristigen Planung hatte er Erfolg: „Es wurde genommen und ich dachte: Ach, ist das aber einfach!" Er sah jedoch in seiner erfolgreichen Teilnahme keine Bestätigung seines handwerklichen Könnens, sondern eher einen Zufall. Daher wurde er weiterhin von Zweifeln geplagt. Diese subjektive Unsicherheit steht im Gegensatz zu der eindeutigen Fremdzuschreibung durch seine soziale Umgebung:

Ich wusste noch nicht so genau, doch die Menschen aus meinem Umfeld (mawari no hito) sagten, O.K., ich mache halt das Gleiche wie meine Familie. Sie dachten auch, dass ich es in meiner Familie gelernt hätte.

War es für die Nachbarn und Bekannten selbstverständlich, dass er den Weg seiner Eltern einschlug, so war innerhalb der Familie noch keine Entscheidung gefallen. Der Vater betonte auch nach dem Ausstellungserfolg seines jüngsten Sohnes, dass dieser „frei" sei und tun könne, was er wolle. Doch zeigte sich sein Vater auch bereit, ihm das Kunsthandwerk beizubringen. Wie es zu dieser ungewöhnlichen Entscheidung kam, wird wiederum durch einen Vergleich mit dem Werdegang des Bruders veranschaulicht:

Mein Bruder ging zu einem Meister, was jedoch eine schreckliche Zeit für ihn war. Er ist während seiner Lehrzeit auch zweimal von seinem Meister in Yokohama ausgerissen. Ich hätte eigentlich auch zwei Jahre eine solche Lehre machen müssen. Doch mein Bruder sagte: „Nein, so etwas Schlimmes soll er nicht erfahren, sondern es statt dessen lieber zu Hause erlernen." Nach der Gendaikôgeiten [dem Ausstellungswettbewerb für modernes Kunsthandwerk] wurde es so beschlossen, deshalb lernte und half ich zu Hause.

Die Entscheidung, dass er schließlich doch im Kunsthandwerk unterrichtet werden sollte, fiel innerhalb der Familie. Durch den Vergleich mit seinem Bruder, der für Herrn M. den Standardlebenslauf eines Kunsttöpfers verkörpert, „webt" M. seine eigene Biographie. Auch seine Andersheit und seine besondere Begabung werden von ihm durch den Bezug auf die „Normalbiographie" seines Bruders artikuliert. Nur vor diesem Hintergrund wird auch die Selbstcharakterisierung als „Quereinsteiger" verständlich.

Darauf kommt Herr M. auf den zweiten Ausstellungswettbewerb zu sprechen. Seine Teilnahme stellt er auch hier nicht als Ergebnis seiner Intention dar, sondern eher als eine Handlung, die aus der Situation heraus entstanden war:

Als nächstes war der Herbst-Wettbewerb (Nitten) an der Reihe. Das ist der größte Ausstellungswettbewerb innerhalb Japans; das ist auch heute noch so. Dieser Wettbewerb ist wirklich sehr schwierig. Das Niveau ist sehr hoch, so sind z. B. auch oft die Stücke meines Vaters nicht genommen worden, obwohl er als Profi extra dafür Werke anfertigt. Weil ich zu Hause nichts zu tun hatte, versuchte ich es einfach. Ich probierte etwas, gab es ab, und es wurde genommen.

Gleichzeitig wurden auch die Stücke seines Vaters und seines Bruders ausgewählt. Besonders ausführlich schildert er dieses Ereignis. Es war eine Sensation, da selten Werke mehrerer Familienmitglieder gekürt werden. Er berichtet von Fernsehauftritten und Zeitungsanzeigen über seine Familie und beschreibt, wie glücklich er damals war. Er schildert dieses Ereignis nicht als seinen persönlichen Erfolg, sondern als den seiner Familie.

II. 2. Die relationale Darstellung der Entscheidungsprozesse

Neben der Perspektive, sein Selbst in starker Bindung zu seiner Familie darzustellen, fällt in dieser autobiographischen Erzählung auf, dass Herr M. alle wichtigen Lebensentscheidungen im Kontext seiner sozialen Umgebung einbettet. Die Bedeutung seines Vaters ist bereits ausgearbeitet worden, darüber hinaus spielen die Nachbarschaft und Lehrer eine wichtige Rolle. So wird bei der Entscheidung, welche der weiterführende Schule er nach der Grundschule besuchen sollte, die Nachbarschaft erwähnt:

In Japan ist es so, dass man auf einer privaten Schule keine Prüfungen zu machen braucht, weil man die gleiche Mittel- und Oberschule besucht und auch eine Universität angeschlossen ist. Doch wenn man auf eine öffentliche Schule geht, muss man immer wieder beim Wechsel der Schule Aufnahmeprüfungen absolvieren. Für meine Eltern war das zu lästig, deshalb wollten sie mich auf eine private Schule schicken. Auch ich dachte mir, dass das doch eigentlich ganz bequem ist. [...] Heute bin ich auch klein, doch damals war ich noch kleiner im Vergleich zu den anderen. Die Nachbarn sagten meiner Mutter, dass eine weite Fahrt für mich zu anstrengend wäre, und deshalb eine Mittelschule in der Nähe besser sein würde. Alle sagten so, deshalb habe ich es akzeptiert.

An dem Entschluss, auf eine nahe gelegene öffentliche Mittelschule zu gehen, sind vor allem seine Eltern und die Nachbarn beteiligt. Explizit erwähnt er ihre Meinungen und beschreibt den Entscheidungsprozeß *durch die Darstellung der anderen*. Das Selbst ist aus dieser Erzählperspektive in das soziale Netzwerk eingebettet, und auf der Oberfläche der Erzählung sieht es zunächst so aus, als ob er bei dieser Entscheidung ohne eigenen Willen gewesen wäre. Doch würde diese Interpretation den Modus der narrativen Selbstinszenierung von Herrn M. verfehlen. Dies wird besonders deutlich, wenn man den Gesamteindruck des Interviews berücksichtigt. Denn sie vermittelt keineswegs das Bild eines selbstlosen Individuums, sondern durchaus das Selbstbild eines selbstbewussten Mannes. Der letzte Satz dieser Erzählsequenz, „alle sagten so, deshalb habe ich es akzeptiert“, verweist darauf, dass er seine Entscheidung in Übereinstimmung mit seinem sozialen Umfeld traf. Und seine subjektive Souveränität besteht darin, dass er mit den Meinungen der anderen selbständig und umsichtig umgehen und seinen Lebensweg in Übereinstimmung mit der sozialen Umgebung bestimmen kann. Darin liegt die kulturelle Vorgabe der erfolgreichen narrativen Selbstdarstellung im japanischen Kontext. Die in Deutschland häufig anzutreffende narrative Darstellung der „Selbstverwirklichung“ würde hier das Ziel der positiven Inszenierung des Selbst verfehlen, weil sie als eine übertriebene Selbstzentriertheit der Perspektive interpretiert würde.[9] Die Spannung in dieser Erzählung beruht in der Diskrepanz zwischen der Präsenz des erfolgreichen, selbstbewussten Mannes und der narrativen Selbstdarstellung eines jungen Menschen, der keine individuell eigenständige Entscheidung treffen kann.[10] Man könnte diese Art der Erzählung als Erzählweise der „Understatement“ nennen, in der die Handlungs- und Entscheidungskompetenz nicht allein in der individuellen Subjektivität des Protagonisten, sondern in den sozialen Zusammenhang gelegt wird.

Eine andere soziale Vernetzung, in die er sein Selbst einbettet, ist die Institution Schule:

> *In der Schule gab es Zeichenwettbewerbe; das war auf der Oberschule ..., nein, auf der Grund- und Mittelschule. Dort wurden meine Zeichnungen ausgezeichnet. So fragte man mich, ob ich nicht etwas mit Kunst machen will. Es gibt viele Hochschulen mit hohem Niveau. Doch wenn ich darüber nachdachte, dann kam ich zu dem Schluss, dass ich auf keinen Fall auf eine Universität wollte, wo man viel lernen muss. [...] Ich sagte dem ‚Vertrauenslehrer‘ (shinro shidô): „Ich möchte auf so etwas wie eine Kunstakademie gehen. Gibt es so etwas?“ Der Lehrer sagte, „Ja, da gibt es eine Akademie der bildenden Künste (zôkei tandai), die erst seit zwei Jahren besteht“. „Mit deiner Note“, so meinte der Lehrer, „können wir dich empfehlen, dann brauchst du keine Prüfung zu machen“. „Oh, das ist ja bequem“, habe ich mir damals gedacht. Also machte ich es.*

Hier taucht nach dem Vater eine weitere Person auf, die für den beruflichen Werdegang entscheidend war und die Herr M. in direkter Rede zu Wort kommen lässt: der ‚Vertrauenslehrer‘, der an der Oberschule den Mädchen und Jungen zur Beratung ihres zukünftigen Berufsweges zur Seite steht.[11] Den Entschluss, nach der Oberschule auf die *Akademie der bildenden Künste* zu gehen, stellt Herr M. wiederum als Ergebnis eines gemeinsamen Entscheidungsprozesses zwischen ihm, seinen Eltern, insbesondere seinem Vater, sowie seinem Vertrauenslehrer dar. Als Begründung nennt er schließlich zwei Aspekte: zum einen die „Bequemlichkeit“, die auf die geringe Rolle der eigenen Intention verweist, zum anderen seine persönliche künstlerische Begabung.

---

[9] Im Rahmen des oben genannten Forschungsprojektes vergleicht Midori Itô lebensgeschichtliche Erzählungen der deutschen und japanischen Hausfrauen und arbeitet in ihrer Dissertation genau diese Differenz heraus (Ito 2003).

[10] Es ist sicherlich hier schwer, eindeutig zwischen Koketterie und Selbstironie zu unterscheiden.

[11] Die ‚Vertrauenslehrer‘ beraten ihre Schüler und Schülerinnen in beruflicher Hinsicht. Insbesondere die Lehrer der Oberschulen spielen bei der Berufssuche eine entscheidende Rolle. Denn die Oberschulen pflegen enge Kontakte zu Unternehmen und zu weiterführenden Hochschulen.

Diese Interviewpassage verdeutlicht, dass es durchaus persönliche Anlässe gegeben hatte, an der Kunstakademie zu studieren. Doch wird die eigene Begabung nicht direkt mit der Entscheidung verbunden, sondern es wird eine soziale Institution eingeschaltet. Darüber hinaus wird die persönliche Begabung eher beiläufig erwähnt, so dass in erster Linie die Bequemlichkeit als die direkte Ursache der Entscheidung dargestellt wird.

II. 3. Die generationelle Bindung und die schulische Institution

Im Laufe der Erzählung erwähnt er Herr M. mehrmals, dass er einen gewöhnlichen Lebenslauf habe. Zur Bestätigung dieser Normalität erzählt er von seiner Schulzeit, die „ganz normal" verlief. Mit „normal" ist hier das Durchlaufen der japanischen Einheitsschule gemeint, die nach dem Krieg eingeführt wurde und sechs Jahre Grund-, drei Jahre Mittel- und drei Jahre Oberschule umfasste.

Hier ist als Hintergrundinformation zu ergänzen, dass in diesem neuen Schulsystem nach dem U.S.-amerikanischen Modell die Bildung des selbständig denkenden und handelnden, demokratischen Individuums zum Erziehungsziel erhoben wurde, hinter dem das modernisierungstheoretische Denken stand. In diesem Sinne wirkte das universalistische Konzept des Selbst direkt auf das Denken von Herrn M. Vor diesem Hintergrund verwirklicht er das freie Selbst nach seinem Verständnis in seiner Studienzeit. Doch wählte er mit seinem Beruf letztendlich eine eher traditionell japanische Form der Einbindung des Selbst in die Sozialität und distanziert er sich von der „modernen" beruflichen Karriere, die er hätte wählen können. Ein mögliches berufliches Ziel war die Arbeit als Kulissengestalter für das Fernsehen:

Ich habe einen Freund, der das heute tatsächlich macht, doch wenn ich das heute sehe, dann finde ich, dass es gar nicht so interessant ist, auch z. B. wegen der Pünktlichkeit. Deshalb bin ich froh, dass ich es nicht gemacht habe.

Der hier erwähnte Freund repräsentiert die moderne Arbeitswelt, in die alle modernen Individuen eingebunden werden, wodurch ein zeitlicher Stress (Pünktlichkeit) entsteht. Der Erzähler erklärt, dass er für diese Welt „viel zu egoistisch" sei, womit aber seine privilegierte Stellung durch seine familiäre Bindung hervorgehoben wird.

Die generationelle Perspektive, die hier deutlich wird, ist insbesondere in den Geburtsjahrgängen der Nachkriegszeit zu beobachten und wurde verstärkt durch die Institutionalisierung des Bildungswesens im Zuge der Demokratisierung unter der US-amerikanischen Besatzungsmacht. Charakteristisch für diese Perspektivität ist, wie nicht nur das Interview mit Herrn M., sondern auch andere zeigen, ein Selbstverständnis aufgrund des Vergleiches mit Gleichaltrigen sowie der Verweis auf gemeinsame, generationelle Erlebnisse, die jedoch in der Regel gebunden an einen institutionellen, interpersonellen oder örtlichen Kontext sind. Dies wird besonders in der Beschreibung seiner Studentenzeit deutlich. Er erwähnt, dass er sich auf der Kunstakademie für das Fach „Bildhauerei" entschied, weil es das vielseitigste Studienfach war. Die zwei Jahre auf der Akademie schildert er ausführlich und lebendig. In dem Kontext betont er ein weiteres Mal seine ‚Generationszugehörigkeit', wobei er nicht nur seine Erlebnisse als Erfahrungen aller Gleichaltrigen darstellt, sondern seine ‚Generation' zugleich mit einem bestimmten Studententypus identifiziert (die Generation der Studentenbewegung; *zen kyôtô sedai*). Obwohl Herr M. hier ‚Generation' im Sinne einer gesamtgesellschaftlichen Gruppierung versteht, beschränkt sich seine Beschreibung auf seine Kunsthochschule. Herr M. erzählt von zwei Studentengruppen, die sich während der Studentenbewegung konstituiert hatten und sich darin unterschieden, dass die Angehörigen der einen Gruppe demonstrierten und die der anderen lediglich „herumlungerten" *(burabura asonderu hito)*. Er zählt sich zur letzteren. Seine Erinnerungen an die Studienzeit sind durchweg positiv, da es vor allem eine Zeit der persönlichen Freiheit war, in der er seine Subjektivität ausleben konnte. Diese Darstellung ist für ihn auch deshalb wichtig, weil diese Lebensphase etwas ist, das sein Bruder nicht erleben konnte. Seinen damaligen Tagesablauf beschreibt er wie folgt:

Mittags bin ich singen und mich vergnügen (asobu) gegangen. Deshalb habe ich abends und nachts studiert. Vormittags habe ich geschlafen und mittags hatte ich freie Zeit. Und das die ganze Zeit. [...] So verging die Zeit, indem ich tat, was ich wollte.

Herr M. hebt besonders seine Freiheiten als Student hervor, die ihm Raum für einen individuellen Lebensstil, insbesondere eine freie Zeiteinteilung ließen. Dies ist auch die einzige Lebensphase von Herrn M., in der seine Erzählweise der Einbettung des Selbst in die sozialen Netzwerke eindeutig aufgehoben wird. Die Handlungen geschehen hier von sich aus. Es ist zu vermuten, dass Herr M. gerade in dieser Zeit der Studentenbewegung mit einem anderen Selbstkonzept konfrontiert wurde. Doch ein solcher Konflikt taucht in seiner Erzählung nicht auf.[12] Da ihm das Studentenleben gefiel, schloss er an die regulären zwei Jahre noch ein weiteres Studienjahr zur Spezialausbildung an. Diese Entscheidung, die innerhalb der Institution Kunstakademie fällt, wird nur kurz erläutert:

Nach zwei Jahren dachte ich, dass es blöd ist, nur zwei Jahre zu studieren. Also hing ich noch ein Jahr der Spezialisierung im Fach Bildhauerei an. Daher habe ich schließlich drei Jahre Kunst studiert.

[12] Es ist eine bisher relativ wenig erforschte Frage, wie sich die japanische Studentenbewegung zwischen der Modernisierung und der eigenen Kultur verortete.

Hier taucht zum ersten Mal die Schilderung einer persönlichen Entscheidung auf, doch sie wird eher nebenbei erwähnt und nicht mit innerer Motivation verbunden.

Doch nachdem die drei Studienjahre abgeschlossen waren, stellte sich ihm erneut die Berufsfrage. Wieder war er unentschlossen und wieder erwähnt er seinen Vater als Entscheidungshelfer und bringt die Erzählung in den familiären Kontext zurück.

II. 4. Die Darstellung der persönlichen Erfolge

Nachdem Herr M. seinen beruflichen Einstieg durch den familiären Kontext erklärt hat, geht er ausführlich auf seine „Ausstellungskarriere“ ein. Die Erklärung für seine Mitwirkung am Herbst-Wettbewerb („weil ich zu Hause nichts zu tun hatte, versuchte ich es einfach“) verweist auf seine damals immer noch vorhandene Unentschlossenheit bezüglich seines Berufes. Bewusst für die Kunsttöpferei entschied er sich erst, nachdem er seinen ersten Misserfolg erlebt hatte. Denn bis dahin schrieb er seinen Erfolg dem Zufall zu, erst das Scheitern beim dritten Wettbewerb ließ ihn sein Talent akzeptieren:

Doch im dritten Jahr nahmen sie mein Werk nicht an. Da fiel mir ein bisschen ein Stein vom Herzen. Ich dachte, dass ist normal, weil ich Scheitern [beim Wettbewerb] für selbstverständlich halte. Deshalb hatte ich meinen Erfolg eigentlich seltsam gefunden. Das erste Mal war es Glück gewesen, das zweite Mal auch; aber komisch dachte ich damals, denn wenn ich meinen Vater und meinen Bruder anschaute, wusste ich, wie schwierig es war.

Erst nach seinem Scheitern schreibt er seine früheren Erfolge nicht mehr nur einem glücklichen Zufall zu, sondern seiner Begabung, weshalb er sich erst nach diesem dritten Ausstellungswettbewerb bewusst für die Kunsttöpferei entschied:

Erst beim nächsten Versuch beschloss ich, dies als Beruf zu nehmen.

Hier beschreibt Herr M. einen aktiven Schritt. Zum ersten Mal setzte er sich bewusst für das Gelingen des Werkes ein und machte den weiteren Berufswerdegang von dem Erfolg oder Misserfolg dieses Werkes abhängig.

Ich habe über nichts nachgedacht, vieles einfach ausprobiert. Ich wusste überhaupt nicht, was ich machen wollte. Wenn ich jedoch etwas angefangen habe, dann habe ich es sehr gut gemacht, wenn das nicht gewesen wäre, wenn z. B. meine Sachen nicht ausgewählt worden wären, dann wäre es schlimm gewesen. Deshalb war ich froh.

Es „wäre deshalb schlimm gewesen“, weil er dann abermals vor der Berufsfrage gestanden hätte. Hier wird sichtbar, dass Herr M. sich selbst als jemanden darstellt, der sehr wohl entschieden handeln kann, wenn es darauf ankommt. Die Erzählung lebt wiederum von dem Kontrast zwischen dem vom sozialen Umfeld getragenen Selbst und dem entschieden handelnden Künstler. Die narrative Spannung verbindet diese beiden Pole.

Als von der Norm abweichend stellt Herr M. den Zeitpunkt seiner Berufsentscheidung dar. Denn „selbstverständlich“ wäre es gewesen, wenn er sich mit 23 Jahren entschieden hätte, doch bei ihm „zog es sich so dahin“. Mit dem Verweis auf die Altersgrenze von 23 Jahren ist die Vorstellung verknüpft, dass spätestens nach der Studienphase von höchstens vier Jahren der Einstieg in das Erwerbsleben folgt. Dies ist ein Verweis auf den standardisierten Lebenslauf, dem die meisten seiner Altersgenossen nachgingen. Herr M. konnte sich durch seine familiäre Anbindung diese Abweichung erlauben.

Die Art und Weise, wie Herr M. retrospektiv sein Leben erzählt, passt nicht zum Erzählmuster eines individuell geplanten Lebenslaufes im Sinne einer persönlichen Entwicklungsgeschichte. Zwar hatte er auch individuelle Wünsche und Vorstellungen, aber er isoliert diese in seiner Erzählung nie vom sozialen Kontext. Dass seine Biographie keine Brüche aufweist, sondern einen kontinuierlichen Ausbildungsgang von der Grund-, Mittel- und Oberschule, über die Kunsthochschule bis zum Forschungsinstitut darstellt, ist auf sein Elternhaus und die Ausbildungsinstitutionen zurückzuführen. Er war nicht zu einer langfristigen individuellen Planung gezwungen, weil es zum einen Personen gab, die ihm bei seinen Entscheidungen zur Seite standen, zum anderen schrieben die von ihm besuchten Institutionen immer auch einen bestimmten Abschnitt seines Lebens vor.

Diese lebensgeschichtliche Erzählung macht deutlich, dass er seinen Lebenslauf weniger als individuelles Projekt begreift, sondern vielmehr als einen Weg, der in ein interpersonelles und institutionelles Netz eingebunden ist. Entscheidungen fallen innerhalb dieses Geflechtes und in Abhängigkeit von Menschen, ohne dass dies als Unselbständigkeit verstanden wird.

III. Das Selbst im kulturellen Kontext

Anhand dieser lebensgeschichtlichen Erzählung lässt sich auf zumindest drei Ebenen die Verschränkung zwischen Kultur und Selbstthematisierung aufzeigen. 1) Der Interviewte vollzieht im Akt des Erzählens die Kultur, indem er sich bestimmter vorhandener Erzählmuster bedient und sie variiert. 2) Der Interviewte aktiviert die kulturell vorgegebenen Semantiken und füllt somit das Erzählmuster. 3) Der Interviewte thematisiert in der Kommunikationssituation mit einem Interviewpartner ausländischer Herkunft explizit aus ihrer Perspektive das Japanische.[13] An dieser Stelle möchte ich auf

[13] Im vorliegenden Fall wurde das Interview von einer deutschen Projektmitarbeiterin geführt. Aber auch in den Fällen, in denen die Interviews von japanischen Mitarbeitern geführt wurden, wurde die kulturelle Differenz ebenso zum Thema, weil die Interviewten das Forschungsprojekt durchaus als ein ausländisches ansahen.

das Verhältnis zwischen Kultur und Selbst auf der ersten und der zweiten Ebene näher eingehen.

In der Erzählung von Herrn M. ist offensichtlich, dass die Perspektive des Selbst weitgehend zurückgehalten wird. Alle wichtigen Lebensentscheidungen werden so dargestellt, dass die soziale Umgebung sie mit trägt. Das Selbst des Interviewten wird von solchen Entscheidungen, Zufällen und freiem Ausprobieren *(asobi)* getragen. Ein von innerer Motivation aktiv bewegtes Subjekt ist hier nicht zu entdecken. Die beruflichen Erfolge werden vielfach den Zufällen und der Familie zugeschrieben, und die persönliche Leistung schwebt nur im Hintergrund mit. Dies bedeutet aber keineswegs, dass hier nur ein passives Selbst in Erscheinung tritt. Die Erzählung ist durchaus gelungen, sie ist interessant und phasenweise immer wieder witzig, so dass die Anwesenden in der Interviewsituation öfter laut lachen. Gerade auf der pragmatischen Ebene der Interviewsituation zeigt sich der Interviewte als ein souveräner Erzähler, für den gerade die Erzählweise des „Understatement" die ganze Wirksamkeit entfalten kann. Doch die Voraussetzung dafür sind kulturell vorhandene Muster der Erzählung, in denen die Darstellung des autonomen Selbst eher zurückgehalten wird. Hier wird das Selbst über die Darstellung der anderen Menschen relational konstituiert. Nicht die teleologische Selbstentfaltung ist hier der Erzählstrang, sondern die Einbindungen in die unterschiedlichen sozialen Netzwerke. Und diese Erzählmuster lassen sich in verschiedenen literarischen Ausarbeitungen der biographischen und autobiographischen Texten wie in massenmedialen Verarbeitungen der individuellen Leben in den Fernsehdramen und auch in den weit verbreiteten Mangas nachweisen.

Doch wäre es verfehlt, wenn wir solche Erzählmuster als eine feststehende kulturelle Tradition verstehen würden. Auch diese Muster sind Ergebnis der kulturellen und semantischen Transformationen seit der zweiten Hälfte des 19. Jahrhunderts, in denen die vorhandenen Erzählmuster und die von außen hereinbrechenden neuen Konzeptionen immer wieder aufeinander trafen und treffen. So verändern sich diese Muster, indem sie mit immer neuen Semantiken gefüllt werden.

Denn auf der semantischen Ebene ist überdeutlich sichtbar, dass die Erzählung von Herrn M. von der modernen Lebenslaufvorstellung nicht getrennt denkbar ist. Für ihn ist der dreiphasige Lebenslauf, unterteilt in Ausbildungsphase, Zeit der Erwerbstätigkeit und schließlich Ruhestand eine Selbstverständlichkeit. Sein individuelles Leben ist ohne moderne Konzepte wie Individuum, Gesellschaft, Nationalstaat usf. nicht erzählbar.[14] So verweist er in seiner Erzählung darauf, dass er einen gewöhnlichen Lebenslauf habe, was die Existenz eines standardisierten Lebenslaufs hinweist, der wiederum eine moderne nationalstaatlich verfasste Gesellschaft voraussetzt.

---

[14] Vgl. als Vorarbeit für diese Interpretation (Shimada 2000).

Herr M. bedient sich in seiner lebensgeschichtlichen Erzählung der Erzählmuster sowie Semantiken, in denen das Selbst von seiner sozialen Bindung heraus relational konstituiert wird. Diese Erzählmuster schreiben ihm vor, die eigenen Lebensentscheidungen und Erfolge nicht als individuell persönliche Leistungen darzustellen und das Selbst in das jeweilige soziale Netzwerk einzubetten. Erzählmuster und Semantiken gehören zum impliziten Wissen und der narrativen Kompetenz des Erzählers. Dies beinhaltet, dass das Erzählmuster der „Understatement“ durchaus zum stilistischen Mittel der Selbstinszenierung gehört und der gesellschaftlichen und kulturellen Erwartung entspricht.

Literatur

Dumont, Louis (1991): Individualismus. Zur Ideologie der Moderne. Frankfurt/Main; New York: Campus.

Eisenstadt, Samuel N. (2000): Die Vielfalt der Moderne. Weilerswist: Velbrück.

Gabbani, Sonja (2004): Von der „Staatzeit“ zur „Eigenzeit“? Zur Integration der staatlich verordneten Disziplinarzeit in die individuelle Lebensorientierung in Japan. Hannover: unveröff. Diss., Universität Hannover.

Ito, Midori (2003): Kyôdô no jikan to jibun no jikan. Seikatsushi ni miru jikanishiki no nichidokuhikaku (Gemeinsame Zeit und eigene Zeit. Deutsch-japanischer Vergleich des Zeitbewusstsein in den lebensgeschichtlichen Erzählungen). Tokyo.

Shimada, Shingo (2000): Die Erfindung Japans. Kulturelle Wechselwirkung und nationale Identitätskonstruktion. Frankfurt/Main; New York: Campus.

Shimada, Shingo u. a. (1997): Biographie, Kultur, Identität. Endbericht des Forschungsprojektes: ‚Arbeitszeit, Freizeit, Familienzeit‘ in Japan. Der Umgang mit den westlichen Zeitlichkeitskonzepten in der japanischen Gesellschaft. Nürnberg.

Prof. Dr. Shingo Shimada, Heinrich-Heine Universität Düsseldorf, Ostasien-Institut, Modernes Japan, Universitätsstr. 1, Gebäude 23.02., Ebene 02, D-40225 Düsseldorf.

Arbeitsschwerpunkte: Kulturvergleichende Soziologie, Methodologie und Methode der qualitativen Sozialforschung im interkulturellen Kontext, Postkolonialität und Diaspora in Ostasien.

Manuskriptendfassung eingegangen am 26. Januar 2006.

Wie selbstlos sind Asiaten wirklich?

Kritische und methodologische Reflexionen zur kulturvergleichenden Persönlichkeits- und Selbstkonzeptforschung [1]

Pradeep Chakkarath

Zusammenfassung

Verständnisse von der eigenen Kultur und der eigenen Person sind kulturell geprägt und immer auch Ergebnis eines Vergleichs mit anderen Kulturen und anderen Personen. Im Prozess dieser „Selbstwerdung“ von Kulturen und Individuen spielen begriffliche Schemata eine erhebliche Rolle, da sie das Anschauungsrepertoire bilden, das Kulturen ihren Mitgliedern zur Verfügung stellen, um ihre kollektiven und persönlichen Identitäten zu entwickeln. Dieser Artikel geht der historischen und methodologischen Bedeutung dieser Schemata in der Mainstream-Psychologie nach und untersucht dabei vor allem, wie sie auch in die wissenschaftliche Konstruktion von Selbst- und Fremdverständnissen eingehen und wie einige daraus resultierende Verzerrungen vermieden werden könnten.

Schlagwörter

Selbstkonzepte, Orientalismus, Entwicklungskontext, Indigene Psychologie, Hinduistisches Denken.

---

[1] Einige der hier vorgetragenen Überlegungen verdanken sich meiner Tätigkeit im DFG-geförderten Projekt „Subjektive Entwicklungstheorien im Kulturvergleich“ (Leiter Gisela Trommsdorff und Wolfgang Friedlmeier), einem Teilprojekt des einstigen SFB 511 „Literatur und Anthropologie“ an der Universität Konstanz.

J. f. Psych., 14, 1 (2006), 93–119, ISSN 0942-2285

Summary

How selfless are Asians really? – Critical and methodological reflections on cross-cultural personality and self-concept research

Conceptions of one's own culture and person are culturally shaped and partially reflect comparisons with other cultures and other people. In the process of developing cultural and individual identities, conceptual schemes play a substantial role since they constitute essential aspects of the cognitive repertoire cultures provide to help their members develop collective and personal identities. This article outlines the historical and methodological role of some of these schemes in mainstream psychology and examines their impact on the scientific construction of self and other. Subsequently, the author reflects on how ethnocentric biases in psychological research can be minimized.

Keywords

Self-concepts, Orientalism, developmental context, indigenous psychology, Hindu thinking.

1. Einleitung

In seinen Vorlesungen zur Philosophie der Geschichte unterscheidet G. W. F. Hegel China und Indien als die beiden wichtigsten Wiegen asiatischen Denkens. In der Tendenz wie viele Gelehrte vor ihm und nach ihm hebt er dabei den „prosaischen Verstand" Chinas, wie er sich im fest gefügten chinesischen Staat widerspiegele, von der „träumerisch taumelnden Phantasie und Empfindung" des indischen Geistes ab, die in der ungezügelten indischen Gesellschaft ihre Entsprechung habe (Hegel 1832–1848/1986). Für das „Indische" hat Hegel allerdings größtenteils nur Verachtung übrig. List und Verschlagenheit, Betrügen, Stehlen, Rauben, Morden – darin bestehe „der Grundcharakter des Inders". Und auch die philosophische und psychologische Quelle für derartige Verkommenheit hat Hegel schnell identifiziert: Es sei eine Unbeschränktheit des abstrakten Denkens, aus der kein Konzept der Individualität und der Persönlichkeit entspringen könne, da die Subjekt-Objekt-Differenz zur Illusion erklärt werde, die es zu durchschauen und zu überwinden gilt. Auch eine historische Auffassung von Personen und Begebenheiten sei vor dem Hintergrund dieses Denkens nicht möglich gewesen und daher auch ausgeblieben. Eine solch grenzen- und bodenlose Konzeption vom Menschen und seinem Wirken in Zeit und Raum konnte wahrer Moral und Sittlichkeit keinen Boden bieten. Und so sind es nur abstruse Normen, Bräuche und Pflichten, die das Handeln der Inder orientieren und zugleich ein lediglich metaphysisch legitimiertes Gesellschaftssystem stützen, das die Macht des Stärkeren bzw. der höheren Kaste festschreibt. Angesichts solcher Verhältnisse fällt es Hegel auch nicht schwer, den britischen Kolonialismus zu rechtfertigen, und dies mit einer Konsequenz, die sich in etwa folgendermaßen reformulieren lässt: Menschen, die schon auf der individuellen Ebene ein autonomes Selbst nicht zu denken und daher nicht zu realisieren vermögen, können auch nicht mit der autonomen Selbstverwaltung ihrer politischen Angelegenheiten betraut werden.

Hegels vernichtendes Urteil über Philosophie und Gesellschaft Indiens ist ebenso berühmt wie ungewöhnlich, wenn sich auch durchaus weitere Prominente unter den Indienkritikern finden lassen, von Marx und Engels über Macauley, James Mill, Max Weber und Churchill bis hin zu Günter Grass. Die europäische Rezeption indischer Literatur, Philosophie und Kunst belegt eine häufig eher romantische und bewundernde Haltung gegenüber dem Denken und der Kultur des südasiatischen Subkontinents. Eine vollständige Liste der Indienbegeisterten wäre kaum überschaubar und würde Autoren wie Herder, Hastings, William Jones, Schlegel, Nietzsche, Kleist, Novalis, Schopenhauer, Max Müller, Zweig, C. G. Jung und Hesse einschließen (für eine historische Übersicht bis ins 19. Jahrhundert siehe Halbfass 1988). Auffällig ist dabei, dass es auch hier vor allem die (primär hinduistischen und buddhistischen) Überlegungen zu Individualität, Persönlichkeit und Selbst sind, denen das besondere europäische Interesse am indischen Denken gilt. Doch anders als Hegel sehen die Romantiker in der Überwindung der Subjekt-Objekt-Trennung nicht die Quelle für indische Niedertracht, sondern vielmehr die Grundlage für ein quasi selbstloses, an der Familie, der Gemeinschaft und der Pflicht orientiertes Verhalten, das individuelle Bedürfnisse in geradezu edler Weise zugunsten der Gemeinschaft zurückstellt.

Was hier in Beispielen der negativen bzw. positiven China- und Indienrezeption seit dem 18. Jahrhundert anklingt, hat eine weit längere Vorgeschichte (siehe Chakkarath 2003, Halbfass 1988). Hegels Annahme beispielsweise, dass Unterschiede im Denken, im Menschenbild und der psychischen Verfassung ihre Entsprechung im Zustand eines Staates und einer Gesellschaft haben, findet sich bereits bei Herodot, Platon und Aristoteles, illustriert durch zahlreiche Vergleiche zu asiatischen Nachbarn der Griechen. In seinem Drama „Die Perser" präsentiert Aischylos die antike asiatische Weltmacht mitunter in einer Andersartigkeit, die bis heute unterschiedliche Repräsentationen vom Osten als dem Fremden und Bedrohlichen prägt. Die Faszination für Indien als das so ganz andere Asien zeigt sich seit der Antike u. a. in Berichten über die stoische Lebensführung von Asketen, über die selbstlose Treue von Witwen, die ihren Männern in den Tod folgen, und in ausgeschmückten Berichten über wunderwirkende Magiere, unverwundbare Fakire und unsterbliche Yogis. Das christliche Mittelalter lokalisierte gar das Paradies und die Wiege der Schöpfung in diesen geheimnisvollen indischen Gefilden, eine Annahme, die noch bei Herder fortlebt. Und in Vorwegnahme Hegels, folglich weniger romantisierend, kam Alessandro Valignano, Inspizient des Jesuitenordens in China und Indien, schon im 16. Jahrhundert zum Schluss, dass der verschlagene Charakter der Inder ihre Missionierung erschwere, wogegen die chinesische Persönlichkeit der westlichen ähnlicher sei und daher schnelleren Missionserfolg verspreche.

Seit mehr als zwei Jahrtausenden hat Europa seine eigene Identität, sein kulturelles Selbst bzw. sein kollektives Selbstverständnis vom „Westen“ immer wieder auch durch Abhebung von seinen historisch variierenden Konzeptionen vom „Osten“ gewonnen. Im Anschluss an Edward Saids Analysen zum Orientalismus (Said 1978) ist dieser Prozess vielfach nachgezeichnet und diskutiert worden. Der Fokus dieser Diskussionen liegt jedoch auf der geisteswissenschaftlichen Auseinandersetzung mit dem so genannten Orient, während sich die kulturvergleichenden Sozialwissenschaften, zumindest in ihren vorwiegend empirisch ausgerichteten Disziplinen, von Saids Kritik vergleichsweise unbeeindruckt zeigen. Dies gilt meines Erachtens in ganz besonderer Weise auch für die Kulturvergleichende Psychologie, in deren Beiträgen Saids Analysen praktisch keine Erwähnung finden, obgleich ihre Implikationen für die Theorienbildung und die Methoden der mit Kultur befassten Psychologie offenkundig sind und obwohl die kontrollierte Eindämmung ethnozentrischer Fehlschlüsse eines der erklärten Hauptziele kulturvergleichender psychologischer Forschung ist. Diese Einschätzung soll nicht übersehen, dass sich in jüngerer Zeit ein größeres Bewusstsein für das Fortwirken historisch gewachsener ethnozentrischer und rassistischer Perspektiven in psychologischen Theorien und Methoden entwickelt hat, auch wenn die Mainstream-Psychologie sich der Aufarbeitung dieses Themas eher zögerlich stellt (vgl. Holdstock 2000, Howitt u. Owusu-Bempah 1994, Jahoda 1999). Selbstverständlich finden sich diese Perspektiven auch häufig als Teil einer orientalistischen Sicht auf den Osten, doch wäre es unangemessen, die neuere Kulturvergleichende Psychologie, die einigen Anteil an der Aufarbeitung dieser Problematik hat, hier allzu vorschnell für die krassesten Fehlläufe psychologischer Forschung in Verantwortung zu nehmen. Vielmehr soll es darum gehen, die Orientalismus-Thesen als Ausgangspunkt für eine Betrachtung subtilerer ethnozentrischer Perspektiven zu nehmen, die sich in Theorien finden, deren Ziel es ist, eine kulturinformiertere Sicht auf den „Osten“ zu vermitteln und denen es fern steht, rassistische Vorurteile zu propagieren. In diesem Sinne knüpfen die folgenden Überlegungen an Bhatia (2002) an, der dazu anregt, den Orientalismus in der Psychologie zu identifizieren und ihm wissenschaftlich angemessen zu begegnen. Damit wollen sie den Mangel an Reflexion auf die Kulturabhängigkeit auch der psychologischen Forschung über das „Andere“ aufzeigen und zugleich eine Perspektive eröffnen, die zur Beseitigung dieses Mangels beitragen kann.

Gegründet auf die einleitenden Bemerkungen wird sich die Aufmerksamkeit dabei primär auf den Effekt richten, den die kultur- und wissenschaftshistorische Bedeutung der Konzepte „Individuum“ und „Individualismus“ auf westlich geprägte Theorien zur Kulturabhängigkeit von Persönlichkeits- und Selbstkonzepten hat. Zum einen werden damit zentrale Themen der mit Kultur befassten Psychologie in den Blick genommen, zum anderen eben auch Leitmotive der kulturellen Narrationen des Westens, sowohl in seinen Konstruktionen des Ostens als auch in den Konstruktionen von sich selbst. Hinzu kommt, dass Theorien über das Selbst und seine psychologischen Aspekte auch im so genannten östlichen Denken zentrale Bedeutung haben. Exemplarisch gezeigt wird dies im zweiten Teil des vorliegenden Beitrags. Die darin angeregten Reflexionen zur Angemessenheit gängiger kulturvergleichender Selbsttheorien primär auf indische Beispiele zu stützen, ist vor allem der gebotenen Beschränkung geschuldet. Die Beispiele sind allerdings auch nicht willkürlich gewählt: Wie einleitend schon angedeutet, haben indische Beiträge erheblichen Anteil an der Ausarbeitung dessen, was gemeinhin als „östliches Denken“ vom „westlichen Denken“ unterschieden wird. Zugleich haben sie historisch auf viele Denktraditionen auch Südostasiens und Ostasiens prägenden Einfluss genommen. Darüber hinaus hat Europa – nicht zuletzt auch aufgrund dieser übergreifenden soziokulturellen Bedeutung indischer Philosophie und Wissenschaft – wohl keine anderen asiatischen Textüberlieferungen länger und umfassender rezipiert als die indischen. Und schließlich ist Indien, das ehemalige „Juwel der britischen Krone“, bis heute das meistdiskutierte Paradebeispiel für imperialistische, kolonialistische und damit einhergehende eurozentrische Interessen auf politischer, ökonomischer und intellektueller Ebene geblieben.

2. Individualismus als Okzidentalismus in der Kulturvergleichenden Psychologie

Nach Said (1978) gibt es eine kulturhistorisch gewachsene und in den westlichen Kulturwissenschaften etablierte Perspektive auf den „Orient“, wobei unter diesem Konzept nahezu jeglicher Kulturbereich des gesamten asiatischen Kontinents subsumiert wurde. Diese Perspektive ist von einigen typischen Annahmen geprägt, vor allem von der Überzeugung, dass es einen essentiellen und systematischen Unterschied zwischen dem „Westen“ und dem „Osten“ gibt: Der Westen ist rational, authentisch, maskulin, aktiv, liberal, daher progressiv und hoch entwickelt; der Osten ist gemessen daran irrational, unauthentisch, feminin, passiv, despotisch, daher zivilisatorisch zurückgeblieben und unterliegt der Stagnation. Der Ursprung dieser Repräsentation des „Orients“ als des „Anderen“ liegt in der hochselektiven Rezeption und pragmatischen Interpretation als klassisch eingestufter Texte und anderer Artefakte aus dem „Orient“. Diese Repräsentation basiert zugleich auf der Überzeugung, dass es erst der westlichen Kulturwissenschaft möglich war, den „Orient“ überhaupt zu entdecken, zu definieren und akademisch zu ordnen, dank vor allem philologischer Kompetenzen, die erst den westlichen Wissenschaftler in die Lage versetzten, die Texte der Orientalen auch angemessen zu verstehen. Die besagte Repräsentation stand und steht überdies im historischen Kontext imperialistischer Interessen, zu deren Rechtfertigung auf die vermeintliche Unfähigkeit des Orients zur Selbstbestimmung und zur Modernisierung (nach westlichem Vorbild) verwiesen wird. Die behauptete Unfähigkeit resultiert aus Denktraditionen, die allenfalls auf vormodernen Rationalitätsstandards beruhen und daher unberechenbar bzw. bedrohlich sind. Folglich muss der Orient gefürchtet und unter Kontrolle gehalten werden, u. a. durch Wissenschaft, der eine Legitimationsfunktion für die konstitutiven Elemente des Orientalismus zukommt.

Saids Thesen sind nicht durchgängig neu, aber durch unzählige Beispiele begründet und provokant. Sie fordern ein westliches Wissenschaftsverständnis heraus, das sich selbst auf das Ideal der Wertfreiheit und der Objektivität sowie den Anspruch auf universelle Gültigkeit seiner wissenschaftlichen Basisannahmen gründet. Saids Belege sind zahlreich und aussagekräftig, doch scheint ihr Großteil primär auf eine Kritik der Geisteswissenschaften und vorwiegend auf ihre *hermeneutischen* Herangehensweisen an fremde Kulturen zu zielen (vgl. die Beispiele in Macfie 2000). Wie verhält es sich aber mit den *empirisch* ausgerichteten Sozialwissenschaften? Wie verhält es sich insbesondere mit der Kulturvergleichenden Psychologie, die ihre Theorien und Forschungsperspektiven, ihre Erhebungsmethoden und Auswertungsverfahren soweit möglich an naturwissenschaftlichen Standards ausgerichtet wissen will? Muss sich eine Disziplin, die ihre Daten „im Feld“ und an Personen erhebt, überhaupt einer Kritik stellen, die sich im Wesentlichen auf Erhebungen aus Texten richtet? Müsste andererseits das Fach Psychologie, das einige Kompetenzen in der Forschung zu Entstehung und Auswirkung von Stereotypen und Ethnozentrismen nachweisen kann, nicht in jedem Falle interessiert sein an der Reflexion eventuell orientalistisch verzerrter und getrübter Sichtweisen auf den „Osten“? Betrachten wir diese Fragen zunächst vor dem Hintergrund einer schlaglichtartigen Skizze der Entwicklung neuerer Theorien zu interkulturell variierenden Persönlichkeits- und Selbstkonzepten. Was diese Skizze anbetrifft, so sollen Unterschiede in den akademischen Verständnissen von „Persönlichkeit“ und „Selbst“ keineswegs in Frage gestellt werden, so sehr sie auch Anlass zur Diskussion bieten. Es geht vielmehr um die Freilegung einiger historischer Verbindungen und spezifischer Aspekte in der Forschung zu diesen Konzepten.

Die Verknüpfung psychologischer und allgemeiner kulturwissenschaftlicher Fragestellungen verdankt sich keineswegs erst der modernen Wissenschaftsgeschichte. Da die Reflexion über individuelle *und* kollektive Identität eines der frühesten Themen religiösen, philosophischen, staatstheoretischen und auch psychologischen Nachdenkens war, reichen kulturvergleichende und kulturpsychologische Überlegungen wie auch daran anknüpfende empirische Untersuchungen weit vor die europäische Aufklärung und das ideologisch von ihr geprägte 19. Jahrhundert zurück (vgl. Chakkarath 2003; Straub in Druck). Das Besondere an der Diskussion kulturvergleichender Fragen im 19. Jahrhundert, war ihre Einengung unter evolutionistischer Perspektive. Der Kulturvergleich, wie ihn Comte, Spencer, Tylor, Durkheim und andere zum sozialwissenschaftlichen Programm erhoben, sollte klären, welche universellen Kausalmechanismen hinter der Entwicklung von Gesellschaften stehen, inwieweit sich Phylogenese und Ontogenese mittels desselben theoretischen Instrumentariums beschreiben lassen und wo bestimmte Kulturen auf einer noch zu erstellenden Zivilisations- und Fortschrittsskala angesiedelt waren. Dass die westlichen, vor allem die europäischen Kulturen in Sachen Fortschritt, Wissenschaftlichkeit und der Verwirklichung individueller Freiheiten den Maßstab für alle anderen Kulturen abgaben, verstand sich – wie wir bereits am Beispiel Hegels sahen – weitgehend von selbst. Ebenso selbstverständlich wurde daraus weiter geschlossen, dass sich diese Fortschrittlichkeit einer evolutionsbiologisch fundierten physiologischen und kognitiven Überlegenheit der europäischen „Rassen" verdankte, die der Entwicklungsstufe der afrikanischen und asiatischen „Rassen" bereits entwachsen waren oder sich ohnehin auf einem separaten Entwicklungszweig vervollkommnet hatten (Jahoda 1999). Bemerkenswerterweise markierte hier gerade das Bemühen, kulturvergleichende Humanwissenschaft auf objektive naturwissenschaftliche Füße zu stellen, zugleich den Versuch, Ethnozentrismus und Rassismus wissenschaftlich zu legitimieren.

Für Wilhelm Wundt, den Gründungsvater der gerade institutionalisierten Psychologie, bestand kein Zweifel, dass die Fragen nach allgemeinen Entwicklungsgesetzen auch von höchstem psychologischem Interesse sind. Er wusste allerdings auch, dass diese Fragen sich weder auf Individualebene noch auf Kollektivebene mit ausschließlich naturwissenschaftlich-experimentellen Methoden klären lassen, die sich das Fach gerade erst auf die Fahnen seines Selbstverständnisses geschrieben hatte. Wundts Versuch, die Mitte des Jahrhunderts initiierte und nach kurzer Zeit schon im Keim erstickte Idee einer „Völkerpsychologie" auf systematisch und methodisch anspruchsvollerem Niveau umzusetzen (Wundt 1900–1920), scheiterte. Sie scheiterte – von ihren immanenten systematischen Mängeln abgesehen – eben schon deshalb, da den meisten seiner Kollegen der Rückfall in eine vorexperimentelle und somit unwissenschaftliche Psychologie ein zu hoher Preis war, um Kultur als Untersuchungsgegenstand der Psychologie zu integrieren. Unter anderem dadurch lässt sich erklären, warum Themen wie „Selbst“, „Persönlichkeit“ und „Identität“, die von William James etwa zeitgleich und auf hohem Niveau in den Mittelpunkt psychologischer Fragestellungen gestellt worden waren, lange Zeit nahezu frei von kulturpsychologischen Überlegungen untersucht wurden. Mit dem Aufkommen des Behaviorismus blieb es vollends zunächst anderen empirischen Wissenschaften überlassen, diesen Zusammenhang herzustellen.

An erster Stelle ist hier die Kulturanthropologie zu nennen, die in ihrer amerikanischen Ausprägung von Franz Boas begründet, von seinen Schülerinnen Ruth Benedict und Margaret Mead weitergeführt wurde und sich bald schon als „Culture and personality school“ etablierte (für eine ausführlichere und differenziertere Darstellung der Bedeutung dieser Schule auch für die moderne psychologische Kulturforschung siehe Bock 1994). Entgegen der evolutionistischen Perspektive des 19. Jahrhunderts wurde hier der Mensch primär als ein *Kultur*wesen von anderen Wesen unterschieden, als eine Kreatur, die Kultur kreiert und von dieser in ihrem Selbst- und Weltverständnis zugleich entscheidend geformt wird. Ausgehend von Boas problematisierten vor allem Sapir und Whorf die vorangegangenen theoretischen und methodischen Forschungsergebnisse, indem sie Sprachen und Sprechweisen eine konstitutive Rolle für das Denken einer Kultur und ihrer Individuen zuwiesen. Sprachen strukturieren demnach Denken unterschiedlich und können dadurch kulturspezifische Bedeutungen (z. B. auch von „Selbst“ und „Welt“) erzeugen, die in andere Sprachen und Denkweisen nicht ohne weiteres übersetzbar sind. Früh schon integrierte die Kulturanthropologie zur Erforschung dieser Zusammenhänge psychologische, insbesondere psychoanalytische Theorien und entsprechend häufig projektive psychodiagnostische Untersuchungsverfahren (z. B. den Rorschach-Test und den Thematic Apperception Test, TAT). Gemeinsam ist den berühmtesten Vertretern der unterschiedlichen Schulen die Überzeugung, dass Kultur einen *determinierenden* Einfluss auf die individuelle Persönlichkeitsentwicklung hat. Benedict, Mead und Sapir verstanden Kultur als eine übersubjektive Konfiguration, als ein Ganzes, das auf seine Teile bzw. Individuen persönlichkeitsprägend wirkt. Kulturspezifischen Konfigurationsmustern sollten dabei entsprechende Persönlichkeitstypen zugeordnet werden – eine Zielsetzung, in der Kultur als Persönlichkeit auf höherer Ebene verstanden wurde. Die Studien von Mead auf Neuguinea führten unter anderem zu einer frühen Formulierung der gendertheoretischen These, wonach sogar die geschlechtliche Persönlichkeit, was als „typisch männlich“ und als „typisch weiblich“ gilt, weitgehend kulturell erzeugt werde.

Kardiner und Linton versuchten mit ihrem Konzept der „Basispersönlichkeit“ eine differenziertere Analyse von Kultur und Persönlichkeit vorzulegen, um den angenommenen Kausalzusammenhang zwischen kulturellen und psychischen Phänomenen deutlicher aufzuzeigen. Sie nahmen an, dass die geophysische Umwelt Einfluss auf primäre Institutionen (z. B. Wirtschaftsweise, Familienform, Kindererziehung) hat, die zur Entwicklung einer so genannten „Basispersönlichkeit“ führen. Darunter verstanden sie den kleinsten gemeinsamen Nenner von Persönlichkeitsmerkmalen (vor allem Ängste, Abwehrmechanismen, Neurosen) die sich in einer Kultur finden lassen und auf deren Basis die individuell durchaus variierenden Persönlichkeiten aufgebaut werden. In Abhängigkeit von der Basispersönlichkeit entstehen dann die sekundären bzw. *projektiven* kulturspezifischen Institutionen, wie zum Beispiel Mythologien, Weltanschauungen, Sitten und Gebräuche. Die Schwierigkeiten, diesen gemeinsamen Nenner auch wirklich zu finden, führten Du Bois und Wallace zur Annahme einer lediglich „modalen Persönlichkeit“, die sich nur in der kulturellen Kerngruppe zeige, aber nicht auf alle Individuen einer Kultur generalisieren lasse.

Obgleich der *Culture and Personality School* gelegentlich ganz pauschal ein Kulturrelativismus unterstellt wird, hat sie durchaus auch universalistische Züge. Dies zeigt sich etwa in den deterministischen Annahmen, die aus der geophysischen Umwelt und primären Institutionen kausal auf eine Basispersönlichkeit schließen, so dass sich aus diesen vorangehenden kulturellen Faktoren Struktur und Inhalte sekundärer Institutionen gesetzmäßig ergeben. Die hier anklingende optimale Anpassung an jeweils unterschiedliche Umwelten ist eine Reminiszenz an nach wie vor aktuelle evolutionstheoretische Erklärungsmodelle. In methodischer Hinsicht zeigen sich universalistische Aspekte beispielsweise in der Nähe zu psychoanalytischen Ansätzen und der Überzeugung von der kulturübergreifenden Geltung entsprechender Theorien und Verfahren. Darüber hinaus gründet jede der genannten Theorien zur Persönlichkeitsentwicklung in der Annahme, dass alle Kulturen – zumindest für eine kulturtragende Kerngruppe von Individuen – einen *bestimmten* Persönlichkeitstyp generieren. Dies entspricht der langen westlichen Denktradition eines identitätsstiftenden und stabilen individuellen Selbst, das auf kultureller oder gar nationaler Ebene seine Entsprechung hat. In einer frappierenden Konsequenz der historisch verwurzelten individuumzentrierten Theorien westlicher Provenienz werden dabei auch Kulturen quasi zu Individuen. Das vielleicht berühmteste kulturanthropologische Beispiel für den Effekt dieser Perspektive auf die Persönlichkeitsforschung ist Ruth Benedicts „The Chrysanthemum and the Sword“, eine Untersuchung zu Persönlichkeitstyp und Nationalcharakter der Japaner. Darin unterscheidet sie Japan anhand verschiedener Dichotomien u. a. als eine *einzigartige* „Schamkultur“ von der westlichen „Schuld-Kultur“. Während in letzterer bei den Kulturangehörigen aus der tiefen Überzeugung von persönlicher moralischer Verantwortlichkeit ein individuelles Gefühl persönlicher Schuld- und Sündhaftigkeit resultiere, zeichne sich die japanische Persönlichkeit durch eine Schamhaftigkeit aus, die eher an der personalen Oberfläche auftrete und zwar, wenn (und nur solange) die Gemeinschaft das Individuum für sein Verhalten verurteilt. Sowohl in seinen dichotomischen Gegenüberstellungen als auch in seinen gelegentlich als rassistisch bewerteten Schlussfolgerungen prägte das Buch, das unmittelbar nach Ende des Zweiten

Weltkriegs erschien, das Japan- und Ostasienbild der Amerikaner wie auch der amerikanisch geprägten Sozialforschung über Jahrzehnte, partiell bis heute. Nebenbei bemerkt, ist die Monographie zugleich ein Beispiel für eine Studie, deren Autorin das untersuchte Land nie selbst bereist hat. Sie stützt sich im Wesentlichen auf schriftliche Texte und Interviews mit japanischen Immigranten.

Trotz ihrer unterschiedlichen theoretischen Ausrichtungen und Ansprüche fanden sich all die genannten Theorien zu Kultur und Persönlichkeit in den späteren Vergleichsstudien zum Nationalcharakter wieder, in denen die Stereotypen, die hinter vielen der kulturanthropologischen Annahmen standen, nicht nur besonders deutlich wurden, sondern sich auch für lange Zeit festsetzten (Inkeles 1961). Im selben Zuge entstanden auch Wertestudien, in denen Kulturen über darin jeweils bevorzugte Weltbilder, Normen und sozial erwünschte Orientierungen unterschieden wurden (z. B. Kluckhohn u. Strodtbeck 1961).

In Kontinuität zu den Bemühungen der *Culture and Personality School* und ihrer Ausläufer versuchte auch Hofstede (2000) Kulturen anhand von dichotomen Dimensionen zu unterscheiden, die Extrempunkte auf einer Skala markieren, auf der sich die jeweiligen Ausprägungen der Dimensionen abbilden. Jedes Land lässt sich dann quasi als eine Konfiguration aus kulturtypischen Werten darstellen. Hofstedes fünf Dimensionen lauten bekanntermaßen Individualismus vs. Kollektivismus, hohe vs. niedrige Machtdistanz, Maskulinität vs. Femininität, hohe vs. niedrige Unsicherheitsvermeidung und langfristige vs. kurzfristige Orientierung (eine Dimension, die auf Michael Bonds Forschungsgruppe zurückgeht und spezifischen Aspekten vor allem konfuzianisch geprägter Kulturen gerecht werden soll). Die Daten, auf deren Grundlage Hofstede zu diesen Dimensionen gelangte, erhob er über Fragebögen, die zwischen 1967 und 1973 IBM-Mitarbeitern aus über 70 Ländern vorgelegt wurden. Replikationen und modifizierte Fortführungen, die u. a. auch kommerzielle Piloten, Beamte in Führungspositionen und Studenten einschließen, haben die Zahl der Respondenten auf mittlerweile ca. 130.000 Personen erhöht. Probleme, die Hofstedes Studie mit sich bringt, ließen sich unter orientalismuskritischer Perspektive als Resultat ethnozentrischen Vorgehens kritisieren: Die Untersuchungen wurden in einem typisch westlichen Kontext (Arbeitsumfeld in einem amerikanischen multinationalen Großunternehmen) vorgenommen, der zuerst in andere Länder exportiert und dann als Untersuchungskontext für kulturvergleichende Untersuchungen ausgewählt wurde – und dies vornehmlich unter Männern, außerdem unter eingeengter Perspektive auf „work related values“ und schließlich nicht frei von ökonomischen Interessen des Westens. Ohne hier eine detaillierte Betrachtung zur Güte der einzelnen Unterscheidungsdimensionen leisten zu können, sei nur angemerkt, dass diese durchaus Fragen aufwerfen, da trotz der von Hofstede vorgelegten Operationalisierungen unklar bleibt, was in jeder der untersuchten Kulturen jeweils z. B. unter „Individualismus“, „Macht“ oder „Unsicherheit“ tatsächlich verstanden wird bzw. ob sich die

Verständnisse ohne weiteres miteinander vergleichen lassen. Vielleicht am auffälligsten wird die ethnozentrische Perspektive im Falle der Merkmale, an denen „maskuline“ bzw. „feminine“ Orientierungen festgemacht werden, worin sich ein Rückfall hinter sprachtheoretische und gendertheoretische Einsichten der frühen Kulturanthropologie zeigt.

Die beachtliche Zahl der Länder und der Befragten, wie auch die überschaubar kleine Zahl an Wertekategorien, haben die Hofstede-Untersuchung trotz einiger Kritik auch in der Kulturvergleichenden Psychologie zur einflussreichsten Wertestudie gemacht. Dies gilt in erster Linie für die Individualismus-Dimension, die als theoretisches Konstrukt zwar die ganze Geschichte europäischer Sozialwissenschaft durchzieht, hier aber ihre bislang breiteste Datenbasis fand. Darauf gestützt wird auch die Auffassung des 19. Jahrhunderts aufrechterhalten, dass zunehmende Modernisierung und Wohlstand einer Gesellschaft mit zunehmendem Individualismus einhergehe (zu einer kritischen Betrachtung dieser These siehe Chakkarath u. Trommsdorff 2001). In Hofstedes Charakterisierung der funktionalen Bedeutung seiner Kulturdimensionen als einer „Software of the mind“ wird der *psychologische* Anspruch deutlich, den er mit seinen Auswertungen verbindet. Vor allem Triandis (2001) hat diesen Anspruch erhärtet, indem er auf Individualebene die Persönlichkeitsdimension „Ideozentrismus vs. Allozentrismus“ identifizierte, die in zahlreichen kulturvergleichenden Studien mit der Kulturdimension „Individualismus vs. Kollektivismus“ korreliert werden konnte und es erlaubt, auch interindividuelle Unterschiede zwischen eher ideozentrischen bzw. eher allozentrischen Personen in ein- und derselben Kultur zu untersuchen. Fasst man die von Hofstede und Triandis unterschiedenen Merkmale zusammen, so bevorzugt eine individualistisch bzw. ideozentrisch orientierte Person ein eher *loses soziales Netzwerk* mit einer *Kernfamilie* als Zentrum, betont ihren Wunsch nach *Autonomie* und *Independenz*, möchte ihre *Privatsphäre* wahren und verfolgt primär die *Realisierung persönlicher Ziele*. Sie sieht sich dabei im *Wettbewerb* mit anderen Personen und hält *individuelle Belohnungen* für individuelle Leistungen für gerechtfertigt. Im Vergleich dazu bevorzugt eine kollektivistisch bzw. allozentrisch orientierte Person ein *eng geknüpftes soziales Netzwerk* mit der *Großfamilie* im Zentrum, betont ihren Wunsch nach *Harmonie* und *Interdependenz*, strebt nach dem Gefühl der *Gruppenzugehörigkeit* und verfolgt die *Realisierung von Gruppenzielen*. Sie sieht sich dabei in *Kooperation* mit anderen Personen und hält daher die *Gleichverteilung von Belohnungen* für angemessen. Sowohl die Resultate von Hofstede als auch die von Triandis legen nahe, dass Personen aus westlichen Ländern individualistischer und ideozentrischer orientiert sind als Personen aus den meisten asiatischen Ländern.

In der nach wie vor einflussreichsten Theorie zu interkulturell variierenden Selbstkonzepten, die von Markus und Kitayama (1991) vorgelegt wurde, begegnen uns sowohl die vertraute dichotome Gegenüberstellung als auch die historisch verwurzelten Charakterisierungen individualistischer bzw. *independenter* Selbstauffassungen wieder, an denen kollektivistische bzw. *interdependente* Selbstauffassungen kontrastiert werden (siehe Tabelle 1).

Tab. 1: Independentes vs. interdependentes Selbstkonzept nach Markus und Kitayama (1991)

Person mit *independentem* Selbstkonzept	**Person mit *interdependentem* Selbstkonzept**
empfindet sich als separat von ihrem sozialen Kontext	empfindet sich als verbunden mit ihrem sozialen Kontext
hat eine abgegrenzte und stabile Struktur	hat eine flexible und variable Struktur
ist internal orientiert und fokussiert auf innere Aspekte (Fähigkeiten, Gedanken, Gefühle)	ist external orientiert und fokussiert auf äußere Aspekte (Status, Rolle, Beziehungen)
empfindet sich als individuell/einzigartig	empfindet sich als zugehörig
drückt sich selbst aus	drückt ihre kontext-definierte Rolle aus
verhält sich unter Berücksichtigung persönlicher Maßstäbe	verhält sich „angemessen" (d. h. entsprechend der eigenen Rolle)
verfolgt ihre eigenen Ziele	verfolgt die Ziele anderer
ist direkt; sagt, „was ihr auf dem Herzen liegt"	ist indirekt; „liest die Gedanken" anderer

Empirisch gestützt wurde diese Unterscheidung zunächst durch Befragungen vor allem US-amerikanischer und ostasiatischer Studenten. Wie die Gegenüberstellung zeigt, gehen in die Beschreibung des interdependenten Selbstkonzepts auch nach Markus und Kitayama Merkmale ein, an denen schon Ruth Benedict beispielsweise den japanischen Persönlichkeitstyp festmachte: ein kaum verinnerlichtes, sondern allenfalls in äußerlichen Aspekten des Sozialverhaltens, also an der „Oberfläche" beobachtbares und erlebtes „Selbst", das eher in einer auferlegten Rolle und folglich nicht „in sich selbst" wurzelt. Es scheint im Grunde kaum möglich, diese auch in aktuellen Theorien noch nachweisbare westliche Auffassung von „Individuum", „Individualität" und „Selbst" auf Personen mit interdependenten „Selbstkonzepten" überhaupt anzuwenden. Sie erscheinen unter dieser kultur- und wissenschaftshistorisch gewachsenen Konzeption geradezu selbst*los*, und zwar nicht nur im Hinblick auf die Unzuschreibbarkeit klar abgegrenzter stabiler Strukturen, sondern auch im Hinblick auf eine geradezu altruistisch anmutende Hingabe an andere und an übergeordnete Gruppenziele. Markus und Kitayama haben diese Spezifizität, die sie vor allem an ostasiatischen Beispielen illustrieren, aber für die meisten asiatischen Kulturen annehmen (Markus u. Kitayama 1991), unter anderem auf weltanschauliche Traditionen zurückgeführt. Beispielsweise betonen sie die Bedeutung, die der Buddhismus dem Mitgefühl und der Sorge um andere gibt, oder heben die konfuzianische Orientierung an Pflichten und klar definierten Beziehungs- und Rollenmustern hervor (z. B. Markus, Mullally u. Kitayama 1997). Belege für ihre Theorie finden sie überdies in linguistischen Eigenheiten und kulturspezifischen sozialen Episoden, gestützt auf Ergebnisse der kulturanthropologischen Forschung. So weisen sie etwa darauf hin, dass das japanische Wort für „Selbst" *(jibun)* dem Wortursprung nach „mein Anteil" bedeute, dass japanische Kinder über viele Jahre mit den Geschwistern, Eltern oder Großeltern das Bett teilen oder dass Japaner auf Komplimente abwehrend reagieren. Sozialorientierung vor allem in der Ingroup zu fördern ist allerdings ein Anliegen der meisten Weltanschauungen und Religionen, einschließlich der christlichen und auch der säkularisierten Traditionen des Westens (Chakkarath in Druck). Was die übrigen Hinweise angeht, so taugen sie zweifellos zur Illustration für eine ausgeprägte Sozialorientierung, tragen aber nicht zur Klärung einiger zentraler psychologischer Fragen bei. Wie zum Beispiel hat man sich die Motivations- und Handlungsstruktur von Personen vorzustellen, denen ein internal, individuell und stabil angelegtes Selbst abgesprochen wird, das der westlichen Mainstream-Psychologie paradoxerweise als Grundlage dient, um individuelle Motivationen, Zielsetzungen und Handlungen überhaupt zu erklären? Sind Japaner und andere Asiaten tatsächlich so „selbstlos" wie es die westlich geprägte psychologische Forschung scheinen lässt? Oder handelt es sich bei dieser fortlebenden Darstellung um eine orientalistische Repräsentation vor dem Hintergrund okzidentalistischer Selbstverständnisse? Um diese Frage tiefgehender zu klären, bietet es sich an, alternative Theorien zu Persönlichkeit und Selbst heranzuziehen und diese nicht aus dem westlich geprägten Forschungskontext zu rekrutieren, sondern aus jenen kulturellen Kontexten, in denen die meisten Asiaten für gewöhnlich aufwachsen und die unter anderem durch ihre ganz eigenen philosophischen und psychologischen Welt- und Menschenbilder mitkonstituiert sind.

3. Perspektivenwechsel: Indigene Psychologien vom Selbst

3.1 Zur theoretischen Bedeutung indigener Psychologien

In den zurückliegenden Jahren hat die Methodendebatte zwischen einer eher universalistisch orientierten Kulturvergleichenden Psychologie und einer vergleichsweise eher relativistisch orientierten Kulturpsychologie zunächst zu scheinbar unüberbrückbaren Gegensätzen in der mit „Kultur" befassten Psychologie geführt. Dies zeigte sich u. a. in der Etablierung neuer Fachzeitschriften mit kulturpsychologischer Ausrichtung (z. B. *Culture & Psychology; Asian Journal of Social Psychology*), die sich als Gegengewicht zu dem bislang dominierenden *Journal of Cross-Cultural Psychology* verstehen. Vor diesem Hintergrund lässt sich auch das verstärkte Interesse an so genannten „indigenen Psychologien" verstehen, deren Bedeutung zunächst vor allem in der Kulturanthropologie erkannt wurde (siehe z. B. Heelas u. Lock 1981), denen neuerdings aber auch in der Psychologie selbst einige Beachtung zukommt (für weitergehende Hinweise siehe Chakkarath 2005). Unter „indigenen Psychologien" werden psychologisch relevante Konzepte verstanden, die in den Kulturen entwickelt wurden, um deren Untersuchung es jeweils geht und die nicht zwangsläufig mit psychologischen Konzepten identisch sein müssen, die in der sogenannten „Mainstream"-Psychologie des Westens entwickelt wurden. Da sie wichtige Aspekte des Denkens der jeweiligen Kultur enthalten, eröffnen indigene Psychologien bedeutsame Einblicke in kulturelle Selbstverständnisse, damit einhergehende Weltanschauungen und Menschenbilder, einschließlich von Werthaltungen und Anschauungen zum Verhältnis von Individuum, Kollektiv und Umwelt.

Von besonderem Interesse sind indigene Psychologien auch und vor allem deshalb, da sie – wenn auch in jeweils unterschiedlich systematischer Aufbereitung – Vorstellungen, Theorien und Erklärungen zur menschlichen Entwicklung sowie zum menschlichen Erleben und Verhalten bereithalten, die für die westliche Psychologie sowohl hinsichtlich der Unterschiede als auch der Gemeinsamkeiten zu den eigenen Konzepten von Interesse sein können. Da die westliche Psychologie aus der hier angelegten Perspektive selbst als eine indigene Psychologie erscheint, die bestimmte historische Wurzeln hat und nicht ignorieren kann, dass sie in ihrer eigenen Geschichte – trotz gleich bleibender universalistischer Ansprüche – bereits unterschiedlichste Selbstverständnisse und Positionen eingenommen hat, sollte die sie prägende Bemühung um die Entdeckung universeller humanwissenschaftlicher Merkmale und Gesetzmäßigkeiten immer auch in Auseinandersetzung mit konkurrierenden Erklärungsmodellen erfolgen. Neben der Überprüfung der eigenen Annahmen erlaubt die Untersuchung indigener psychologischer Konzeptionen aber auch einen Perspektivenwechsel, der die Generierung neuer Hypothesen ermöglicht, die wiederum die Präzisierung der bisherigen Konzepte wie auch die Entwicklung neuer Konzepte nach sich ziehen kann.

Über diese generellen wissenschaftstheoretischen Überlegungen hinaus kommt indigenen Psychologien im Rahmen kulturwissenschaftlicher Studien zur menschlichen Entwicklung eine weitere zentrale Bedeutung zu: Insofern als sie Theorien über den Menschen und die ihm angemessenen Orientierungen, Werthaltungen und Verhaltensweisen zur Verfügung stellen, erlauben sie auch Einblicke in Phänomene, die für die Struktur kulturabhängig variierender Entwicklungskontexte bedeutsam sind. Einige wenige Anmerkungen unter kulturpsychologischer Perspektive mögen deutlicher machen, dass und wie sich indigene Psychologien fruchtbar in die psychologische Forschung zur Entwicklung von Selbst und Persönlichkeit integrieren lassen:

In der Geschichte der mit Kultur befassten Psychologie war es insbesondere Wygotski (1978), der – aufgrund des behavioristischen Zeitgeists der ersten Hälfte des 20. Jahrhunderts über Jahrzehnte unentdeckt – feststellte, dass die menschliche Psyche keineswegs als eine in sich geschlossene Entität der Umwelt als einer anderen Entität gegenüberstehe und mit ihr interagiere, sondern von interkulturell variierenden und sich selbst stetig verändernden Kontexten abhänge. Diese Kontexte werden als eine Prozesseinheit verstanden, die durch die Interaktion von Individuen konstituiert wird und ihrerseits die zwischenmenschlichen Interaktionen beeinflusst. Nach Wygotski erfolgt die Weitergabe sozialisations- und persönlichkeitsrelevanter Inhalte an nachrückende Generationen primär durch erfahrenere Erziehungspersonen in einem dyadischen Weitergabe- und Aneignungsprozess. Mit dieser Sichtweise lenkte er das psychologische Interesse von universell auftretenden organismischen Prozessen auf kulturelle Inhalte, die entscheidend Einfuß darauf nehmen, welche Formen von Interaktion überhaupt vermittelt oder unterbunden, durch welche Personen sie vermittelt und welche Theorien und Techniken dabei bevorzugt werden. Mit seinen empirischen Studien legte er nahe, dass die vermittelten Inhalte wie auch die Vermittlungstechniken selbst von subjektiven Vorstellungen und Haltungen der beteiligten Personen abhängen, die auf kulturellem Wissen einerseits und auf individuellen Erfahrungen andererseits beruhen. Viele seiner hier lediglich anklingenden Beiträge sind – wenn auch selten explizit erwähnt – in die neuere Forschung eingegangen.

Ein Beispiel für die (historisch nachgeholte) Integration von Wygotskis Annahmen in kulturanthropologische Theorien zu Kultur und Selbst ist das Modell der „Entwicklungsnische" („developmental niche") von Super und Harkness (1986). Kultur wird darin als Ergebnis von kollektiven und individuellen Anpassungsleistungen verstanden und konstituiert sich aus drei Segmenten: zum einen aus der Umwelt (geophysikalisches und soziales Setting), zum anderen aus soziohistorischen Vorbedingungen (Bräuche, Sitten, Traditionen) und schließlich aus psychologischen Merkmalen der Individuen (z. B. ihre weltanschaulichen Überzeugungen, Menschenbilder, Entwicklungs- und Erziehungstheorien sowie affektive Orientierungen und Selbstverständnisse). Anders als beispielsweise im unilinear kausalistischen Kultur- und Persönlichkeitsmodell von Kardiner und Linton werden die drei Komponenten der Entwicklungsnische als in Wechselwirkung stehende Subsysteme eines flexiblen ökologischen Gesamtsystems gesehen. Sitten, Weltanschauungen und darin eventuell enthaltene psychologische Theorien werden nicht mehr als Endresultat vorangehender Kausalprozesse verstanden, sondern als Faktoren, die ihrerseits auf andere Kulturphänomene zurückwirken und in dieser Reziprozität das Gesamtphänomen Kultur wie auch kulturelle Dynamik und individuelle Entwicklung verständlicher machen.

Es ist offensichtlich, dass indigenen Psychologien unter dieser Perspektive eine wichtige Rolle zukommt, da die in ihnen angelegten Überzeugungen Einfluss auf alle konstitutiven Segmente von Kultur nehmen und da sie in ihren kennzeichnenden Elementen zugleich den Einfluss der anderen Segmente reflektieren. In jeweils unterschiedlichem Maße gehen sie über Vermittlungsprozesse, wie schon Wygotski sie beschrieben hat, als subjektive Überzeugungen bzw. „naive" Laientheorien oder „Ethnotheorien" in den alltäglichen Wissensbestand der Angehörigen einer Kultur ein und entscheiden u. a. darüber mit, wie Personen sich selbst sehen bzw. ihr Selbst konstruieren. Inwieweit indigene psychologische Theorien tatsächlich die Bedeutung haben können, die ihnen hier zugesprochen wird, werde ich im letzten Abschnitt meiner Überlegungen an einem indischen Beispiel illustrieren.

3.2 Eine hinduistische Konzeption vom Selbst

Es ist ein auffälliges Merkmal des klassischen indischen Denkens und der meisten daraus hervorgegangenen Theorien über die „conditio humana", dass der Mensch – wie im Übrigen alle lebenden Kreaturen – als ein primär leidendes Wesen gekennzeichnet wird. Auch das hinduistische Menschenbild ist von dieser Überzeugung geprägt. Begründet wird diese Sichtweise auf zwei Ebenen:

Auf der ersten Ebene werden vielfältige und empirisch durch jedermann selbst überprüfbare Hinweise darauf gegeben, dass das menschliche Leben in seiner körperlich-geistigen und sozialen Verfassung allererst die Bedingungen dafür schafft, Leiden überhaupt erfahren zu können: in Form von zwischenmenschlichen Konflikten, Ungerechtigkeiten, Unzufriedenheit und Frustrationen, in Form von Mangelerfahrungen wie Hunger, Durst, Verlust und Einsamkeit, in Form von Ängsten, Krankheit, Schmerz, Gebrechlichkeit und Sterben, als eigenes Unglück und als Unglück anderer. Entgegengesetzte Erfahrungen des Glücks und der Zufriedenheit werden nicht geleugnet (und in Kunst und Literatur auch eingehend gewürdigt), doch wird darauf hingewiesen, dass sich Momente des Glücks und der Zufriedenheit in aller Regel immer wieder als endlich erweisen und somit nur neuerliche Erfahrungen des Unglücks und der Unzufriedenheit bedingen. Sterben und Tod schließlich stellen zwar sowohl den Sinn des Glücks wie auch des Unglücks in Frage, akzentuieren aber gerade wegen der daraus resultierenden Infragestellung des grundsätzlichen Sinns von Leben als Ganzem das Leiden als dominierenden Aspekt des Seins nur noch schärfer.

Auf der zweiten Ebene wird Leiden in einem weniger konkreten und einem der Alltagserfahrung entrückterem Sinne verstanden, nämlich als *Er*leiden eines naturgesetzlichen Prozesses des beständigen Vergehens, dem alle Phänomene der Welt unterworfen sind, einschließlich der menschlichen Lebenszusammenhänge. Auf dieser Ebene der Betrachtung werden die oben erwähnten Leidenserfahrungen in eine metaphysisch-philosophische Weltanschauung eingebunden, die versucht, die Ursprünge des Leidens zu erklären und aus ihrer Diagnose eine Erlösungslehre abzuleiten, die grundlegende psychologische Annahmen integriert und nachfolgend anhand der Begriffe *atman*, *brahman*, *karma*, *dharma*, *samsara* und *moksha* skizziert werden soll.

Die alltägliche menschliche Erfahrung wird im hinduistischen Denken primär in ihrer Bedeutung für die Selbsterfahrung beschrieben, insoweit das eigene Selbst immerzu – mal mehr und mal weniger bewusst – damit beschäftigt sei, sich in einer Sonderstellung zu den Objekten der Welt zu verstehen. Diese Sichtweise wird als das Ergebnis eines psychologischen Kausalzusammenhangs rekonstruiert, der in der natürlichen Tendenz des menschlichen Geistes, alles zu unterscheiden, zu sortieren und zu benennen seinen Anfang nimmt. Diese mentale Aktivität führt im weiteren Verlauf zur Setzung von Präferenzen und Abneigungen und in Zusammenhang damit zu Intentionen, die umgesetzt oder behindert, und zu Wünschen, die erfüllt oder enttäuscht werden können. Ein wichtiges Resultat dieses Prozesses ist die allmähliche Herausbildung eines der Welt polar entgegen gesetzten Ich-Gefühls, das in seiner stärksten Ausprägung als Egoismus auftritt, worin die größte Quelle für das eigene Leiden wie auch für das Leiden anderer gesehen wird. Es wird deutlich, dass das Leiden auf dieser analytischen Ebene der Betrachtung ein *Er*leiden ist, nämlich das Erleiden eines der menschlichen Psyche natürlichen Wahrnehmungs- und Bewertungsprozesses, der sich permanent vollzieht, meist ohne sich seiner selbst bewusst zu sein.

Diese Grundzüge der indischen Psychologie finden sich bereits in den *Upanishaden* (aus dem 8. bis 5. Jhdt. vor Chr.), werden in späteren Lehrsystemen unterschiedlich differenziert und insbesondere in der Lehre des *Samkhya* wie auch im darauf gründenden *Yoga* in einer bis heute einflussreichen Form systematisiert. Für das bessere Verständnis der psychologischen Aspekte innerhalb der hinduistischen Erlösungslehre soll hier ein Hinweis auf das dualistische Weltbild des Samkhya genügen, womit dabei keineswegs die ganz eigene psychologische Bedeutung anderer hinduistischer Denktraditionen, vor allem des *Vaisheshika*, *Nyaya* und *Vedanta*, geleugnet werden soll (für eine umfassendere Darstellung siehe Paranjpe 1998).

Gemäß dem *Samkhya* beruht die Welt mitsamt all ihren Phänomenen auf zwei Prinzipien: zum einen auf *purusha*, dem reinen Geist, der passiv, jedoch mit Bewusstsein ausgestattet ist; zum anderen auf *prakriti*, der Materie, die aktiv, aber ohne Bewusstsein ist. Die eben beschriebenen und von jedermann erfahrenen psychischen Vorgänge gehören im Rahmen dieser Zweiteilung *prakriti* an und werden von *purusha* lediglich „beobachtet". Dies lässt sich anhand eines bekannten Gleichnisses illustrieren: So wie in einem See, in dessen klarem Wasser sich der Mond nur spiegelt, so ist auch der menschliche Geist von der Materie letztlich gar nicht berührt, sondern von ihr völlig getrennt. Die von der Materie hervorgerufenen Bewusstseinsvorgänge binden den Geist jedoch an die Vorstellung, dass es hier eine unauflösliche Verbindung gebe, was aber lediglich eine Illusion sei. Es ist diese Illusion, der die menschlichen Leiderfahrungen entspringen, die aber durch gezielte Techniken des Körper- und Geistestrainings wie sie in den Systemen des *Yoga* entwickelt wurden, durch methodische introspektive Selbstbeobachtung durchschaut und überwunden werden könne. Der hier angedeutete Ausweg aus dem Leidenszusammenhang muss nun vor dem Hintergrund der allgemeineren und für die Volksfrömmigkeit der meisten Hindus grundlegenden Weltanschauung betrachtet werden, um in seiner Bedeutung für das Denken, Fühlen und Verhalten der Individuen verstanden werden zu können.

Mit den der Volksfrömmigkeit geläufigeren Termini der Upanishaden lässt sich die Quintessenz der Samkhya-Lehre auch als Erkenntnis beschreiben, dass die Einzelseele *(atman)* des Individuums sich aus ihren Leidenserfahrungen zu lösen vermag, indem sie ihre Identität mit dem rein geistigen Prinzip der allumfassenden Weltseele *(brahman)* erkennt. Das Individuum muss also begreifen, dass die Vorstellungen, Intentionen, Begierden und all die darauf gründenden Erfahrungen von Leid lediglich durch psychische Vorgänge bzw. „Täuschungen" hervorgerufen werden. Ist hiermit nun also ein Ausweg aus dem Leidenszusammenhang angedeutet, so ist immer noch zu klären, warum Menschen überhaupt in diesen Zusammenhang geraten und warum die Leiderfahrungen nicht für alle Menschen gleich, sondern interindividuell verschieden sind. Darauf antwortet die Theorie von *karma* (Tat), *samsara* (Kreislauf der Wiederentstehung), *dharma* (Weltordnung, Pflicht) und *moksha* (Erlösung). Diese Theorie besagt, dass jeder Mensch durch die moralische Qualität seiner Handlungen Bedingungen schafft, die in naturgesetzlicher Weise über das Schicksal seiner Seele entscheiden, insbesondere über die Qualität ihrer Reinkarnation im Kreislauf der Wiedergeburten. Dieser Kreislauf ist nichts anderes als der Ursache-Wirkungs-Zusammenhang, der durch menschliche Taten und ihre positive oder negative Vergeltung – eben in Form daraus resultierender höherer oder niederer Wiedergeburten – in Gang gehalten wird. Da alle Dinge der Welt, einschließlich des menschlichen Individuums, Verkörperungen der allumfassenden Weltseele sind, kann die Wiedergeburt in verschiedenen Seinsformen Gestalt annehmen, also auch die eines Tieres, einer Pflanze oder eines Minerals. Die moralische Qualität der Handlungen, die hierauf entscheidend Einfluss nimmt, bemisst sich dabei an einem Kodex, der aus einem ewig gültigen Welt- und Sittengesetz abgeleitet ist und für jedes Individuum je nach gesellschaftlicher Stellung (Kaste) unterschiedliche Pflichten vorsieht. Diese Konzeption ist erneut als ein Kausalzusammenhang zu verstehen, den jedes Individuum erleiden muss und der das menschliche Leiden über unüberschaubar und unkalkulierbar viele Existenzen hinweg verlängert. Zugleich aber kann das Individuum diesen Prozess auch beeinflussen, da seine jeweils aktuelle Existenz zwar durch einstmals angesammelte *karma*-

Qualität mit bedingt ist, aber durch moralisch-sittliches Verhalten gemäß des *dharma* stetig und von Wiedergeburt zu Wiedergeburt verbessert werden kann. Im Idealfall wird das Individuum dadurch einstmals in die Lage versetzt, den hier beschriebenen Prozess in seinen Mechanismen zu durchschauen, dadurch kein negatives *karma* mehr zu produzieren und somit Erlösung *(moksha)* aus dem Kreislauf der Wiedergeburten zu erlangen.

Die vorangehend lediglich in ihren Grundzügen skizzierten Anschauungen sind im klassischen indischen Denken in unüberschaubar vielen Abhandlungen verschiedener Schulen ausgearbeitet und in einem Zeitraum von nahezu 3000 Jahren um logische, sprachliche und wissenschaftstheoretische Analysen ergänzt worden. Das oftmals hohe Abstraktionsniveau, auf dem diese Anschauungen reflektiert werden, lässt die Frage aufkommen, inwieweit ihre Inhalte für das Denken und Verhalten von Menschen, die in hinduistischen Kontexten sozialisiert werden, überhaupt relevant sein könnten. Um diese Frage angemessener beantworten zu können, ist es notwendig, einen Blick auf ein zentrales Subsystem des hinduistischen Entwicklungskontextes zu werfen: das System der Kasten.

Gemäß der Überlieferung ist das Kastensystem so alt wie die grundlegende hinduistische Weltanschauung und zu verstehen als ihr gesellschaftlich gewordener Ausdruck. Bereits im ältesten Teil des *Veda*, der als heilig geltenden Sammlung ältester hinduistischer Offenbarungstexte, wird das Kastensystem mythisch abgeleitet und in ein archaisches Menschenbild integriert (Rigveda, X 90). Der Mythos berichtet, dass die Götter den „Urmenschen" in einem Opferritual in vier Teile zerlegten und dadurch zugleich ein sinnbildlich angereichertes viergliedriges Gesellschaftssystem schufen: Aus seinem Kopf wurden die Priester und Schriftgelehrten (Brahmanen), aus seinen Armen die Könige und Krieger (Kshatriyas), aus seinem Leib die Kaufleute und Handwerker (Vaisyas), aus seinen Schenkeln die Arbeiter und Bauern (Shudras). Die ursprüngliche Bezeichnung *varna* (Farbe) für diese Ur-Kasten könnte als Hinweis darauf verstanden werden, dass einst auch rassische Merkmale für die Zuordnung zur jeweiligen Kaste herangezogen wurden. Spätestens im sogenannten „Gesetzbuch des Manu" (2. Jhd. v. Chr.) wird jedoch eine grundlegende Einbindung der altindischen Kastengesellschaft in die bis dahin fortentwickelte hinduistische Weltanschauung vorgenommen, die der Kaste bis heute nach wie vor zentrale Bedeutung als spezifisch hinduistischer Entwicklungskontext gibt: Jeder der vier Kasten wird danach ein von oben nach unten abnehmender „Reinheitsstatus" zugeordnet, der nur durch striktes Einhalten der Kastenpflichten, die ihrerseits aus der allgemeingültigen Weltordnung *(dharma)* abgeleitet werden, bewahrt werden kann. Der Katalog umfasst neben einer Reihe von kastenspezifischen Pflichten auch kastenübergreifende Gebote: das Einhalten von Berufsschranken, Endogamie (Heirat nur innerhalb bestimmter Kastengrenzen) und Kommensalität (Mahlzeiten und sozialer Umgang primär mit Reinheitsgleichen). Es ist für die Verbindung von Weltanschauung und Kastensystem von zentraler Bedeutung, dass die Erfüllung oder Nichterfüllung der Kastenpflichten moralisch zu bewerten ist, daher großen Einfluss auf das individuelle *karma* hat und damit auch über die biologische und soziale Qualität des nächsten Lebens mit entscheidet. Verstöße gegen diese Pflichten können also zu niederer Wiedergeburt führen, der allenfalls über rituelle Maßnahmen, wie Waschungen, Pilgerreisen, Opfer und Buße, entgegengewirkt werden kann. Für das Selbstverständnis einer Kaste wie auch für die psychologische Bindung der Individuen an das Kastensystem ist es wichtig, dass die Aufnahme ausschließlich über die Geburt erfolgt und das Individuum seine Kastenzugehörigkeit – es sei denn im Sinne eines groben Verstoßes gegen seine Pflichten – auch nicht aufgeben kann. Ein gläubiger Hindu hätte nicht nur soziale, sondern auch metaphysische Sanktionen zu fürchten, wobei keineswegs ausgemacht ist, welche dieser Sanktionsaussichten er mehr fürchtet.

Das heutige indische Kastensystem ist in seinen Gliederungen und seiner Unüberschaubarkeit das Ergebnis eines in Jahrtausenden erfolgten Prozesses stetiger Ausdifferenzierung der ursprünglichen *varnas* in so genannte *jatis* (Geburtsgruppen, Familien), deren Zahl heute auf fünf- bis achttausend geschätzt wird. Außerhalb der durch die *jatis* konstituierten Kastengesellschaft stehen die so genannten „Unberührbaren", die aufgrund ihrer vorgeschriebenen Tätigkeiten mit Substanzen in Berührung kommen, die als rituell „unrein" gelten (z. B. Leichen, Kadaver, Fäkalien) und zur Meidung durch andere Hindus führen. Dass der Reinheitsstatus einer *jati* allerdings mit ihrem sozialen Einfluss heute nicht mehr zusammenfallen muss, zeigt sich unter anderem darin, dass manche niedrigeren Kasten leichteren Zugang zu wirtschaftlich lukrativen Betätigungsbereichen (z. B. in der Lederindustrie) haben, da sie etwa mit Materialien umgehen dürfen, die als unrein gelten. Außerdem kann es sein, dass *jatis*, deren Angehörige demselben Beruf nachgehen, in unterschiedlichen Regionen einen unterschiedlichen Status genießen.

In gewisser Weise belegt der beschriebene Differenzierungsprozess eine oftmals in Frage gestellte Fähigkeit des hinduistischen Kastenmodells zur Anpassung an sozialen Wandel und Modernisierung. Zugleich ist diese Flexibilität des Systems die Grundlage dafür, dass die Kaste trotz gesellschaftlicher Veränderungen der Kontext bleiben konnte, in dem hinduistische Wertvorstellungen und Überzeugungen effektiv weitergegeben werden. Durch die Konzeption, die eine niedere oder höhere Lebensform wie auch den sozialen Rang weltanschaulich erklärt und ethisch rechtfertigt, kommt der Kaste eine höchst bedeutsame Rolle als Entwicklungskontext zu, da sie als soziale wie auch weltanschauliche Gliederung eine Geburts-, Lebens-, wie auch Schicksals- und Glaubensgemeinschaft konstituiert, die große *identitäts*stiftende Bedeutung hat. Dabei versammelt das Kastensystem die Angehörigen der hinduistischen Sekten bei all ihren Unterschieden gewissermaßen unter einem Dach, gewährt aber zugleich die Möglichkeit partikularistischer Entwicklungen, wie sie sich in bestimmten Familiennamen, Ernährungs- und Kleidungsgewohnheiten, religiösen Orientierungen (präferierten Göttern, Tempeln, Kulten), Werteinstellungen und Verhaltensweisen zeigen.

Die ausgewählten Elemente psychologisch relevanter Beiträge des hinduistischen Denkens betonen unter anderem einen Aspekt, dem aus Sicht etwa der westlichen Entwicklungspsychologie besonderes Interesse zukommen sollte: gemeint ist das Ideal der Indifferenz und der Bindungslosigkeit. Da das menschliche Leben primär von kausal herbeigeführten Leidenserfahrungen geprägt ist, gilt es diese durch starke Selbstdisziplin und strikte Pflichterfüllung zu überwinden. In Denken und Sprache der hinduistischen Überlieferungen wird diese Problematik auch als ein Problem des „Haftens" oder der „Bindung" an die Phänomene der Welt, einschließlich eigener Begierden, beschrieben. Dem wird das Ideal der „Nicht-Bindung" *(anasakti)* gegenüber gestellt, von der die Beziehung eines freien Menschen zu seiner Umwelt geprägt sein sollte. Als ein solches Ideal menschlicher Handlungsorientierung spielt *anasakti* insbesondere in der Bhagavadgita, dem verbreitetsten und bekanntesten Text der weltanschaulichen indischen Literatur, eine tragende Rolle. Darin heißt es unter anderem, dass derjenige eine erstrebenswerte Persönlichkeit habe, der „in allem ohne Zuneigung ist, sich nicht freut, wenn er Gutes, und nicht hasst, wenn er Schlechtes erlangt" (Bhagavadgita 2,57). Herausragend sei derjenige, der „gegen Wohlgesinnte, Freunde, Feinde, Unbeteiligte, Unparteiische, Verhasste, Gute und auch Böse gleichgesinnt ist" (Bhagavadgita 6,9).

Noch heute für den Hindu geläufige Rituale *(samskaras)*, die u. a. der Strukturierung der Kindheit dienen, veranschaulichen, wie der Einzelne von Geburt an dabei unterstützt wird, eine solche Persönlichkeit zu entwickeln (siehe Tabelle 2).

Es fällt auf, dass dem Kind erst mit etwa dem 7. Lebensjahr, nach seiner so genannten „sozialen Geburt", eine eigene Persönlichkeit zugesprochen wird. Bis dahin gilt es als ein vorwiegend von kausalen Prozessen hervorgebrachtes und bestimmtes Wesen, das primär über *karma* aus seinen Vorleben charakterisiert ist. Es wird daher für gewöhnlich bis zur sozialen Geburt auch nicht für Fehlverhalten bestraft, danach jedoch mit Strenge zur Erfüllung ritueller und sozialer Pflichten angehalten. Über die Lebensspanne umfassen diese Pflichten weitere Loslösungsanforderungen, die dann allerdings selbstverantwortlich bewältigt werden müssen: Im hinduistischen Idealmodell menschlicher Entwicklung (siehe Chakkarath 2005), das primär Männern aus den höheren Kasten als Orientierung dienen soll, ist vorgesehen, dass man sich nach der Schulzeit, der Heirat, der Familiengründung und der Selbstständigkeit der eigenen Kinder aus den familiären Verpflichtungen löst und dem Studium der Heiligen Schriften widmet, um dann schließlich in abgeschiedener Askese und Meditation die spirituelle Erlösung aus dem *samsara* anzustreben. Spezifischen Loslösungserwartungen haben gemäß diesem Modell auch Frauen zu genügen, wobei der Auszug aus dem Elternhaus bei Verheiratung und die daran anschließende Opferbereitschaft als Schwiegertochter – die sich auch in der Übergabe des Sohnes an die Familie des Mannes zeigt – die wichtigsten Rollen spielen. Darüber hinaus zeigen sich in den Hochzeitsritualen Erwartungen an beide Geschlechter, was die Lösung von individuellen Wünschen und Vorlieben angeht, da die meisten Ehen auch heute noch von den Familien arrangiert werden, ohne weitgehendes Mitspracherecht der künftigen Ehepartner.

Tab. 2: Beispiele für Loslösungsrituale bis zur „Selbstwerdung"

Rituelle Markierungen der Selbstwerdung
nishakarana (ca. 1.–4. Monat): Einführung des Kindes in die außerhäusliche Welt; Zeigen der Sonne und des Mondes als Zeichen der Einbettung des Einzelnen in einen kosmischen Zusammenhang.
annaprasana (ca. 4.–9. Monat): Verabreichung der ersten festen Nahrung und allmähliche Entwöhnung des Kindes.
chudakarana (ca. 9. Monat – 3. Jahr): Tonsur als Zeichen der Opferbereitschaft und des Todes, anschließende Neueinkleidung als Zeichen der Wiedergeburt; gilt als „psychologische Geburt" des Kindes, das nun in der Lage ist, Disziplin zu lernen und Pflichten nachzukommen.
upanayana (ca. 7.–12. Jahr): ausschließlich Söhnen vorbehalten; letztes gemeinsames Abendessen mit der Mutter; Zubringen der Nacht in einem dunklen Raum, erstmals ohne die Mutter; Verlassen des Raumes am nächsten Morgen und letzte gemeinsame Speise mit der Mutter, da das Kind nun an die männliche Verwandtschaft übergeben, in Zukunft mit den Männern der Familie essen und von der Mutter bedient werden wird; das Kind gilt erst jetzt als vollwertiges und verantwortliches Mitglied seiner Kaste, deren Pflichten es von nun an genügen muss; dieses Ritual steht daher für die „soziale Geburt" des Individuums, durch die es allererst zur identifizierbaren Person wird.

Aus Sicht der hinduistischen Psychologie gehören trotz aller durch weltanschaulich abgeleitete Pflichten erzwungenen Sozialorientierung doch Loslösungen zu den vordringlichsten Entwicklungsaufgaben des Menschen. Die ersten und vor allem hinsichtlich der Mutter-Kind-Beziehung sehr einschneidenden Loslösungen des Individuums scheinen dabei darauf abzuzielen, schon früh die psychologischen Kapazitäten zu fördern, die Loslösungen im Erwachsenenalter erleichtern. Sie sind Voraussetzung dafür, sich aus den vor allem kognitionspsychologisch fundierten Zusammenhängen zu lösen, die eine belastende Konzeption des Selbst herbeiführen und über körperliche und meditative Therapietechniken im letzten Lebensabschnitt angegangen werden sollen.

4. Ein Resümee

Es wurde vorangehend versucht, einige wissenschaftshistorisch verfestigte Denk- und Theoriemuster der westlichen psychologischen Forschung zum „kulturellen Selbst" zu identifizieren und auf die ihnen inhärente Problematik für die kulturvergleichende Persönlichkeits- und Selbstkonzeptforschung hinzuweisen. Gezeigt werden sollte unter anderem, dass das Denken in Dichotomien, Annahmen über individuelle Einzigartigkeit sowie die Tendenz, eigene Leistungen und Errungenschaften als besondere und fortschrittliche zu begreifen, nicht nur Merkmale westlicher Beschreibungen präferierter Selbstkonzepte in individualistischen Gesellschaften sind, sondern auch als Merkmale des Selbstverständnisses begriffen werden können, das die westliche kulturvergleichende Psychologie prägt. Es gehört gewissermaßen zu ihrem kognitiven Stil, das Fremde als Gegensatz des Eigenen zu begreifen und die eigenen indigenen Konzeptionen daran auszurichten. Bemerkenswerterweise ist dieser Stil nicht ohne Mühe mit dem universalistischen Anspruch der kulturvergleichenden Psychologie in Einklang zu bringen, die ja nicht das Trennende, sondern das Gemeinsame in den Fokus ihrer Untersuchungsperspektive nimmt.

Daran anschließend wurde eine alternative indigene Tradition zur Erforschung des Selbst vorgestellt, wobei so weit möglich versucht wurde, diese Darstellung nicht erst unter besagten Denk- und Theoriemustern der modernen westlichen Psychologie zu ordnen bzw. zu systematisieren. Die Beurteilung, inwieweit eine kulturinformierte und möglichst vorbehaltlose Beschäftigung mit indigenen Psychologien zu einem angemesseneren Verständnis von interkulturell variierenden Persönlichkeits- und Selbstkonzepten führt, bedarf selbstverständlich intensiverer Studien zu vielfältigen psychologisch relevanten indigenen Theorien. Deren Bedeutung für eine Fortentwicklung der Mainstream-Psychologie muss sich dann erst erweisen. Dafür sind allerdings auch Bereitschaft und Fähigkeit zum Perspektivenwechsel gefordert, den die Mainstream-Psychologie selbst zu einer der wichtigsten sozialen und interkulturellen Kompetenzen erklärt und die sie auch für sich selbst unter Beweis stellen sollte. Unter einem solchen Perspektivenwechsel zeigt sich beispielsweise, wie Hegels Annahmen zur indischen Persönlichkeit und Kultur zwar partiell begründet sind, aber im Bestreben, beides von europäischen Entwicklungen abzuheben, die indische Konzeption wieder aus dem Auge verlieren. So ist es zwar richtig, dass die hinduistische Weltanschauung die Subjekt-Objekt-Differenz zur Illusion erklärt, die es zu überwinden gilt, doch ist es sicherlich falsch, dass dieses Denken die Entstehung der Idee von einem stabilen autonomen Selbst, das zu selbstverantwortlichem und moralischem Handeln befähigt ist, verhindert hätte. Ganz im Gegenteil: Es zeigt sich bei Betrachtung der ausgewählten indischen Psychologie des Selbst, dass die subjektive Überzeugung von Individualität und die Tendenz zur Abgrenzung von „anderem" zu einem universellen psychologischen Merkmal des Menschen erklärt wird. Diese Erklärung erfolgt über theoretische Analysen und durch methodisch angeleitete introspektive Untersuchungen.

In therapeutischer Absicht wird daran anschließend eine Pflichtethik entwickelt, die eben nicht von „selbstlosem" Altruismus, sondern von sehr individualistischen Motiven getragen wird, die auf Vermeidung von negativem *karma* gerichtet sind, aus dem erneutes Leiden erwachsen würde. Gerade in seinem Bemühen, sich zu diesem Zweck von individualistischen, vor allem von egoistischen Überzeugungen zu lösen, muss das Individuum es zu höchster Autonomie bringen, da nicht nur die anspruchsvolle therapeutische Methodik, sondern auch die umfassendere hinduistische Weltanschauung es für sein Schicksal in weitgehend alleinige Verantwortung nimmt. In den Loslösungsprozessen, die dem Individuum abverlangt werden, zeigt sich die indische Ausgabe des asiatischen Individuums nicht nur autonom, sondern auch auf primär individuelle Ziele orientiert. Dass es – wie eine „idealkollektivistische" Person mit idealem interdependentem Selbstkonzept – auf die Ziele seiner Gruppe fokussiere, lässt sich angesichts des längerfristigen Ziels, soziale Bindungen hinter sich zu lassen, auf motivationaler Ebene durchaus bezweifeln.

Im Übrigen legen auch neuere empirische Untersuchungen nahe, Verhaltens- und Motivationsebene als zwei Erscheinungs- und Funktionsebenen des Selbst klarer auseinanderzuhalten bzw. tiefgehender zu untersuchen, welche Wechselwirkung zwischen diesen beiden Ebenen besteht und ob sie kulturabhängig variiert (siehe z. B. Holland, Lachicotte, Skinner u. Cain 1998; Raval u. Kral 2004). Dies wirft auch die Frage auf, welche Ebene von so einflussreichen Kultur- und Persönlichkeitskonzepten wie „Schamkultur vs. Schuldkultur", „Individualismus vs. Kollektivismus" oder auch „Independentes vs. interdependentes Selbst" überhaupt angemessen erfasst wird. Und dies schließlich betrifft auch die Frage, was genau die etablierten Instrumente zur Untersuchung kulturell geprägter Selbstkonzepte – z. B. der klassische „Twenty Statements Test" von Kuhn u. McPartland oder die einflussreiche „Self Construal Scale" von Singelis – eigentlich messen (Grace u. Cramer 2003) und ob sie hinreichend von immanenten ethnozentrischen Problemen befreit sind, die es erschweren, indigenen Konzeptionen überhaupt gerecht zu werden. Ohne die Instrumentenkritik hier vertiefen zu können, sei lediglich angemerkt, dass die meisten schriftlichen Befragungen Personen zu Aussagen bzw. Stimuli Stellung nehmen lassen, die wie selbstverständlich das Wort „Ich" beinhalten. Gerade angesichts des anthropologischen und psychologischen Wissens um die Vermeidung dieses verbalen Selbstbezugs in vielen (nicht nur asiatischen) Sprachen und Kommunikationsweisen sollte die Angemessenheit solcher

Stimuli für kulturvergleichende Studien anhand bereits gesicherter Wissensbestände gründlicher überdacht werden.

Am Beispiel der hinduistischen Psychologie konnte über die bereits genannten Aspekte hinaus gezeigt werden, dass die Bedeutung der Erforschung indigener Psychologien zum Selbst keineswegs nur davon abhängt, ob diese Theorien westlichen Wissenschaftsstandards genügen. Indem die hinduistische Psychologie versucht, das Individuum bei der schrittweisen Verwirklichung seiner so essentiellen Autonomie zu unterstützen und indem sie den Entwicklungskontext entlang bestimmter Auffassungen von der idealen menschlichen Entwicklung durch entsprechende Institutionen, Rituale und Verhaltensempfehlungen strukturiert, spielt sie eine wichtige Rolle in der Konstitution der Entwicklungsnische, in der die Konstruktion von Selbstkonzepten sich vollzieht. In Übereinstimmung mit vielen anderen Denk- und Überzeugungssystemen (siehe Chakkarath in Druck) führt sie so sehr deutlich vor Augen, dass individuelle Selbstverständnisse nicht frei von Selbstverständnissen der Kultur, in denen sie entstehen, verstanden werden können. Eine bessere Rechtfertigung für eine weitergehende Integration des Themas Kultur in die Psychologie kann es nicht geben.

Literatur

Bhatia, Sunil (2002): Orientalism in Euro-American and Indian psychology: Historical representations of „natives“ in colonial and postcolonial contexts. History of Psychology, 5, 376–398.

Bock, Philip K. (Hg.) (1994): Psychological anthropology. Westport, CT: Praeger.

Chakkarath, Pradeep (2003): Zur Entwicklung und Standortbestimmung der Kulturpsychologie. Hamburg: Dr. Kovac.

Chakkarath, Pradeep (2005): What can Western psychology learn from indigenous psychologies? Lessons from Hindu psychology. In W. Friedlmeier, P. Chakkarath, & B. Schwarz (Hg.), Culture and human development: The importance of cross-cultural research to the social sciences (31–51). New York: Psychology Press.

Chakkarath, Pradeep (in Druck): Zur kulturpsychologischen Bedeutung von Religionen und Weltanschauungen. In G. Trommsdorff u. H.-J. Kornadt (Hg.), Kulturvergleichende Psychologie. Bd 1: Theorien und Methoden in der kulturvergleichenden und kulturpsychologischen Forschung (Enzyklopädie der Psychologie: Themenbereich C Theorie und Forschung, Serie VII). Göttingen: Hogrefe.

Chakkarath, Pradeep u. Gisela Trommsdorff (2001): Modernisierung und ihre Folgen: Eine kulturpsychologische Perspektive. In Hermann Hill (Hg.), Modernisierung: Prozess oder Entwicklungsstrategie? (105–130). Frankfurt am Main: Campus.

Grace, Sherry L. u. Kenneth L. Cramer (2003): The elusive nature of self-measurement: The self-construal scale versus the twenty statements test. Journal of Social Psychology, 143, 649–668.

Halbfass, Wilhelm (1988): Indien und Europa. Perspektiven ihrer geistigen Begegnung. Basel: Schwabe & Co.

Hegel, Georg W. F. (1986): Vorlesungen zur Philosophie der Geschichte (Werkausgabe Bd. 12). Frankfurt/Main: Suhrkamp.

Hofstede, Geert (2000): Culture's consequences. International differences in work-related values. Newbury Park, CA: Sage.

Holdstock, T. Len (2000): Re-examining psychology. Critical perspectives and African insights. London: Routledge.

Holland, Dorothy, William Lachicotte, Debra Skinner u. Carole Cain (1998): Identity and agency in cultural worlds. Cambridge, MA: Harvard University Press.

Howitt, Dennis u. J. Owusu-Bempah (1994): The racism of psychology. Time for change. New York: Harvester Wheatsheaf.

Inkeles, Alex (1961): National character and modern political systems. In Francis L. K. Hsu (Hg.): Psychological anthropology. Approaches to culture and personality (172–208). Homewood, Il: Dorsey Press.

Jahoda, Gustav (1999): Images of savages: Ancient roots of modern prejudice in western culture. London: Routledge.

Kluckhohn, Florence R. u. Fred L. Strodtbeck (1961): Variations in value orientations. Evanston, IL: Row, Peterson.

Macfie, Alexander L. (Hg.) (2000): Orientalism. A reader. Edinburgh: Edinburgh University Press.

Markus, Hazel u. Shinobu Kitayama (1991): Culture and the self: Implications for cognition, emotion, and motivation. Psychological Review, 98, 224–253.

Markus, Hazel, Patricia Mullally u. Shinobu Kitayama (1997). Selfways: Diversity in modes of cultural participation. In U. Neisser & D. A. Jopling (Hg.), The conceptual self in context: Culture, experience, self-understanding. Cambridge, UK: Cambridge University Press.

Paranjpe, Anand C. (1998): Self and identity in modern psychology and Indian thought. New York: Plenum.

Raval, Vaishali u. Michael J. Kral (2004): Core versus periphery: Dynamics of personhood over the life-course for a Gujarati Hindu woman. Culture & Psychology, 10, 162–194.

Said, Edward W. (1995): Orientalism. Western conceptions of the orient (Repr. with a new afterword). London: Penguin Books.

Straub, Jürgen (in Druck): Historische Positionen und Entwicklungslinien einer Kultur integrierenden Psychologie. In G. Trommsdorff u. H.-J. Kornadt (Hg.), Kulturvergleichende Psychologie. Bd 1: Theorien und Methoden in der kulturvergleichenden und kulturpsychologischen Forschung (Enzyklopädie der Psychologie: Themenbereich C Theorie und Forschung, Serie VII). Göttingen: Hogrefe.

Triandis, Harry C. (2001): Individualism and collectivism: Past, present, and future. In D. Matsumoto (Hg.), The handbook of culture and psychology (35–50). New York: Oxford University Press.

Wundt, Wilhelm (1900–1920): Völkerpsychologie. Eine Untersuchung der Entwicklungsgesetze von Sprache, Mythus und Sitte (Bde. 1–10). Leipzig: Engelmann.

Wygotski, Lev S. (1978). Mind in society: The development of higher psychological processes. Cambridge: Harvard University Press.

Dr. Pradeep Chakkarath, Universität St. Gallen, Kulturwissenschaftliche Abteilung, CH-9000 St. Gallen. E-Mail: pradeep.chakkarath@unisg.ch

Arbeitsschwerpunkte: Kulturpsychologie, indigene Psychologie, Wissenschaftstheorie und Geschichte der Psychologie.

Manuskriptendfassung eingegangen am 10. November 2005.

Debatten und Kontroversen

Added Value statt menschlichen Werten?

Zur Genese von sozialer Entfremdung in Arbeit und sozialer Interaktion

Wolfgang G. Weber

Zusammenfassung

In diesem Beitrag wird argumentiert, dass theoretische Konstrukte zum Phänomen Entfremdung herangezogen werden können, um aktuelle Probleme im Gegenstandsbereich der Arbeits- und Organisationspsychologie bzw. der Sozialpsychologie und der Organisationssoziologie besser zu verstehen. Im Zentrum stehen dabei Strukturen und Prozesse sozialer Entfremdung, welche auf die ideologische Offensive und Implementierung ökonomistischer (d. h. effizienzfixierter) Konzepte des Rechnungswesens und des Managements zurückzuführen sind. Anhand einiger exemplarischer Fälle aus Wissenschaft und Praxis wird die Hypothese begründet, dass durch Anwendung ökonomistischer Evaluierungskonzepte eine folgenreiche Schwerpunktverschiebung in Wirtschaft und Gesellschaft droht: Schutz und Würde menschlichen Lebens geraten zunehmend in Gefahr, ihren Zweck-in-sich zu verlieren und zum Mittel – nämlich zu „Humankapital" – zu mutieren, welches sich permanent hinsichtlich Kapitalrentabilitätskriterien zu rechtfertigen hat.

Schlagwörter

Entfremdung, Verdinglichung, Austauschtheorie, neue Managementkonzepte, Wirtschaftspsychologie.

J. f. Psych., 14, 1 (2006), 120–146, ISSN 0942-2285

Summary

Added value instead of human values? On the origin of social alienation in work and social interaction

Within this contribution it is argued that considering theoretical constructs referring to the phenomenon of alienation/estrangement may help to understand current problems within realms of work and organizational psychology, social psychology, and organizational sociology. We focus on structures and processes of social alienation that can be traced back to the ideological mayor offensive and implementation of a radicalization of economic concepts (i. e. efficiency-fixation) dealing with controlling and business management. By means of some exemplary cases stemming from science and practice the hypothesis will be established that application of radicalized economic concepts may result in a momentous change of perspectives within economy and the whole society. More and more, preservation and dignity of human life are endangered by loosing their independent end and becoming transformed into a means, namely ‚human capital', that is urged to justify itsself continously with regard to criteria of capital rentability.

Keywords

Alienation, estrangement, reification, exchange theory, new management concepts, economic psychology.

1. Der Begriff der Entfremdung

Im Folgenden wird auffallen, dass viele Begriffe in Anführungszeichen gesetzt sind. Dies geschieht deshalb, weil aufgrund der Fragestellung diese Begriffe ihrer scheinbaren Selbstverständlichkeit entkleidet und daraufhin überprüft werden sollen, inwieweit sie als interessengeleitete Werkzeuge von Entfremdung – als Verdinglichungen sozialer Verhältnisse – fungieren[1].

[1] Ich danke Walter Volpert und ebenso Adam Zurek und Jens Brockmaier für zahlreiche Anregungen für die Überarbeitung des vorliegenden Artikels. Viele Denkanstöße von den Genannten und von meinen früheren Kolleginnen und Kollegen am damaligen Institut für Humanwissenschaft in Arbeit und Ausbildung der TU Berlin haben dazu beigetragen, in unserer wissenschaftlichen Disziplin den schwierigen Zusammenhang zwischen psychischen und gesellschaftlichen Phänomenen als Gegenstand der Psychologie – und damit auch den überindividuellen Handlungszusammenhang der in der arbeitspsychologischen Forschung und

Im Rahmen der Kürze des vorliegenden Artikels kann keine ideengeschichtliche Ableitung des heterogenen Entfremdungsbegriffs in der humanistischen Traditionslinie erfolgen. Unabhängig davon, inwieweit der folgende Versuch einer Begriffsschärfung der Hegel'schen Dialektik gerecht wird, möchte ich in Anlehnung an Fromm (1961), Israel (1972), Schaff (1970) und Zurek (1998) für eine strenge analytische Unterscheidung plädieren zwischen der Entfremdung (1) als Vergegenständlichung/Entäußerung menschlichen Geistes, nämlich als individuelle und kollektive (Selbst-)Verwirklichung des menschlichen Gattungspotentials, (2) als Verdinglichung, nämlich einer Verschleierung sozial konstituierter Verhältnisse, welche als vom Menschen unabhängige, unveränderliche Zwänge erscheinen sowie (3) als Entfremdung i. e. S., nämlich als Phänomen des Verlustes von Motivation und Sinn in der eigenen Arbeitstätigkeit und im Umgang mit anderen Menschen. Dabei stehen die negativen Konnotationen (2) und (3) des Konzeptes im Folgenden im Vordergrund.

Der in der internationalen Öffentlichkeit wohl bekannteste Vertreter[2] des Entfremdungskonzepts, welcher sich dezidiert mit dessen Anwendung auf psychologische Fragen beschäftigte, ist der 1980 verstorbene Psychoanalytiker, Sozialpsychologe und Philosoph Erich Fromm. Entfremdung bedeutet ihm zufolge,

> „... dass der Mensch sich selbst in seiner Aneignung der Welt nicht als Urheber erfährt, sondern, dass die Welt (die Natur, die anderen und er selbst) ihm fremd bleiben. Sie stehen als Gegenstände über ihm und ihm gegenüber, obgleich sie von ihm geschaffen sein können. Entfremdung heißt, die Welt und sich selbst wesentlich passiv [...] zu erfahren". (Fromm, 1961/1989, S. 368)

Einen Ausgangspunkt von Erich Fromms Arbeiten bildet die Konzeptualisierung von Arbeitsentfremdung, wie sie von Marx vorgeschlagen wurde (z. B. 1974, Original: 1844). Dieses Konzept bildete in den Sechziger- und Siebzigerjahren des 20. Jahrhunderts ein Thema auch in der arbeitspsychologischen Forschung und Theoriebildung. Dies belegen repräsentative Lehrbücher, wie z. B. von Hacker (2005), Schmale (1995), Ulich (2005) oder Volpert (2003) deutlich. Ähnliches gilt für die Arbeits- und Organisationspsychologie in skandinavischen Ländern. Der Begriff der Selbstverwirklichung hat sich dabei als Gegenbegriff zur Entfremdung etabliert (siehe ausführlich Sichler 2006; Weber 2002; Weber u. Rieder 2004).

Entfremdung gilt als ein Phänomen, welches durch die ökonomischen Verhältnisse in kapitalistischen Marktwirtschaften *bedingt* wird: Durch die Fremdkontrolle der Produktionsmittel, durch die daraus erfolgende Tatsache, dass die Arbeitskraft des Beschäftigten zur Ware auf dem Arbeitsmarkt und

---

Praxis Tätigen konzeptuell besser zu verstehen, auch, um ihn der empirischen Forschung zugänglich zu machen.

[2] Aus sprachlichen Vereinfachungsgründen wird in diesem Beitrag das Maskulinum verwendet. Weibliche Akteure sind jeweils im entsprechenden Fall mit eingeschlossen.

sein Produkt zur Ware auf dem Markt wird sowie durch die Arbeitsteilung. Hieraus resultieren vier eng miteinander verbundene *Prozesse* der Entfremdung (siehe ausführlich: Marx 1844/1974, S. 151 ff.; Fromm, 1961, S. 368–376; Israel, 1972, S. 73–76, Schaff, 1970, S. 64 ff.):

(1) *Entfremdung im Produkt:* Die vom abhängig Beschäftigten erzeugten Produkte gehen mit der Entlohnung auf den Kapitaleigner über. Auf ihren Tauschwert hat der Beschäftigte keinen prägenden Einfluss. Vielmehr treten ihm die „eigenen" Produkte als fremd erlebte Macht gegenüber, die ihm schaden kann, aufgrund von Ereignissen auf den Waren-, Finanz- und Währungsmärkten, die für ihn nicht überschaubar sind.

(2) *Entfremdung in der Arbeitstätigkeit (Selbstentfremdung):* Die Arbeitstätigkeit wird vom abhängig Beschäftigten nicht freiwillig, aus Interesse an der Tätigkeit und ihrem gesellschaftlichen Sinn geleistet. Vielmehr leistet er die Arbeit vorrangig, um von ihrem Lohn bzw. Gehalt leben zu können und davon seine eigentlichen Bedürfnisse zu befriedigen. Die Arbeitsvorgänge werden ihm dabei vorgeschrieben. Arbeitstätigkeit wird auf ein Mittel für die Zwecke anderer Wirtschaftsakteure reduziert.

(3) *Entfremdung vom menschlichen Gattungswesen:* Der Mensch scheint von seinem Gattungswesen dazu befähigt, bei Tätigkeiten bewusst, geplant und kollektiv gemäß seinen Bedürfnissen vorzugehen und seine Ideen in den Produkten zu vergegenständlichen (Harris, 1995). Dieses Potential kann bei tayloristischer Trennung zwischen denen, die die Arbeit planen und denen, die primär ausführend tätig sind, nur sehr eingeschränkt verwirklicht werden (ausführlich: Sohn-Rethel 1972; Volpert 1975).

(4) *Entfremdung des Menschen vom Menschen (soziale Entfremdung):* Aufgrund der Zwänge, die ihm die betriebliche Hierarchie, die inner- und außerbetriebliche Konkurrenz sowie der Warenmarkt auferlegt, verhält sich der Arbeitende gegenüber anderen Menschen häufig nicht als fürsorglicher Mitmensch, sondern als Händler, Konkurrent, Herrscher oder als Untergebener. Egoismus, Misstrauen, Krämermentalität oder die Spielernatur können sich aus solchen wirtschaftlich vorgegebenen Rollen zu Wesenszügen entwickeln. Diese beeinflussen die zwischenmenschliche Beziehungsfähigkeit und die Umgangsformen in allen Lebensbereichen.

Die genannten Prozesse sind deutlich von den Zuständen des Manchester-Kapitalismus des 19. Jahrhunderts, welche Marx und Engels beschrieben, geprägt, ebenso vom Taylorismus und der Fließbandproduktion (Fordismus), wie sie im 20. Jahrhundert typisch waren.

2. Die interessensbestimmte Ökonomisierung menschlicher Beziehungen und menschlichen Lebens

2.1 Von der Arbeitsentfremdung zur sozialen Entfremdung?

Verschiedene Faktoren führen in den wirtschaftlich hochentwickelten Ländern zukünftig möglicherweise zu einem weiteren Rückgang von entfremdenden, routinisierten Tätigkeiten. Dies ist unter anderem auf die voranschreitende Automatisierung und Computerisierung, aber auch auf die Arbeitsteilung zwischen wirtschaftlich hochentwickelten und geringer entwickelten Ländern, zurückzuführen:

- In Entwicklungs- bzw. Schwellenländern werden gegen geringe Bezahlung viele routinisierte Tätigkeiten mit geringen Denkanforderungen im Auftrag von Firmen der wirtschaftlich entwickelten Länder durchgeführt.
- In den wirtschaftlich führenden Staaten kommt es teilweise zu einer Verschiebung zugunsten von geistig anspruchsvolleren Tätigkeiten: Diese lassen stärker als früher eine – begrenzte – „Selbstverwirklichung" bestimmter Aspekte des menschlichen Fähigkeitspotentials zu, wohl um den Preis hoher psychischer Belastungen (siehe Abschnitt 3).

Somit stellt sich die Frage: Verringern sich entfremdende Strukturen und Entfremdungsphänomene in den ökonomisch führenden Staaten deshalb insgesamt? Es gibt Anzeichen, dass dies nicht der Fall sein wird. Vielmehr droht meines Erachtens eine *Verschiebung* der Entfremdung hin zur sozialen Entfremdung (4. Prozessmerkmal).

Den Hintergrund dieser Verschiebung bildet der Übergang von der *Industriegesellschaft* zur weiterhin kapitalistischen *Dienstleistungsgesellschaft*. Nach Auffassung vieler Gesellschafts- und Sozialwissenschaftler wirken sich bestimmte Merkmale des Warentauschs und des Konsums beeinträchtigend auf die Persönlichkeit und das Wohlbefinden aus (siehe diverse Beiträge in Weber, Pasqualoni u. Burtscher 2004 sowie z. B. Fromm 1976; Israel 1972; Moldaschl 2002; Sennett 1998). Dieses Problem ist sehr aktuell, weil im Zuge der „neoliberalen" Wirtschaftslehre dafür plädiert wird, das Marktprinzip auch auf Leistungen auszudehnen, die früher mit guten Gründen nicht den Gesetzen der Profiterzeugung, der Rendite oder des Marketings ausgesetzt wurden.

2.2 Markt- und Managementkonzepte als Quelle sozialer Entfremdung

> „Aber damit die Reise in die Zukunft beginnt – da haben Sie recht – braucht man einen Diktator. [...] Sie [die Topmanager] müssen in gewissem Sinn Revolutionär und Visionär gleichzeitig sein. Und sie müssen den Mut haben, ihre Visionen und Wertvorstellungen vorzuleben. Dabei gehen sie brutal vor. Leute, die Widerstand leisten, sind erledigt“ (Michael Hammer 1994, 68).

> „Und wieder einmal konnte ich die Geschichte nur auf die harte Tour bereinigen: mit meinen Fäusten und meinem Fünfundvierziger“ (Mike Hammer alias Mickey Spillane 1952, dt. 1977, Klappentext).

Führende, international tätige Unternehmensberatungen und viele Verwaltungswissenschaftler behaupten, dass die *Vermarktlichung*, Monetarisierung und z. T. Privatisierung aller Dienstleistungen zu einer Erhöhung der „Kundenfreundlichkeit“, der „Wettbewerbsorientierung“, der „Leistungswirksamkeit“, der „Wirkungsorientierung“ sowie einer Verringerung der öffentlichen Ausgaben – und damit der Steuern – führen würden (Überblick in Schedler u. Proeller 2000). Auf den ersten Blick scheint dies auch plausibel, denn in einer zivilisierten Gesellschaft haben „Rentabilität“ oder „Kundenorientierung“ ihre Berechtigung für deren Bürger. An entsprechenden *neueren Managementkonzepten* sind beispielsweise zu nennen Lean Production (Womack et al. 1991), Business Process Reengineering (Hammer u. Champy 1999) und Total Quality Management (Deming 1991) – zunächst – für den industriellen Sektor sowie New Public Management (Schedler u. Proeller 2000; Thompson u. Jones 1994) und Managed Care (Baumberger 2001) für den Verwaltungs- und Humandienstleistungsbereich. Sie können im vorliegenden Rahmen nicht umfassend gewürdigt werden (dies wurden sie als Trendsetter jedoch in Tausenden populärwissenschaftlichen Veröffentlichungen). *Vielmehr soll ihr Potential für die Entstehung von sozialer Entfremdung diskutiert werden.* Gefragt wird, welche Akteure und Interessen sich hinter Leitvorstellungen neuerer Managementkonzepte tatsächlich verbergen und mit welchen psychischen, interaktionsbezogenen und gesellschaftlichen *Nebenwirkungen* eine radikale Vermarktlichung von Arbeitstätigkeiten und Interaktion im Wirtschaftskontext verbunden ist.

Gemeinsam ist diesen Managementkonzepten z. B. der Gedanke, dass Beschäftigte aller Ebenen, bis hinunter zum Fließband insofern begrenzte unternehmerische Verantwortung übernehmen sollen, als sie einem Kostendruck ausgesetzt, in (simulierte oder tatsächliche) Lieferanten-Kundenbeziehungen gezwungen werden sowie ihren Wert gegenüber der Unternehmensführung in Form von Ziel- und Leistungsvereinbarungen und regelmäßigen Evaluierungen permanent beweisen müssen. Dabei werden sie unter Anwendung differenzierter Leistungsindikatoren in ausgefeilte Controlling- und Qualitätsmanagementsysteme eingebunden. Dies schließt auch ein, dass Aufträge, die bislang von bestimmten Arbeitsgruppen oder Abteilungen unternehmens- oder behördenintern ausgeführt worden waren, dann, wenn es „kostengünstig" erscheint, an externe Firmen ausgelagert werden. Beschäftigte werden so einem simulierten oder tatsächlichen Markt- und Konkurrenzdruck ausgesetzt. Dieser ist für sie dann mit dem mittelfristigen Risiko des Arbeitsplatzverlustes verbunden, wenn ihre Leistung aus Top-Managementsicht nicht mehr als rentabel erscheint.

Weiterhin werden Beschäftigten, die bislang operative Tätigkeiten ausgeübt haben, in bestimmtem Umfang feinplanerische, organisierende und kontrollierende Teiltätigkeiten übertragen, um eine möglichst schnelle und flexible Regulation von Schwankungen und Störungen des Auftragsdurchlaufs direkt am Ort ihres Entstehens zu gewährleisten. Oberflächlich betrachtet wird hier ein Grundprinzip des soziotechnischen Ansatzes der Arbeitssystemgestaltung (siehe Ulich 2005) umgesetzt. Die sich dabei ergebende Aufgabenerweiterung (Job Enlargement) bzw. Aufgabenbereicherung (Job Enrichment) oder Teamarbeit sind konzeptuell betrachtet ausschließlich Mittel zum Zweck. Sie verfolgen – im Gegensatz zu ihrer Funktion im Rahmen des soziotechnischen Ansatzes – *keine* gleichrangige Zielstellung einer Förderung der Persönlichkeit der Arbeitenden, wie die Analysen von Ulich (1996), Vansina und Taillieu (1996) oder Weber (1997) ergaben.

Nicht nur in Industrie und Verwaltung haben solche effizienzfixierte neuere Managementkonzepte in den kapitalistischen Marktwirtschaften Fuß gefasst. Sie breiten sich unter dem Begriff „Managed Care" zunehmend auch im Gesundheitswesen aus, welches durch Mittelkürzungen und die demographische Entwicklung immer stärker unter Druck gerät. Zwar stehen dem US-amerikanischen Konzept einer radikalen Gesundheitsvermarktung und -kapitalisierung in den deutschsprachigen Staaten noch gewisse zivilisatorische Bedenken auf politischer Seite gegenüber. Trotzdem breiten sich systemverändernde Elemente radikalkapitalistischen „Gesundheitsmanagements" unter den politischen Bedingungen einer zunehmenden Reduzierung des Beitrages der großen Kapitalgesellschaften und Spitzenverdiener am Steueraufkommen auch in bislang sozial regulierten Markwirtschaften aus. Einige Schlaglichter zur drohenden Entwicklung aus der Realität des US-amerikanischen Gesundheitsmanagements, entnommen aus einer der detailliertesten Studien hierzu (Kühn 1997):

- Anwendung kapitalrentabilitäts- und effizienzfixierter betriebswirtschaftlicher Prinzipien auf die medizinische Versorgung;
- Bei Managed Care-Organisationen (MCO) handelt es sich i. d. R. um große private Krankenversicherungen, die in Form gewinnorientierter Aktiengesellschaften verfasst sind;

- Medizinische Entscheidungen werden zunehmend dem Arzt bzw. den Pflegekräften entzogen und den Agenten des Rechnungswesens und Gesundheitsmanagements (z. B. Verwaltungsdirektor) übertragen;
- Es herrscht zunehmender Druck, sog. „entscheidungslogische", „rationale", computergestützte Entscheidungssysteme und Outcome-Studien zu berücksichtigen (evidence-based medicine);
- Die Vergütung medizinischer Leistungen erfolgt nicht mehr einzelfallbezogen, sondern quasi planwirtschaftlich über „Kopfpauschalen" (sic!) und Gewinn-/Verlustbeteiligung der beauftragten „Gesundheitsunternehmen" (Health Maintenance Organizations / HMO, z. B. Krankenhäuser, Ärzte);
- Verlust der freien Arztwahl für nicht kapitalstarke Patienten (Angehörige der unteren Hälfte der Mittel- und der Unterschicht) durch Einführung von Gatekeepers;
- Minutiöse, tayloristische Pflegesteuerung (Stichwort „Minuten-/Sekundenpflege");
- Verschlechterte Perspektive für „Risikopatienten": Nicht das Risiko für Leib und Leben der Patienten steht im Vordergrund, sondern das Risiko der Kapitalinvestoren, durch unrentable Patienten einen Verlust bzw. eine Verwertungseinbuße zu erleiden;
- entsprechende Nichtaufnahme oder Aussonderung „unrentabler" Patienten über die Beitragsgestaltung.

2.3 Beispiele für Alltagsphänomene sozialer Entfremdung

Einige empirische Illustrationen aus Tagespresse und populärwissenschaftlicher Literatur liefern, als vergegenständlichtes Beispiel von Alltagserfahrungen und -botschaften, Hinweise auf mögliche psychische und gesellschaftliche Folgen einer *Ökonomisierung* tendenziell aller menschlichen Lebensbereiche. Die folgenden Fallbeispiele sind willkürlich entnommen, ohne Anspruch auf inhaltsanalytische Untermauerung. Verfolgt man die praktischen Empfehlungen, welche die Lehrtexte der genannten effizienzfixierten Managementkonzepte geben, so ist die künftige Forschungshypothese zu rechtfertigen, dass sich hier eine systematische Entwicklung andeutet (Hervorhebungen bzw. Anonymisierungen durch d. Verf.):

- „Disharmonie bei den Wiener Sängerknaben [...] Weil ‚das vertretbare Maß der *Belastung* der Knaben überschritten' werde, legte die Leiterin der ‚singenden Botschafter' der Alpenrepublik den Taktstock überraschend zur Seite und stellte ihr Amt zur Verfügung [...] Die 250 Knaben [...] würden vom *Management* durch zu häufige Auftritte rund um den Erdball überfordert' [...] Beide Vorschläge [zur Stressreduzierung] wurden vom Sängerknaben-Vorstand abgelehnt. Dieser fordert eine *voll-*

ständige Finanzierung des Betriebs durch die Konzerte der Sängerknaben" (Tages-Anzeiger, 24.11.1998).

- „Die mobile Gesellschaft schafft *moderne Nomaden* [...] Die einen ziehen aus Geldmangel von Kollege zu Kollege, die anderen wiederum verdienen so viel, dass sie locker zwischen verschiedenen Destinationen pendeln können [...] Zudem hat das klassische Beziehungsmodell, bei dem man ein Leben lang zusammenbleibt, ausgesorgt. Heute hat man *Lebensabschnittspartner* und die können durchaus auch in X [weit weg] wohnen" (Tages-Anzeiger, 11.11.2000).
- John Gage, Topmanager bei der US-Computerfirma Sun Microsystems, auf einer Tagung der Gorbatschow-Stiftung, Ende September 1995: „Jeder kann bei uns *solange arbeiten wie er will*, wir brauchen auch *keine Visa* für unsere Leute aus dem Ausland." *Regierungen* und deren *Vorschriften* für die *Arbeitswelt* seien *bedeutungslos* geworden. Er beschäftige, wen er brauche, derzeit gerade *„gute* Gehirne aus Indien" [...] „Wir stellen unsere Leute *per Computer* ein, sie arbeiten am Computer, und *sie werden auch per Computer gefeuert*" (Martin u. Schumann 1996, 11).
- „Misstrauen der Banken vor dem Alter [...] Ob Darlehen für ein neues Auto oder Hypothek aufs Häuschen – schon ab ‚Anfang bis Mitte 60' hätten Senioren trotz ausreichender Sicherheiten zunehmend Probleme, Geld aufzunehmen, weiß Hanne Schweitzer vom ‚Büro gegen Altersdiskriminierung' in Köln. Einem 67-Jährigen sei sogar die Ausstellung einer Kreditkarte verweigert worden. Begründung: zu alt" (Tiroler Tageszeitung, 29.6.2004).
- „Seit dem 1. Januar 1999 wird in der „Pflegi" M. [schweizer Altenpflegeheim] das Waschen, Ankleiden, Füttern und Hinternputzen mit RAI-RUG *verrechnet* [...] Früher nämlich war das so eine Sache mit dem *Abrechnen:* Sollte die Schwester dem Herrn Müller fürs Waschen und Ankleiden nun drei oder fünf oder gar sieben *Punkte* geben? Diese Punkte würden sich direkt im Tarif niederschlagen [...] ‚Heute', sagt die Pflegedienstleiterin, *‚macht das der Computer*'" (Tages-Anzeiger, 25.7.2000).
- „Bis auf die *hundertstel Minute* genau listet ein ‚Tätigkeitsprofil' am Uniklinikum das Zeitbudget pro Patient auf. Für *‚Leistungen* im Zusammenhang mit der Ernährung' darf ein weniger pflegebedürftiger Patient 5,98 Pflege-Minuten täglich in Anspruch nehmen; sein schwerkranker Zimmernachbar bekommt 32,99 Minuten [...] Wer als Privatpatient in die Universitätsklinik T. aufgenommen wird, muss folgenden Text unterschreiben: ‚Mit dieser Erklärung *kaufen Sie* sich die *persönliche Zuwendung* und besondere fachliche Qualifikation nebst Erfahrung der *liquidationsberechtigten* Ärzte hinzu, welche nach der Gebühren-Ordnung-Ärzte zusätzlich *berechnet* wird'" (Internationale Erich-Fromm-Gesellschaft, Fromm-Forum 3/99, 5).
- „Im Spital *berechnet* ein *Computer* die *Überlebenschancen* – Neue Software für Intensivpatienten wird in B. getestet. In den Intensivstationen am [einem schweizer] Spital wird ein Computerprogramm getestet, das Berechnungen anstellt über die verbleibende Lebensspanne schwerkranker Patienten. ‚Bei einem Patienten mit fünf Prozent Überlebenschancen können wir z. Z. noch medizinische Leistungen für weit über 100.000 Franken anbieten' sagt X.Y. vom [...] Spital. ‚Schon bald werden wir uns aber überlegen müssen, ob wir das gleiche Geld nicht besser drei Patienten mit guten Überlebenschancen zugute kommen lassen.' [...] Wichtige *Daten* des Intensivpatienten wie Alter, Herzfrequenz, Blutwerte, Lungen- und Nierenfunktion werden in den Computer eingetippt. Dann vergleicht *der Rechner* diese Daten mit Dutzenden von europäischen und amerikanischen Studien und errechnet daraus die *statistische*

Überlebenswahrscheinlichkeit des Patienten. Und wenn diese Daten schlecht aussehen: Werden dann die Schläuche gekappt?" (Tages-Anzeiger, 4.3.1997).

- „Dass Mensch nicht gleich Mensch ist, erleben wir alltäglich. Wie groß die Unterschiede sind, zeigen uns nun nackte Zahlen: Ein US-Amerikaner ist 1,5 Millionen Dollar wert, ein Russe 300.000 Dollar, eine Afrikanerin noch 100.000 Dollar. Diese *Wert-Vorstellungen* sind in einem Report des renommierten Gremiums Intergovernmental Panel on Climate Change enthalten [...] Die Ökonomen schmetterten alle Vorwürfe ab mit dem Argument, der Streit drehe sich nur um die Frage wissenschaftlicher Korrektheit versus politischer Korrektheit, denn *rein ökonomisch* gesehen sei die Sache sauber" (Tages-Anzeiger, 14.12.95).
- „Tod eines Buben ‚spart Geld'. „Gutachter haben [in einem europäischen Staat] die Zahlung von Schadenersatz an die Eltern eines bei einem Verkehrsunfall getöteten Kindes mit dem Argument abgelehnt, der Tod des Buben erspare der Familie in Zukunft viel Geld. Die Familie hätte bis zur Volljährigkeit 31.200 Euro für ihren Sohn ausgeben müssen, der Bub hätte aber höchstens 7400 Euro zum Familieneinkommen beitragen können[3]" (Tiroler Tageszeitung, 12.5.05).
- „Ein neoklassischer Ökonom [Corry Azzi] [...] war von der Tatsache beunruhigt, dass *religiöse* Handlungen nicht durch den *‚erwarteten Gewinn'* erklärt werden können, ‚den ein Individuum im Lauf seines Lebens zu machen plant'. Heftig bemüht, die Aktivitäten der Menschen mit Hilfe eines *konsumierbaren* Gutes zu erklären, führte er den Begriff des *‚Konsums nach dem Tod'* ein und meinte, dass ‚diese Variable zumindest teilweise eine Funktion der *Investitionen* der Haushaltsmitglieder in religiöse Aktivitäten während ihrer Lebenszeit' wäre" (Etzioni 1994, 64).
  Die weltlichere Variante dieser ökonomistischen Denkform der Verwertung von Menschen auch nach deren Ableben lautet:
- „Toter Vater als Halbkaräter – Schweizer Unternehmen fertigt Trauerdiamenten aus der Asche von Verstorbenen [...] Für den Sprecher der Erzdiözese München ist ‚die Oma als Diamant' völlig ‚absurd'. ‚Wir wandeln die Asche doch nur in eine schönere Aufbewahrungsart um', rechtfertigt sich Unternehmer X. Y. [...] Die Preise bewegen sich zwischen 3500 Euro für 0,4 Karat und 11.000 Euro für ein Karat" (Tiroler Tageszeitung, 20.6.05).

Man ist versucht, eine gemeinsame Botschaft all dieser Beispiele zu entschlüsseln: Geht es den Verantwortlichen dieser fragwürdigen Innovationen darum, dem Leser nahe zu legen, dass alle menschlichen Lebensäußerungen auf einen einzigen abstrakten „Wert", nämlich den ökonomischen Tauschwert, den sie für einen anonymen Profitierenden haben, reduzierbar sein sollen?

[3] Auch unter international führenden Wirtschaftswissenschaftlern finden sich erstaunlich ähnliche Argumentationsmuster, z. B. bei Gary S. Becker (1982).

2.4 Ein Beispiel für soziale Entfremdung der Wissenschaft: Unwertes Leben

Um was geht es, wenn von *sozialer Entfremdung* oder von der *Verdinglichung* sozialer Beziehungen im Kontext der *Wissenschaft* die Rede ist? Zur praxisbezogenen Erläuterung soll ein Beispiel aus dem zukünftig möglichen Alltag[4] dienen. Am 23. Juni 2001 wurde in der auflagenstarken Wochenendbeilage des Zürcher Tages-Anzeigers ein Interview mit dem selbsternannten „Bioethiker“ und Tierschutzaktivist Peter Singer, seines Zeichens Inhaber des Ira-B.-DeCamp-Lehrstuhles an der nordamerikanischen Princeton-Universität, veröffentlicht. Entsprechend Singers Postulaten stellte der Journalist die folgende Frage:

> „Herr Singer, was ist die Währung, die es Ihnen erlaubt, das Leben einer gesunden Ratte gegen die Existenz eines schwerstbehinderten Säuglings zu verrechnen?“

Aus der Antwort von Peter Singer:

> „Wir haben die *Mittel* nicht, diese Vergleiche mit letzter Exaktheit anzustellen. [...] Die grundlegendere Frage aber lautet: Wäre es falsch, *Lebensqualitäten* gegeneinander *aufzurechnen*, wenn wir über die *Instrumente* verfügten? Nehmen wir das Gesundheitswesen. Es ist letztendlich eine *Kostenfrage*. Wohin mit unseren *Ressourcen*? Wieviel *Geld* wollen wir für welche Behandlungen ausgeben? Wie sollen wir diese Entscheidungen treffen, wenn wir keine Vergleiche anstellen?“ [Hervorhebungen v. Verf.]

Interviewfrage:

> „Sie lösen das Problem, indem Sie das menschliche Leben relativieren, ihm einen relativen Wert, einen Preis beimessen. Darin liegt der Skandal.“

Prof. Singer:

> „Wenn die Leute diese Frage nicht akzeptieren, dann heucheln sie.“

---

[4] So plädiert der Konstanzer Ökonomie-Lehrstuhlinhaber Friedrich Breyer im Interview (3SAT, 12. 6. 2003) dafür, die deutschen Krankenkassen sollen lebensverlängernde Maßnahmen bei Schwerkranken ab dem 75. Lebensjahr in einer mittelfristigen Zukunft nicht mehr finanzieren, weil die Mittel knapp würden. Gemeint sind damit durchaus auch Patienten, welche bei entsprechender Therapie Aussicht auf zahlreiche weitere Lebensjahre haben (z. B. Dialyse- bzw. Herzpatienten). Dies in einer Zeit, in welchem sich das Steueraufkommen für die oberen Einkommensklassen, z. B. von bestimmten Großeigentümern an Produktions- bzw. Finanzkapital sowie Spekulationsgewinnern, auf dem historischen Tiefstand der deutschen Demokratie befindet (siehe z. B. Zinn 2002). Die m. E. ideologisch kaum mehr verhüllte Evaluierung älterer Menschen als betriebswirtschaftlich nicht mehr verwertbares „Humankapital“, welches wohl sein Recht auf ein mittels öffentlicher Finanzierung weiter ermöglichtes Leben verwirkt hat, scheint in ihrer wertneutral-ökonomistisch verbrämten Gleichgültigkeit kaum wahrgenommen worden zu sein, am allerwenigsten von ihren Protagonisten selbst. Wohin rollen die Waggons eines solchen, von unveräußerlichen Menschenrechten scheinbar ‚rein ökonomisch‘ abstrahierenden, Denkens? (Einen Antwortversuch wagten Horkheimer und Adorno 1947 [1989]).

Wohlgemerkt: Es geht in der angesprochenen Problematik vorrangig um eine grundlegende ethische Frage und nicht um eine der Ökonomie. Singer argumentiert im gesamten Interview, stellvertretend für weitere Publikationen, dass die hochleistungsfähige Diagnose- und Therapietechnik es zunehmend erlauben würde, wertvolleres von weniger wertvollerem Leben zu unterscheiden und die Ressourcen so zu verteilen, dass dort, wo der Aufwand den Nutzen lohne, optimal geholfen werden könne. Die durch medizinische Therapie zu erzielende, subjektiv empfundene „Lebensqualität" gilt ihm hierbei – ähnlich wie manchen Repräsentanten der Gesundheitspsychologie – buchstäblich als eine wichtige *Richt*schnur. Singer setzt voraus, dass menschliche Vernunft mit der „Rationalität" einer gegenwärtig dominierenden Form (der „neo-liberalen") des betriebswirtschaftlichen Rechnungswesens gleichzusetzen sei – als ob es sich hierbei um ein Naturgesetz handeln würde.

Auf den ersten Blick handelt es sich bei Singers „bioethischem" Plädoyer für die Tötung „unwerten Lebens" um eine rationale Argumentation – „rational" in dem formalen und gleichzeitig ideologiehaltigen Sinne, wie er durch bestimmte sogenannte „Rational-Choice-Modelle" einflussreicher Zweige der Betriebswirtschaftslehre, der Psychologie und der individual-utilitaristischen Philosophie als Lehrmeinung vertreten wird (kritischer Überblick: Etzioni 1994). Angenommen wird dabei, dass der Mensch in seinem Wesen ein Homo Oeconomicus sei, d. h. ein streng auf seinen Eigennutz achtender Akteur, dessen Entscheidungen einem Kosten-Nutzen-Kalkül folgen. Nicht thematisiert wird dabei folgendes:

- Die als Selbstzweck oder Sachzwang und als wertneutral angesehene Technik, nämlich die angeführten Mittel und Instrumente, Lebenswertes von -unwertem zu unterscheiden, werden im Falle Singer zwar noch erhofft. In Form der vernetzten, computergestützten Wirtschaftsprozesse und Arbeitsabläufe liegt sie bereits in hochleistungsfähiger Form vor. Sie ist in Forschungs- und Entwicklungsprozessen von keineswegs wertneutralen Akteuren, nämlich von an ihrer Karriere interessierten Menschen, oft in Konkurrenz zueinander und in Abhängigkeit von wirtschaftlich mächtigen Auftraggebern, entwickelt worden.
- Häufig werden solche technischen Entwicklungen getätigt, ohne dass sich die Akteure dabei Gedanken um die möglichen Folgen für die Gesellschaft, auf die sie einwirken, machen. Vielleicht geschieht dies in der Hoffnung, dass die gewählten Politiker, sofern sie gerade die Freiheit, Zeit und moralische Urteilskompetenz dafür haben, dies schon nachholen werden. In anderen Fällen mag das von Vertretern des Kritischen Rationalismus vorgebrachte politisch-philosophische Werturteil dahinter stecken, dass Forscher sich als Wissenschaftler wertneutral nicht um die Verwendungszwecke und Auswirkungen ihrer Forschung kümmern sollen, da dies Aufgabe der demokratisch legitimierten Politiker sei.
- Die zuständigen Politiker zeigen sich jedoch nicht selten intellektuell überfordert, dort, wo anstelle tagespolitischer Zänkerei, Karriereplanung und Einflusssicherung eine ethische Weltperspektive eingenommen werden sollte. Da technologische Großprojekte kostenintensiv sind, entsteht eine Eigendynamik provozierter „Sachzwänge": Schnelle Entscheidungen – und nicht aufwendige ethische Diskurse mit

ungewissem Ausgang – sind angezeigt, um wirtschaftlichen Schaden (für die häufig verborgenen Investoren) zu begrenzen bzw., um Erfolgspotentiale zu sichern (siehe Habermas 1968; Ulrich 1997).

- Auch viele führende Wirtschaftsvertreter sind aufgrund der „Sachzwänge" nur begrenzt bereit, sich in langfristigen Debatten mit ethischen und gesellschaftstheoretischen Problemen zu belasten. Vielmehr tragen sie durch zügige Umsetzung, Lobbypolitik und Vermarktungsstrategien selbst zu den behaupteten Sachzwängen bei. Ein Standardargument lautet im Zeitalter der Aufhebung von Handelsschranken und von sozialer Absicherung: „Es diente der Standortsicherung". Oder: „Es war gerechtfertigt, denn wenn wir es nicht tun, dann tut es die Konkurrenz." Oder aber im Falle des Peter Singer im besagten Interview:

• „Man mag mir vorwerfen, dass mein Denken Türen öffnet zu unangenehmen Gedanken, aber die Türen können nicht mehr geschlossen werden".

Unter Bezugnahme auf die Entfremdungstheorie(n) stellen sich dabei die auch für die Angewandte Psychologie relevanten Fragen:

- Wer hat diese Türen weshalb geöffnet?
- Weshalb eigentlich können solche Türen nicht mehr geschlossen werden?
- Handelt es sich nur um eine Behauptung, dass sie nicht mehr geschlossen werden können?
- Falls letzteres zuträfe: Wer möchte weshalb, dass diese Türen nicht mehr geschlossen werden?

3. Zur Konzeptualisierung der Analyse von sozialer Entfremdung

Wissenschaftssoziologen und -historiker wie Alfred Sohn-Rethel (1972) und Jürgen Habermas (1968) erbrachten Belege für einen hier tangierten Trend der Unterordnung von sozialwissenschaftlichen (inkl. psychologischen) Zielen unter Zielstellungen der Ökonomie. Dass die Angewandte Psychologie wichtige Serviceleistungen für die Wirtschaft bieten soll, ist zwar eine normative Selbstverständlichkeit, der wohl fast alle Fachvertreter beipflichten können. Sowohl ethisch als auch wissenschaftlich problematisch wird es jedoch, wenn Menschenbilder wie der egoistische Homo Oeconomicus oder wenn relativ triviale mathematische Modelle der menschlichen Motivation und Kommunikation unhinterfragt übernommen und als Instrumente der Gestaltung von Organisationen verwendet werden.

Habermas (1968) und Sohn-Rethel (1972) veranschaulichen, wie abstrakte wirtschaftswissenschaftliche und mathematische Denkformen in die Humanwissenschaften eindringen, ohne dass sich die betreffenden Wissenschaftler jeweils dessen bewusst sind. Vielmehr nehmen diese es für selbstverständlich, dass man komplexeste individuelle und zwischenmenschliche Phänomene mit

Begriffen beschreiben und mit statistischen Reduktionsverfahren vorhersagen könne, die aus der Finanz- und Warenwirtschaft stammen. Inwieweit die Forschungsergebnisse, die mithilfe solcher reduktionistischen Erkenntnismethoden gewinnbar sind, überhaupt Gültigkeit (ökologische Validität) für komplexe soziale Systeme, wie z. B. Unternehmen oder gemeinnützige Organisationen haben, wird recht selten in angemessenem Umfang thematisiert. Noch seltener wird reflektiert, welche Auswirkungen solche auf Prinzipien der Betriebswirtschaftslehre reduzierte Modelle kalkulierenden Verhaltens (z. B. von Rusbult et al. 1986) auf die Persönlichkeit der betroffenen Mitarbeiter, aber auch auf das Betriebsklima haben können (Weber 1998). Gemäß Habermas (1968) bilden solche Fälle reduktionistischer Begriffsübernahmen in der Psychologie typische Beispiele für soziale Entfremdung in der Wissenschaft (Reifikationen). Noch extremer gilt dies für die häufig fehlende Selbstreflexion wissenschaftlicher Protagonisten hinsichtlich der Grundsatzfrage, welche Auswirkungen eine auf bloße „Ökonomie“ verkürzte „bioethische“ Entscheidungslogik auf den gesellschaftlich wahrgenommenen Wert menschlichen Lebens hat. Peter Singers „Rationalität“ scheint sich auf ein gegenwärtiges Leitmotiv einer „neo-liberalen“ Variante der Betriebswirtschaft, nämlich „Added Value statt menschliches Wohlergehen als Wert“, zu konzentrieren.

Wie Sennett (1998), Voß und Pongratz (1998), Moldaschl (2002) und Volpert (2003) veranschaulicht haben, entsteht soziale Entfremdung nicht nur, weil eine verkürzte Art von Rentabilitätsdenken und entsprechende Erfolgs- und Statuskriterien zunehmend in alle Lebensbereiche eindringen und zu Gewöhnungsseffekten führen. Im Gegensatz zu einer kleinen Schicht von High-Tech-Jungunternehmern der sogenannten New Economy haben viele Arbeitssuchende in verschiedenen Dienstleistungsbereichen aufgrund des „neo-liberalen“ Angriffs auf gesicherte Beschäftigungsverhältnisse und auf die Fürsorgepflicht des Staates und der Kommunen kaum mehr eine andere Wahl, als sich selbstständig zu machen und ihre Fähigkeiten in harter Konkurrenz gegeneinander auf den Markt zu tragen. Vielen von ihnen werden unter dem ideologisch instrumentalisierten Begriff der „Eigenverantwortung“ extreme Mobilität und Flexibilität, ein Verzicht auf zivilisatorisch errungene Standards der Sozial- und Altersversorgung, eine Überforderung durch schier grenzenlose Ausdehnung der Arbeitszeit sowie ein blinder Glaube an den „Markt“ zugemutet (Volpert 2002).

Andere, denen es gelingt, in halbwegs geregelten Beschäftigungsverhältnissen unterzukommen, werden am Arbeitsplatz in bisher nicht gekanntem Ausmaß mit Rentabilitätsforderungen konfrontiert. Die gewonnene „Autonomie“ ist dabei hochgradig ambivalent, wie Sichler (2004, 2006) detailliert nachweist. Denn mit den beruflichen Chancen und der stärkeren Individualisierung der Lebensführung, die eine solche (kontrollierte) Autonomie im Vergleich zum früheren Normalbeschäftigungsverhältnis ermöglicht, gehen tendenziell einher eine starke Erhöhung von Verantwortlichkeit und riskanten

Entscheidungen, eine Intensivierung und Extensivierung der Arbeitszeit, die Gefahr, dass die Lebensführung außerhalb der Arbeit durch Erfordernisse und ökonomische Erwägungen, die sich aus der Arbeit ergeben, dominiert wird sowie ein Verlust langfristiger (relativer) Beschäftigungssicherheit und sozialer Absicherung (siehe hierzu auch Moldaschl 2001; Volpert 2002). Auf nonchalante Weise werden Exploitationstendenzen der Leistungsintensivierung und der Subsumtion der Lebenswelt z. B. in einem gängigen Lehrbuch des New Public Management zum Ausdruck gebracht: „Die Mitarbeiterinnen und Mitarbeiter werden durch Kontrolle der Zielerreichung *(nicht etwa der geleisteten Arbeitsstunden)* zu zielgerichtetem Verhalten bewegt" (Schedler u. Proeller 2000, 42; Hervorh. durch d. Verf.). Die Ambivalenz und somit auch die Risiken derartiger ‚Autonomie' in der Ausgestaltung der eigenen Arbeit sind besonders ausgeprägt für Arbeitskraftunternehmer (sensu Voß u. Pongratz 1998), nämlich für solche Arbeitende, die ohne Beschäftigungsverhältnis in Konkurrenz zueinander auf dem freien Markt solche Dienstleistungen akquirieren und (gegen Honorar) erbringen müssen, die früher durch festangestellte Belegschaftsangehörige durchgeführt wurden. Es handelt sich in den meisten Fällen, in denen mehr Autonomie durch neuere Managementkonzepte gewährt wird, keineswegs um tatsächliche unternehmerische Verantwortung. Dies trifft schon deshalb nicht zu, weil auffälligerweise das zentrale Element des Unternehmertums *nicht* realisiert wird, nämlich die substantielle *Miteignerschaft*. Nur mittels letzterer besäßen die Beschäftigten die Möglichkeit, über Strategiefragen des Unternehmens mitzuentscheiden, wie dies in demokratischen Mitarbeiterunternehmen verwirklicht ist (siehe z. B. Vilmar u. Weber 2004).

Managementwerkzeuge zur Durchsetzung dieser neuen, „Autonomie" suggerierenden, Herrschaftsform existieren viele, wie etwa die regelmäßige Veröffentlichung von Leistungskennzahlen von Arbeitsgruppen, die, nach japanischem Vorbild, in der deutschen Automobilindustrie praktiziert wird. Oder: Die Mitarbeiter, welche nacheinander an einer Wertschöpfungslinie arbeiten, werden als „Lieferanten" und „Kunden" definiert. Dies geschieht ungeachtet der Tatsache, dass weder die sogenannten „Lieferanten" noch die „Kunden" eine dem Konsumgüter- oder Zuliefermarkt vergleichbare Auswahl oder ökonomische Macht haben. Vielmehr handelt es sich bei dieser künstlichen Simulation vermeintlich freier Kaufakte um eine Sozialtechnologie, die unterschwellig auf das Beschäftigtenbewusstsein abzielt. Denjenigen, die sich diesen durch das Management auferlegten Kunden- und Lieferantenrollen unterwerfen, verspricht man allerdings keine Beschäftigungssicherung mehr. Vielmehr wird ihnen zugesichert, man wolle ihre *„Beschäftigungsfähigkeit"* (Employability) durch Qualifizierungsmaßnahmen unterstützen, sollte sich das Unternehmen doch einmal, trotz permanenter Leistungspräsentation, von ihnen trennen müssen (etwa aufgrund einer Neuorientierung von konzernweiten Renditeerwägungen). Absurd erscheint es mir auch, Patienten die Rolle eines

„Kunden“ anzuhängen. Die unaufhebbare Asymmetrie des Arzt-Patienten-Verhältnisses wird hierbei konzeptuell ignoriert, obwohl Managed Care eben gerade *keine* freie Arztwahl für die Allgemeinheit vorsieht und dem Kranken auch kein „Konsumverzicht“ möglich ist, wenn er sich nicht ernsthaft gefährden möchte.

Voß und Pongratz (1998), Moldaschl (2002) und Sichler (2004, 2006) führen aus, wie durch Anwendung ökonomistischer Managementkonzepte der Konflikt zwischen Arbeitkräften und Kapitaleignern zunehmend von den Beschäftigten bzw. (abhängig) Selbständigen internalisiert wird und die strukturellen Ursachen dieses Grundkonfliktes den darunter Leidenden außer Blick geraten. „Abstraktifizierung bzw. Entfremdung findet nicht im Arbeitsinhalt statt, sondern im Verhältnis der Arbeitenden zu sich selbst: Die beruflichen Ziele und die lebensweltlichen Bedürfnisse werden an den ‚Erfordernissen‘ des Betriebs ausgerichtet – nicht erzwungen, sondern freiwillig“ (Moldaschl 2002; 52). Diese Ökonomisierung des Selbst – die „freiwillige“ Ausrichtung der Lebensführung an ökonomischen Kriterien (und Bedrohungen) – hat erhebliche Bedeutung für eine Konzeptualisierung von sozialer Entfremdung. Es ist nämlich davon auszugehen, dass die Ökonomisierung des Selbst nicht nur eine massive Wirkung nach innen, auf die Psyche, sondern über die Interaktion, insbesondere Kommunikation, auch nach außen, auf den Umgang miteinander, die Interaktionspartner und – als Rückwirkung – auf das gesellschaftliche System hat. Dabei besteht sehr wohl eine gewisse Abhängigkeit der Ökonomisierung des Selbst von Arbeitsinhalten bzw. von durch spezifische Arbeitsinhalte geforderten Interaktionsstrategien. Präziser ausgedrückt: Die „Freiwilligkeit“ resultiert aus dem Zwang, durch Selbstinstrumentalisierung zumindest in lebensnotwendigem Ausmaß an einem tendenziell zunehmend sozial deregulierten und aufgrund sich ausweitender internationaler Interdependenzen immer komplexer werdenden System der gesellschaftlichen Produktion und Reproduktion teilzuhaben, ohne dieses über kollektive Regulations- (inkl. Entscheidungs-)strukturen substantiell beeinflussen zu können.

In den aktuellen Debatten um radikale Vermarktlichungsmodelle wie „Business Process Reengineering“, „New Public Management“, „Managed Care“ etc. wird leicht vergessen, dass Rentabilität kein Wert an sich sein kann. Denn es gibt *unterschiedliche* Rentabilitätskonzepte. Rentabilität ist immer nur Rentabilität von *etwas*, d. h., ein *Mittel* zur Verwirklichung von menschlichen Wertvorstellungen und Zielen für eine jeweilige Interessensgruppe. Die Ziele, denen das Mittel der Rentabilitätssteigerung dienen soll, bleiben in den gegenwärtigen Diskussionen häufig außer Acht oder werden gar bewusst verborgen, wie etwa im Falle der Kapitalspekulation mit materiellen Ressourcen von aufgekauften Unternehmen.

Zur „Kundenorientierung“, die in Teilen der öffentlichen und privaten Wirtschaft zum Wert an sich zu werden droht, ist aus wirtschaftsethischer Perspektive anzumerken:

- Geht es um alle potentiellen „Kunden“, nämlich um alle Bedürftigen oder geht es nur um zahlungskräftige „Kunden“?
- Ist der Schwerkranke auf seinem Lager wirklich ein „Kunde“ im Sinne des ökonomischen Äquivalententauschs? Und soll man ihn vorwiegend als solchen behandeln? Soll man aus Kranken oder Behinderten einen Gewinn ziehen?
- Welche anderen Wirtschaftsakteure, die aus der sogenannten „Kundenorientierung“ und ihren Folgen großen finanziellen Nutzen ziehen, beeinflussen die Beziehung zwischen „Dienstleister“ und „Kunden“? Weshalb haben sie (z. B. bestimmte Finanzkapitaleigner und Steuerexporteure) keinen Namen in den Modellen und Lehrbüchern der Vermarktlichung des Versorgungssystems der personbezogenen Dienstleistungen?
- Besteht das Hauptkriterium dafür, ob Krankenhäuser, Altenheime, Rehabilitationsstätten, Museen, Fernsehanstalten oder Theater einen gesellschaftlichen Nutzen haben, darin, dass diese sozialen bzw. kulturellen Institutionen sich *betriebswirtschaftlich* rentieren sollen?

Arbeitspsychologische Studien wie die von Stern (1996) belegen in eindrücklicher Weise, mit welchen Gefahren eine radikale Ökonomisierung der medizinischen und Pflegetätigkeiten für Dienstleistende *und* Dienstleistungsempfänger verbunden ist. Aus den letzten Jahren liegen auch im internationalen Rahmen zahlreiche weitere Studien zu den Auswirkungen von entfremdenden Arbeitsbedingungen im Bereich personbezogener, auch nichtpflegerischer Dienstleistungen vor, z. B. zur Tätigkeit von Flugbegleiterinnen (Hochschild 1990). Im Zentrum stehen hierbei Symptome wie die emotionale Erschöpfung aufgrund von erzwungener, ständiger Freundlichkeit, Hilfsbereitschaft und Selbstpräsentation gegenüber auch aggressiven und überbeanspruchenden Dienstleistungsempfängern (Überblicke bei Büssing u. Glaser 1999; Zapf 2002). Für „Emotionsarbeit“ ist kennzeichnend, dass Arbeitende gegen Entgelt Gefühle gegenüber Kunden bzw. Pflegebedürftigen entweder vorspielen müssen, die sie nicht wirklich erleben oder, dass sie geschäftlich geforderte Gefühle mittels schauspielerischer Psychotechniken in sich hervorzurufen versuchen, z. B. Begeisterung, Verständnis, Freude, oder Bedauern: „Ich benutze den Begriff Gefühlsarbeit [emotional labor] im Sinne eines Managements der Gefühle, das darauf bedacht ist, einen öffentlich sichtbaren Körper- und Gesichtsausdruck herzustellen; Gefühlsarbeit wird gegen Lohn verkauft und besitzt daher Tauschwertcharakter“ (Hochschild, 1990, S. 30). Diese Definition trifft exakt auf viele neue, aber auch ein sehr altes Dienstleistungsgewerbe der Welt zu.

Zwar sind die für das Befinden und für die Interaktion im Privatbereich abträglichen Wirkungen von „Emotionsarbeit“ noch nicht hinreichend erforscht. Hinzu kommt, dass die dabei eingesetzten Untersuchungsinstrumente z. T. kritikwürdig sind, etwa, indem die einzubeziehenden, hoch komplexen psychischen Phänomene mit Fragebogen-Skalen sehr geringen Umfanges (z. B.

2 bis 4 Items) erfasst werden. Jedoch deuten sich Burnout, Depressivität, Arbeitsunzufriedenheit, sozialer Rückzug sowie Identitätsprobleme als mögliche negative Folgen intensiver, den Gesetzen des Warentauschs unterworfener „Emotionsarbeit“ an[5]. Speziell das Burnout-Syndrom, nämlich das „Ausgebranntsein“, wurde als Folge von „Emotionsarbeit“ vergleichsweise häufig untersucht (Überblicke: Büssing u. Glaser 1999; Zapf 2002). Burnout äußert sich in emotionaler Erschöpfung der Dienstleistenden, in einer distanziert-zynischen „Verdinglichung“ des Verhältnisses zu den Dienstleistungsempfängern (Depersonalisation; siehe die folgenden Ausführungen zum marketing-orientierten Gesellschafts-Charakter) sowie in eingeschränkter Leistungsfähigkeit.

Insbesondere große Teile der anglo-amerikanischen Forschungen im Überschneidungsbereich der Phänomene „Emotionsarbeit“ und Burnout zeichnen sich aus durch unwissenschaftliche Abstinenz gegenüber einem konzeptuellen Einbezug der politisch-ökonomischen Ursachen dieser Phänomene (jenseits bloßer Verweise oder Fußnoten) aus. Hieraus erfolgen ein organisationspsychologischer Reduktionismus und eine teils willentliche teils implizite Indienstnahme gestaltungsrelevanter Folgerungen der empirischen Ergebnisse zum Zwecke einer Intensivierung der Exploitation durch „Emotionsarbeit“. Gesellschaftstheoretische Abstinenz, Reduktionismus und Instrumentalisierung sind in der Geschichte der Sozial- und Organisationspsychologie jedoch keineswegs neu, wie beispielsweise Volpert (1975) für den Human-Relations-Ansatz überzeugend belegt hat (siehe auch Moldaschl u. Weber 1998).

Diese Gefahren von verkäuferischer Tätigkeit sowie von „Emotionsarbeit“ im engeren Sinne, *soweit* diese einem strikten Rentabilitäts-/Verkaufsdiktat unterworfen werden, bestehen insbesondere darin, wie Joachim Israel bereits 1972 (81) ausdrückte, dass

> „die Individuen ihre Fähigkeit zu spontanem Kontakt [verlieren]. Ihre Beziehungen nehmen berechnenden Charakter an. Menschen bewerten sich gegenseitig wie Objekte, genauso wie sie Waren bewerten. Menschen werden füreinander Mittel, die um der Erreichung eines bestimmten Ziels willen ausgebeutet werden können.“

Dies ist die Definition von Handlungen, welche das vierte Merkmal von Entfremdung, nämlich *soziale Entfremdung* ausdrücken (vergleiche hierzu auch die Konzeptualisierung von Ottomeyer 1978). In der „Dienstleistungsgesellschaft“ droht – sehr global betrachtet – ein Typus des neuen (pseudo-) selbständigen Kleinunternehmers oder des – ständig seine Gefühle im Zaum haltenden bzw. manipulierenden – Verkäufers bzw. Bedieners sich auszubrei-

---

[5] Hierbei darf nicht verschwiegen werden, dass auch Rahmenbedingungen und Formen von „Emotionsarbeit“ existieren, die möglicherweise positive Folgen für die Persönlichkeit der Arbeitenden haben, wie z. B. die Hilfe für bedürftige Mitmenschen, die aus religiöser, ethischer oder politischer Überzeugung erfolgt. Außerdem existieren auch Ursachen von Burnout, die nicht dem Entfremdungskonstrukt zuzurechnen sind (z. B. eine Häufung sehr schwieriger Patienten oder eine unzureichende Qualifizierung von Pflegekräften).

ten. Untersuchungen wie die von Hochschild (1990) lassen vermuten, dass dieser neue Gesellschafts-Charakter seine zwischenmenschlichen Beziehungen weitaus stärker abstrakten Rentabilitätsprinzipien unterwirft als seine „Vorgänger" (Lohnarbeiter, Angestellte, Staatsbeamte). Dies äußert sich auch in der seit einigen Jahren wieder aufblühenden Forschung über vorauseilend gehorsame Selbstpräsentation und Selbstmanagement in und außerhalb der Psychologie, die inzwischen in empirisch fundierten Leitfäden für die Gestaltung von Karriere nebst „Patchwork-Identitäten" mündet. Die Frage nach dem *gesellschaftlichen Sinn* solcher Technologien der Manipulation des Selbst und nach der eigenen Verantwortlichkeit für die Lebensqualität derer, auf deren Zurichtung die kritisierte psychologische Grundlagenforschung dient, scheint vielerorts nicht mehr gestellt werden zu wollen (oder zu können?).

Als relevant hierfür könnten sich Gesellschafts-Charakter-Typisierungen erweisen, wie sie von Erich Fromm (im Abriss: 1947) und seinen Mitarbeitern wie Rainer Funk (o. J.; 2005[6]) entwickelt wurden. Die Rahmenhypothese dieser analytischen Sozialpsychologie lautet: Ökonomische Anforderungen, die in einem jeweiligen Wirtschaftssystem gelten, schlagen sich in Persönlichkeitsmerkmalen und ihnen entsprechendem Verhalten nieder. Unter einem *Gesellschafts-Charakter* ist ein Verhältnis zwischen Merkmalen der gesellschaftlichen Umwelt und der Person zu verstehen. Es handelt sich um ein Muster von Haltungen gegenüber der Umwelt, das durch Sozialisationsinstanzen erworben wird. Fromm und seine Schüler haben sowohl in theoretischen Abrissen als auch in inhaltsanalytischen Studien zu belegen versucht, dass die jeweilige Austauschlogik eines Wirtschaftssystems global betrachtet, je nach beruflicher Stellung eines Beschäftigten, dessen Anschauungen und soziales Handeln auch außerhalb der Arbeit stark beeinflusst – mithin, ihm einen Gesellschafts-Charakter auferlegt.

Auch in seinem Spätwerk beharrt Fromm (1976, 129) auf dem eben skizzierten Sozialisationskonzept:

> „Ausgangspunkt dieser Reflexionen ist die Feststellung, dass die Charakterstruktur des durchschnittlichen Individuums und die sozio-ökonomische Struktur der Gesellschaft, der dieses angehört, miteinander in Wechselbeziehungen stehen. Das Ergebnis der Interaktion zwischen individueller psychischer Struktur und sozio-ökonomischer Struktur bezeichne ich als Gesellschafts-Charakter. Die sozio-ökonomische Struktur einer Gesellschaft formt den Gesellschafts-Charakter ihrer Mitglieder dergestalt, dass sie tun wollen, was sie tun sollen. Gleichzeitig beeinflusst der Gesellschafts-Charakter die sozio-ökonomische Struktur der Gesellschaft: In der Regel wirkt er als Zement, der der Gesellschaftsordnung zusätzliche Stabilität verleiht, unter besonderen Umständen liefert er den Sprengstoff zu ihrem Umbruch. Das Verhältnis zwischen Gesellschafts-Charakter und Gesellschaftsstruktur ist niemals statisch, da beide Elemente nie endende Prozesse darstellen."

---

[6] Leider würde ein Eingehen auf Funks (2005) umfangreiche, innovative Weiterentwicklung der Gesellschafts-Charakter-Typisierung den Umfang dieses Artikels sprengen.

Realistischerweise deutet Fromm an verschiedenen Stellen seines Gesamtwerks an, dass die Frage, wer – mit einer gewissen Wahrscheinlichkeit – welchen Typ des Gesellschafts-Charakters sich aneignen wird, von der Klassenposition des jeweiligen Individuums, von seiner familiären und schulischen Erziehung sowie von seinen beruflichen Anforderungen abhängen wird (z. B. Fromm 1962, 1976). Auch verweist er darauf, dass in vielen Fällen Individuen Charakterzüge aus zwei (oder mehreren) Formen eines solchen Gesellschafts-Charakters aufweisen werden (Fromm 1947). Dies bestätigte sich in einer inhaltsanalytischen Studie der Internationalen Erich-Fromm-Gesellschaft (1995) über Pädagogen aus Ost- und Westdeutschland. Weiterhin wird dort – systematischer als zuvor durch Fromm – belegt, dass der jeweilige Gesellschafts-Charakter, welcher sich in Denkinhalten und Verhaltenstendenzen großer Gruppen einer Gesellschaft wiederfindet, aus einer ontogenetisch durchaus widersprüchlichen Entwicklung hervorgehen kann, in welcher „[...] Leitwerte und Erfordernisse des Wirtschaftens, der Arbeitsorganisation, des gesellschaftlichen, politischen und kulturellen Zusammenlebens“ sowie Einflüsse durch Peer-Groups auch gegenläufig wirken können. Somit ist zwar von einem deutlichen sozialisatorischen Einfluss, nicht jedoch von einer mechanischen Determinierung des Psychischen durch die sozio-ökonomische Struktur auszugehen. Jedoch wird in den genannten Texten nur wenig präzisiert, welche *spezifischen psychischen* Mechanismen (z. B. Introjektion, Konditionierung, Modell-Lernen, kognitive Schemabildung, diskursive Reflexion) im Rahmen einer solchen Transformation gesellschaftlicher Werte in individuelle Wertorientierungen bzw. in unreflektiertes, aber herrschaftskonformes Verhalten als wirksam erachtet werden.

Aufgrund Fromms – über die Marx'schen Frühschriften vermittelte – Nähe zu tätigkeitstheoretischen Annahmen (z. B. Fromm 1961, 35–48) scheiden biologistische Reifungskonzepte und behavioristische Konzepte bei der Klärung dieser Frage aus. Vielmehr scheinen Fromm (insbesondere 1962, 104 ff.) und seine Schüler (z. B. Funk 2005) ein als „gesellschaftlicher Filter“ benanntes System als wirksam zu betrachten. Dieses System, welches durch Sozialisationsinstanzen und das Handeln von deren Agenten realisiert wird, besteht aus Kategorisierungen als Deutungsmustern (inkl. Begriffe, Symbole), Denkformen (formale statt dialektische Logik), medialen Inszenierungen und Fiktionen im Verein mit gesellschaftlich organisierter Ausblendung und Tabuisierung systemkritischer Inhalte (z. B. statt „Utopismus“ und „Traumtänzerei“ von „Weltverbesserern“ herrschen Ideologeme vor wie „politikfähig werden“, „knappe Mittel“). Solche vorgegebenen, systemstabilisierende Werthaltungen werden durch die Individuen durchaus auch aktiv angeeignet. Die Sozialisanten wenden diese Deutungsmuster probeweise bei der Ausrichtung ihres Verhaltens an. Dies hilft ihnen, sich im Kontext ihrer Gruppe, Organisation oder Institution zu ‚bewähren‘ bzw. führt im Falle, dass ein Individuum eine nicht passende Kategorisierung verwendet, zu Zurückweisung, Ächtung und Selbstwertbedrohung. Aktuell bewirkt die Logik der zunehmenden radikalen Vermarktlichung aller gesellschaftlichen Handlungsbereiche tendenziell, dass mit ihr konkurrierende, von humanistischen Werten durchzogene Deutungsmuster immer weniger Zugang in das fokussierte, medial beeinflusste Bewusstsein des Einzelnen finden, wobei auch die bewusste Furcht vor Sanktionen mit einer solchen Perspektivenverengung einher gehen kann.

Die *Marketing-Orientierung* ist gemäß Funks (o. J.) Konzeption eine Handlungsbereitschaft, die den „neo-liberalen", deregulierten Spielregeln der in der heutigen Arbeits-, Finanz- und Handelswelt in vielen Fällen vorherrschenden Wirtschaftskräfte entspricht.

Auf Seiten der marktwirtschaftlichen Erfordernisse eines zunehmend sozial deregulierten Kapitalismus werden den Berufstätigen gemäß Funks Typisierungsvorschlag Haltungen bzw. Verhaltensbereitschaften wie die folgenden nahegelegt:

a) Anpassungsfähigkeit und *Flexibilität:* Bereitschaft, je nach von „Kunden" aktuell gewünschten Diensten unterschiedlichste Rollen einzunehmen;

b) Mobilität: Bereitschaft, kurzfristig an unterschiedlichen, z. T. weit entfernten Orten zu arbeiten, Einverständnis, auf „Heimat" zu verzichten;

c) Freiheit als Bindungslosigkeit: „Corporate Identy®, d. h., manipuliertes, oberflächliches Zugehörigkeitsgefühl zum Unternehmen anstelle einer verbindlichen Langzeitperspektive;

d) Unverbindlichkeit und *Gleichgültigkeit:* Für das zunehmend „freie Spiel der Kräfte" um die beste Rendite (z. B. global tätige Kapitalgeber) bzw. für das ökonomische Überleben (z. B. prekäre Beschäftigungsgruppen) sind Solidarität bzw. langfristige persönliche Verpflichtungen hinderlich;

e) „Coolness": Ent-Emotionalisierung, Bereitschaft, sich gegenüber intransparenten Produktions-, Dienstleistungs- bzw. finanzwirtschaftlichen Abläufen „neutral" zu verhalten, ihre – vermeintliche – Sachlogik zugunsten der Kapitalgeber zu akzeptieren;

f) Effizienzstreben: Kompetenz, Handlungen daraufhin einzuschätzen, inwieweit diese bei Aufwandsminimierung zu einem optimalen individuellen Ertrag führen;

g) Egoismus als Verkaufsstrategie: Indienstnahme persönlicher Eigenheiten und sozialer Fertigkeiten inkl. Selbstpräsentationstechniken, um die eigene Arbeitskraft bzw. die eigene Dienstleistung werbewirksam verkaufen zu können.

Auf Basis von Fallstudien hypostasiert Funk, dass die angeführten ökonomischen Erfordernisse sich in folgenden psychischen Merkmalen des Marketing-Charakters niederschlagen können (siehe auch, leicht abweichend, Internationale Erich-Fromm-Gesellschaft, 1995):

– *Belebung und Vermenschlichung der Dinge:* Waren, d. h. unbelebten Dingen, die aus menschlicher Arbeitstätigkeit resultieren, werden menschliche Eigenschaften und Namen zugesprochen. Marketing-orientierten Personen droht der Verlust der Fähigkeit, zwischen dinghaften Illusionen (z. B. eines Automobils, einer Computeranimation) und realen menschlichen Eigenschaften klar unterscheiden zu können. In Form vergegenständlichter Projektionen (z. B. „Personal Computer") treten menschliche Attribute wie z. B. Aktivität, Liebe, Zärtlichkeit und Jugendlichkeit in der Werbung den Akteuren äußerlich gegenüber. Gegenstände und abstrakte Prozesse, insbesondere auch die „Marktgesetze“, erscheinen so, als ob sie unabhängig von vorgängigen menschlichen Handlungen und Entscheidungen ein Eigenleben führten und nicht verändert werden könnten;

- *Höherbewertung des Dinglichen:* Tendenz, mathematisch-logisch und perfekt erscheinende, komplexe technische Mach-Werke gegenüber menschlichen Beziehungen zu bevorzugen;
- *Verdinglichung des Menschen:* Komplementäre Tendenz, Maschinen- bzw. Computermodelle des Menschen und seiner Institutionen zu bilden, in der Illusion, das Zusammenwirken von Beschäftigten in Organisationen wie eine Maschine steuern zu können (z. B. Controlling als scheinbar wertneutrales, sachliches Instrument); Tendenz, menschliche Fehler, Gefühle, Stimmungen, Gebrechlichkeiten und Eigensinn entweder gering zu schätzen oder sie in oben genannte Modelle künstlich zu integrieren;
- *Suchthafte Abhängigkeit und sinnliche Stimulation:* Starke Neigung, Selbstkonzept und Selbstwertgefühl vom Besitz von Objekten abhängig zu machen; exzessiver Gebrauch von Stimulationsmitteln (z. B. Abdriften in den „Cyber Space“ oder in den „Wellness“-Kult);
- *Verlust eines authentischen Selbstwerterlebens:* Widersprüchliche Erlebenszustände i. S. von Schwankungen zwischen narzisstischen Größenphantasien und depressiven Verstimmungen.

Erich Fromm selbst fasste den Kern der für die Marketing-Orientierung charakteristischen sozialen Entfremdung wie folgt zusammen:

„Da der moderne Mensch sich gleichzeitig als Ware und als Verkäufer dieser Ware empfindet, ist sein Selbstbewusstsein von Voraussetzungen abhängig, die sich seiner Kontrolle entziehen. Hat er Erfolg, dann ist er wertvoll, wenn nicht, ist er wertlos. Das hieraus entstehende Gefühl der Unsicherheit kann kaum überschätzt werden. Wenn man glaubt, der eigene Wert sei nicht von eigenen menschlichen Qualitäten abhängig, sondern von dem Erfolg bei ständig wechselnden Marktbedingungen, dann muss das Selbstbewusstsein unsicher werden und ein ständiges Bedürfnis nach Bestätigung durch andere entwickeln. [...] Misst man den eigenen Wert an den Wechselfällen des Marktes, so geht jegliches Empfinden für Würde und Stolz verloren“ (Fromm 1947; 49 f.).

Die gerade beschriebenen, psychoanalytisch beeinflussten Konstrukte sind konzeptuell sicherlich nicht unumstritten und hinsichtlich ihrer Auftrittshäufigkeit noch unklar. Sie bedürfen präziserer Operationalisierung, um überprüft werden zu können. Die durchaus plausiblen Einflüsse ökonomischer Erfordernisse auf Persönlichkeitsmerkmale werden sicherlich durch eine Vielzahl von weiteren Faktoren moderiert. Dass solche Einflüsse auf das *zwischenmenschliche* Verhalten im Sinne des Entfremdungskonzepts durchaus massiv auftreten, zeigen viele Forschungen aus der Wirtschafts- und Sozialpsychologie (referiert z. B. bei Mikula 1992; Kirchler et al. 2000; Rusbult et al. 1986), auch wenn deren *gesellschaftsbezogene* „Pathologiehaltigkeit“ bislang noch wenig erforscht und problematisiert wird. Letzteres leistet hingegen Bourdieus (1981) aufwendige Studie über Zusammenhänge zwischen Klassen- bzw. Schichtzugehörigkeit und politischen, kulturellen und alltäglichen Präferenzen („Habitus“). Sie kann als Hinweis auf die Gültigkeit des Gesellschafts-Charakterkonstruktes gewertet werden, auch wenn sie sich nicht darauf reduzieren lässt.

Personen, die einen Großteil ihrer Arbeits- und Alltagshandlungen generell einem auf kurzfristigen Erfolg ausgerichteten Eigennutzprinzip unterwerfen, droht ein *sozialer Perspektivenverlust.* Sofern ein solcher Verlust von Einfühlungsvermögen, Mitleid, Vertrauen, Toleranz und Hilfsbereitschaft massenhaft erfolgt, kann dies in einer zivilisierten Gesellschaft gefährliche Auswirkungen für das politische und soziale Gefüge haben, wie sozialpsychologische Studien über Wirtschaftskrisen vor dem 2. Weltkrieg beispielsweise in Österreich (Jahoda, Lazarsfeld u. Zeisel 1975) und Deutschland (Fromm 1980) belegen. Wenn „jeder sein eigenes Profit Center" werden soll, wie verkaufsträchtig empfohlen wird, dann ist der Weg geebnet zu einer schleichenden gesellschaftlichen *Systemveränderung.* Namhafte Sozialethiker, aber auch Ökonomen befürchten, dass die (vorgebliche) radikale Kundenorientierung weg von einer sozialen Marktwirtschaft führt, hin zu einer entfesselten internationalisierten Konkurrenzwirtschaft, in welcher jeder gegen jeden, rund um die Uhr, zu jedem Preis an jedem Ort der Welt in Konkurrenz getrieben wird (z. B. Altvater u. Mahnkopf 1996; Sennett 1998; Ulrich 1997; diverse Beiträge in Weber et al. 2004). Unter kontinuierlicher Berufung auf „den Markt" und auf dessen anonyme Akteure und auf die „internationale Konkurrenz" wird versucht, sozialpartnerschaftliche Errungenschaften abzubauen. Bedroht werden z. B. das gesetzlich verankerte System der Mitbestimmung und die Schutzrechte der Beschäftigten. Versucht wird, gesicherte, gesundheits- und familienförderliche Anstellungsverhältnisse in abhängige „Selbständigkeit" umzuwandeln.

Aus Sicht humanistisch orientierter Bewertungskriterien innerhalb der Arbeits-, Organisations- und Wirtschaftspsychologie stellt sich aktuell die Frage, inwieweit eine radikale „Markt-" und „Kundenorientierung" eine ausgeprägte *ideologische* Funktion hat. Eine solche liegt vor, wenn mit Leitvorstellungen wie „Kundenorientierung" weitaus mehr bezweckt wird, als offen zu erkennen gegeben wird. Ideologiekritisch betrachtet lässt sich nämlich vermuten, dass die radikale „Kundenorientierung" dazu dient, durch Überbetonung des „Kunden" andere Wirtschaftsakteure *auszublenden.* Dies scheint der Fall sein, indem die „Kundenorientierung"

- in erheblichem Ausmaß anderen Subjekten dient, als denen, welchen sie vorgibt (den Konsumenten), nämlich einer heterogenen Gruppe von global tätigen Kapitalgesellschaften und Renditeempfängern, welche eine soziale Verantwortlichkeit ihrer Investitionstätigkeiten und eine soziale Begrenzung global wirksamer Kapitalmacht ablehnen;
- dazu benutzt wird, es so erscheinen zu lassen, als ob der massive Disziplinierungsdruck und die wirtschaftliche Existenzbedrohung, denen immer mehr Arbeitende unterliegen, von „den Kunden" ausgingen und nicht (auch) von „neoliberalen" Wirtschaftspolitikern, kapitalstarken Wirtschaftsakteuren sowie an Macht interessierten Managern, die sich die Alltagsvorstellung des „mächtigen Kunden" in manipulativer Weise zunutze machen;

– mit einem gesellschaftlich ernstzunehmenden Gefahrenpotential verbunden ist, sowohl psychosozial für die Menschen, welche die Rolle der „Kunden" und „Lieferanten" einnehmen, als auch materiell für Produzenten in armen Ländern, die weit von den Konsumenten entfernt sind, ökonomisch ausgebeutet und als Drohpotential für Lohn- und Sozialdumping gegen Letztere, die in der Regel selbst einer Erwerbsarbeit nachgehen, instrumentalisiert werden.

Dieser Ideologie entgegengesetzt stellen Liebe, insbesondere Nächstenliebe, das menschliche Leben oder das Sterben aus wissenschaftlich-humanistischer Sicht (sensu Fromm 1976; Habermas 1968; Israel 1972; Schaff 1970) keinen sinnvoll zu bestimmenden *betriebswirtschaftlichen* „Wert" dar und beabsichtigen nicht primär, einen „added value" innerhalb irgendeiner „Wertschöpfungskette" beizutragen. Selbst die täglich aussterbenden Tierarten oder die letzten Korallenriffe *haben* keinen finanziellen „Wert" – aus Perspektive des Humanismus *sind* sie Leben als Wert, d. h. Lebenswerte. Sie bedürfen keiner betriebswirtschaftlichen Rechtfertigung, egal, ob man ihre Berechtigung aus der praktischen Moralphilosophie oder der Theologie der Schöpfung herleitet. Letztendlich handelt es sich bei ihrem Schutz um eine prinzipielle Entscheidung für das Leben, wie Fromm (z. B. 1976) stellvertretend für viele Humanisten argumentiert. Moralische Entscheidungen, seien sie reflexiv-bewusst getroffen oder einfach nur implizierend, gehen jeder Wirtschaftslehre voran, wie bereits Adam Smith, einer der theoretischen Begründer der kapitalistischen Marktwirtschaft, vermerkte. Auch das Plädoyer von Begründern der „neoliberalen" Wirtschaftslehre für eine strikte Trennung zwischen der Sphäre der Wirtschaft und der Sphäre der Moral stellt – neben einer überraschenden Geringschätzung der ethischen Kompetenz von Unternehmern – eine offenkundige moralisch relevante Entscheidung dar.

Literatur

Altvater, Elmar u. Birgit Mahnkopf (1996): Grenzen der Globalisierung. Münster: Westfälisches Dampfboot.

Baumberger, Jürg (2001): So funktioniert Managed Care. Anspruch und Wirklichkeit der integrierten Gesundheitsversorgung in Europa. Stuttgart: Thieme.

Becker, Gary S. (1982): Der ökonomische Ansatz zur Erklärung menschlichen Verhaltens. Tübingen: Mohr.

Bourdieu, Pierre (1987): Die feinen Unterschiede. Frankfurt/Main: Suhrkamp

Büssing, André u. Jürgen Glaser (1999): Interaktionsarbeit. Konzept und Methode der Erfassung im Krankenhaus. Zeitschrift für Arbeitswissenschaft, 53 (3), 164–173.

Deming, William E. (1991): Out of the Crisis. Quality, Productivity and Competitive Position. Cambridge: Cambridge University Press.

Etzioni, Amitai (1994): Jenseits des Egoismus-Prinzips. Stuttgart: Schäffer-Poeschel.

Fromm, Erich (1947/1989): Psychoanalyse und Ethik (Erich-Fromm-Gesamtausgabe, Bd. 2, 1–157). München: dtv.
Fromm, Erich (1961/1989): Das Menschenbild bei Marx (Erich-Fromm-Gesamtausgabe, Bd. 5, 335–393). München: dtv.
Fromm, Erich (1962/1989): Jenseits der Illusionen (Erich-Fromm-Gesamtausgabe, Bd. 9, 39–157). München: dtv.
Fromm, Erich (1976/1989): Haben oder Sein (Erich-Fromm-Gesamtausgabe, Bd. 2, 269–414). München: dtv.
Fromm, Erich (1980/1989): Arbeiter und Angestellte am Vorabend des Dritten Reiches (Erich-Fromm-Gesamtausgabe, Bd. 3, 1–230). München: dtv.
Fromm, Erich (1996): Humanismus als reale Utopie (Schriften aus dem Nachlass, Bd. 8). München: Heyne.
Funk, Rainer (o. J.): Marketing-Orientierung und Wertewandel. Psychische Folgen der Marktwirtschaft. Tübingen: Internationale Erich-Fromm-Gesellschaft.
Funk, Rainer (2005): Ich und wir. Psychoanalyse des postmodernen Menschen. München: dtv.
Habermas, Jürgen (1968): Technik und Wissenschaft als ‚Ideologie'. Frankfurt/Main: Suhrkamp.
Hacker, Winfried (2005): Allgemeine Arbeitspsychologie. Bern: Huber (2. Auflage).
Hammer, Michael (1994): „Vergeudung ist Sünde". Wirtschaftswoche Nr.8, 18.2.1994.
Hammer, Michael u. James Champy (1999): Business Reengineering. München: Heyne (2. Aufl.).
Harris, Marvin (1995): Menschen: wie wir wurden, was wir sind. München: dtv.
Hochschild, Arlie R. (1990): Das gekaufte Herz: Zur Kommerzialisierung von Gefühlen. Frankfurt/Main: Campus.
Internationale Erich-Fromm-Gesellschaft (Hg.) (1995): Die Charaktermauer. Zur Psychoanalyse des Gesellschaftscharakters in Ost- und Westdeutschland. Göttingen: Vandenhoeck & Ruprecht.
Israel, Joachim (1972): Der Begriff Entfremdung. Reinbek: Rowohlt.
Jahoda, Marie, Paul F. Lazarsfeld u. Hans Zeisel (1975): Die Arbeitslosen von Marienthal. Frankfurt/Main: Suhrkamp.
Kirchler, Erich, Christa Rodler, Erik Hölzl u. Katja Meier (2000): Liebe, Geld und Alltag – Entscheidungen in engen Beziehungen. Göttingen: Hogrefe.
Kühn, Hagen (1997): Managed Care – Medizin zwischen kommerzieller Bürokratie und integrierter Versorgung. Am Beispiel USA (WZB Papers P97–202). Berlin: Wissenschaftszentrum für Sozialforschung Berlin.
Martin, Hans-Peter u. Harald Schumann (1997): Die Globalisierungsfalle. Reinbek: Rowohlt.
Marx, Karl (1974): Ökonomisch-philosophische Manuskripte. Leipzig: Phillip Reclam jun.
Mikula, Gerold (1992): Austausch und Gerechtigkeit in Freundschaft, Partnerschaft und Ehe: Ein Überblick über den aktuellen Forschungsstand. Psychologische Rundschau, 43, 69–82.
Moldaschl, Manfred (2001): Herrschaft durch Autonomie – Dezentralisierung und widersprüchliche Anforderungen. In Burkart Lutz (Hg.), Entwicklungsperspektiven von Arbeit (132–164). Berlin: Akademie.

Moldaschl, Manfred (2002): Ökonomien des Selbst – Subjektivität in der Unternehmergesellschaft. In Johanna Klages u. Siegfried Timpf (Hg.), Facetten der Cyberwelt (29–62). Hamburg: VSA.

Moldaschl, Manfred u. G. Günter Voß (Hg.) (2003): Subjektivierung von Arbeit. München: Hampp.

Ottomeyer, Klaus (1978): Ökonomische Zwänge und menschliche Beziehungen. Reinbek: Rowohlt.

Rusbult, Caryl E., Dennis J. Johnson u. Gregory D. Morrow (1986): Predicting satisfaction and commitment in adult romantic involvements: An assessment of the generalizibility of the investment model. Social Psychology Quarterly, 49, 81–89.

Schaff, Adam (1970): Marxismus und das menschliche Individuum. Reinbek: Rowohlt Taschenbuch.

Schedler, Kuno u. Isabella Proeller (2000): New Public Management. Bern: Haupt.

Schmale, Hugo (1995): Psychologie der Arbeit. Stuttgart: Klett-Cotta (2., überarb. Aufl.).

Sennett, Richard (1998): Der flexible Mensch. Berlin: Berlin-Verlag.

Sichler, Ralph (2004): Autonomie – ihre Konstitution und Ambivalenz im Kontext von Arbeit und Lebensführung. In Wolfgang G. Weber, Pier-Paolo Pasqualoni u. Christian Burtscher (Hg.), Wirtschaft, Demokratie und Soziale Verantwortung (55–70). Göttingen: Vandenhoeck & Ruprecht.

Sichler, Ralph (2006): Autonomie in der Arbeitswelt. Göttingen: Vandenhoeck & Ruprecht.

Sohn-Rethel, Alfred (1972): Geistige und körperliche Arbeit. Frankfurt/Main: Suhrkamp.

Stern, Klaus (1996): Ende eines Traumberufs? Lebensqualität und Belastungen bei Ärztinnen und Ärzten. Münster: Waxman.

Thompson, Fred u. L. R. Jones (1994): Reinventing the Pentagon. How the New Public Management Can Bring Institutional Renewal. San Francisco: Jossey-Bass.

Ulich, Eberhard (1996): Neue Produktionskonzepte – ein kritischer Beitrag. Zeitschrift für Arbeitswissenschaft, 50, 193–198.

Ulich, Eberhard (2005): Arbeitspsychologie. Stuttgart; Zürich: Poeschel; vdf Hochschulverlag (6. Aufl.).

Ulrich, Peter (1997): Integrative Wirtschaftsethik – Grundlagen einer lebensdienlichen Ökonomie. Bern: Haupt (2. Auflage).

Vansina, Leopold S. u. Tharsi Taillieu (1996): Business Process Reengineering oder: Soziotechnisches Systemdesign in neuen Kleidern? In Gerhard Fatzer (Hg.), Organisationsentwicklung und Supervision: Erfolgsfaktoren bei Veränderungsprozessen (Trias-Kompass 1) (19–44). Köln: Edition Humanistische Psychologie.

Vilmar, Fritz u. Wolfgang G. Weber (2004): Demokratisierung und Humanisierung der Arbeit – ein Überblick. In Wolfgang G. Weber, Pier-Paolo Pasqualoni u. Christian Burtscher (Hg.), Wirtschaft, Demokratie und Soziale Verantwortung (105–143). Göttingen: Vandenhoeck & Ruprecht.

Volpert, Walter (1975): Die Lohnarbeitswissenschaft und die Psychologie der Arbeitstätigkeit. In Peter Groskurth und Walter Volpert (Hg.), Lohnarbeitspsychologie (11–196). Frankfurt/Main: Fischer.

Volpert, Walter (2002): Psychologie der frei flottierenden Arbeitskraft. In Manfred Moldaschl u. G. Günter Voß (Hg.), Subjektivierung von Arbeit (261–279). München: Hampp.

Volpert, Walter (2003): Wie wir handeln – was wir können. Sottrum: Artefact (3. überarb. u. aktualis. Aufl.).
Voß, G. Günter u. Hans J. Pongratz (1998): Der Arbeitskraftunternehmer. Eine neue Grundform der Ware Arbeitskraft? Kölner Zeitschrift für Soziologie und Sozialpsychologie, 50, 131–158.
Weber, Wolfgang G. (1998); Kooperation in Organisationen unter arbeits- und sozialpsychologischen Gesichtspunkten – vom individual-utilitaristischen zum prosozialen Handeln? In Erika Spieß u. Friedemann W. Nerdinger (Hg.), Kooperation in Unternehmen (Sonderband 1998 der Zeitschrift für Personalforschung) (33–60). München: Hampp.
Weber, Wolfgang G. (1999); Organisationale Demokratie – Anregungen für innovative Arbeitsformen jenseits bloßer Partizipation? Zeitschrift für Arbeitswissenschaft, 53 (4), 270–281.
Weber, Wolfgang G. (2002): Partialisierung der Handlungsregulation – Zur Aktualität der Entfremdung als Gegenstand der Arbeitspsychologie. In Manfred Moldaschl (Hg.). Neue Arbeit – Neue Wissenschaft der Arbeit? (171–218). Heidelberg: Asanger.
Weber, Wolfgang G. u. Rieder, Kerstin (2004): Dienstleistungsarbeit und soziale Entfremdung – Theoretische Konzeptualisierung und empirische Hinweise aus einer Studie im Call Center einer Direktbank. In Wolfgang Dunkel u. G. Günter Voß (Hg.), Dienstleistung als Interaktion (181–205). München: Hampp.
Weber, Wolfgang G., Pier-Paolo Pasqualoni u. Christian Burtscher (Hg.) (2004): Wirtschaft, Demokratie und Soziale Verantwortung. Göttingen: Vandenhoeck & Ruprecht.
Wilkinson, Richard G. (2001): Kranke Gesellschaften. Wien: Springer.
Womack, James P., Daniel T. Jones, Daniel Roos (1991): Die zweite Revolution in der Autoindustrie. Frankfurt/Main: Campus.
Zapf, Dieter (2002): Emotion work and psychological well-being. A review of the literature and some conceptual considerations. Human Resource Management Review, 12, 237–268.

Univ.-Prof. Dr. Wolfgang G. Weber, Leopold-Franzens-Universität Innsbruck, Institut für Psychologie, Innrain 52, A-6020 Innsbruck.
E-mail: wolfgang.weber@uibk.ac.at

Inhaber der Professur und Fachgebietsleiter für Angewandte Psychologie.

Arbeitsschwerpunkte: Organisationale Demokratie, sozio-moralische Kompetenzentwicklung, soziale Entfremdung in der Arbeit, Psychologische Arbeitsanalyse und -bewertung, Technikfolgeabschätzung.

Manuskriptendfassung eingegangen am 2. Juli 2005.